①

① 元太祖成吉思汗像

成吉思汗（铁木真）是大蒙古国的缔造者。他统一草原，奠定了蒙古帝国的国制，被元朝尊庙号为"太祖"；他对外征伐，威震欧亚，改变了世界历史的进程，被波斯史料称为"世界征服者"。此图现藏台北"故宫博物院"。

② 蒙古西征
波斯史料《史集》插图，描绘了蒙古西征巴格达的场景。

③ 窝阔台即汗位
波斯史料《史集》插图，展示了窝阔台受众人推举登上汗位的情形。此种"黄金家族"内部选汗制度，是后来大蒙古国、元帝国宫廷斗争频繁和末期走向权臣政治的根源。

④ 耶律楚材像

耶律楚材，契丹人，字晋卿，号湛然居士，生于金中都大兴府，辽皇室后裔。他辅佐成吉思汗和窝阔台汗两代蒙古君主，推行了将蒙古旧制和中原制度融合的改革，对蒙汉二元制度的创立有肇始之功。此图出自《三才图会》。

⑤ 元世祖忽必烈像

忽必烈是元朝的创建者。他吸收汉法，南平大理，在击败阿里不哥登上汗位后，改元迁都，建国号曰"大元"，复平定南宋，完成了统一大业。忽必烈在治理边疆方面成绩斐然，热衷于海外征伐，坚持蒙汉二元制度，对元朝后世影响深远。此图现藏台北"故宫博物院"。

⑥ 蒙古袭来绘词（局部）
元朝曾两次东征日本，都因遭遇飓风而失败。日本将蒙古入侵称为"蒙古袭来"或"元寇袭来"。

⑦ 至元通行宝钞
元朝政府以发行纸币为基本货币制度。忽必烈即位后发行过中统钞和至元钞，元武宗时发行至大钞，元顺帝时又发行至正钞。宝钞流通极大地促进了商贸兴盛，但从平南宋开始，元廷屡次用加印纸币、挪用钞本等方式弥补亏空。久之，钞法不断败坏。至顺帝朝，"脱脱变钞"成为元朝崩溃的导火索之一。此钞现藏中国钱币博物馆。

⑧ 青瓷单把杯
此杯现藏台北"故宫博物院"。元朝海外贸易发达，当时海道出口的货物以纺织品和陶瓷器为主。浙江处州（今浙江省丽水市）、福建泉州的青瓷行销东、西洋，江西景德镇出产的青花瓷虽已成为出口商品，但在数量上难与处瓷、泉瓷争胜。

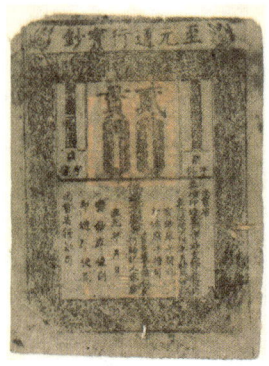

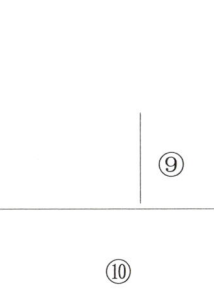
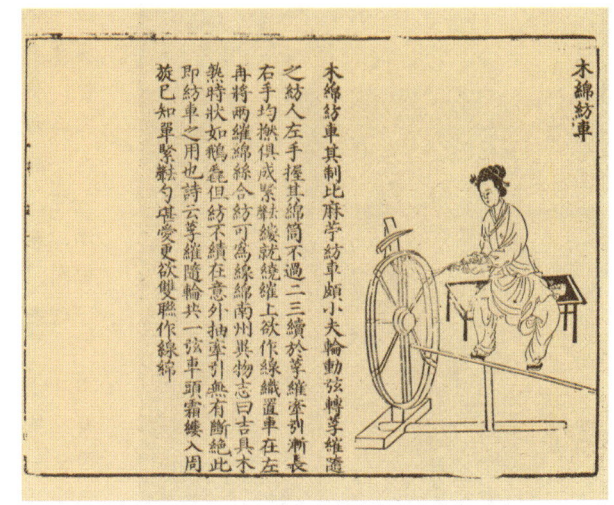

⑨ 王祯《农书》所载木棉纺车

元朝统治者重视农业，短短百年间产生了大司农司颁行的《农桑辑要》、山东东平人王祯编著的《农书》和畏兀儿人鲁明善编写的《农桑衣食撮要》三部重要农学著作。王祯的《农书》在中国农业技术史上享有重要地位，与《氾胜之书》《齐民要术》《农政全书》并称"古代四大农书"。得益于南北大一统，成书于元仁宗皇庆二年（1313）的《农书》，是中国历史上首部兼及北方和江南、对全国农业做系统性研究的农书。此书所载木棉和棉纺工具的情形，反映了元代棉花种植和棉纺织业的兴盛。

⑩ 虞集致丹丘博士公尺牍

现藏台北"故宫博物院"。虞集，字伯生。文宗时任奎章阁侍读学士。世称邵庵先生。丹丘生为奎章阁鉴书博士柯九思的号。

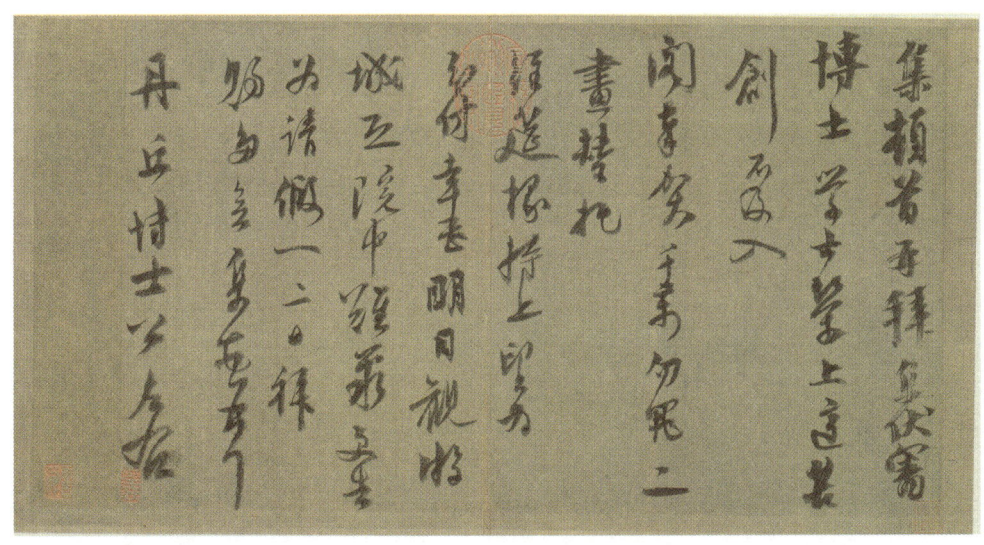

⑪ 元高克恭绘《云横秀岭》

现藏台北"故宫博物院"。高克恭,字彦敬,号房山,祖先为西域色目人。累官至刑部尚书,曾任职江南,寓居杭州,与江南文人交游甚密。此图的主山有北方巨嶂山水的气势,峰峦水渚则流露出南方米家山水的温润,兼具南北两地山水画的风格特色。此图说明,元代形成了一个以书画等汉文化为纽带的多族士人圈。

⑫ 明吴伟绘《铁笛图卷》

杨维桢,字廉夫,浙江诸暨人,号铁崖,自号铁笛道人。泰定四年(1327)进士,曾署天台县尹、钱清盐场司令、建德路推官,后任江西儒学提举,未上任而天下大乱。杨维桢虽为南人进士,但仕途坎坷,转而与浙西富商文人交往,在市井悠游中声名大震,又因曾在元廷修辽、宋、金三史时发表《正统辨》而享誉江南,终成元代的"江南文宗"。此图现藏上海博物馆。

⑪

⑫

⑬

⑭

⑬ 马可·波罗见忽必烈

马可·波罗是意大利威尼斯人。1271年，他跟随父、叔不远万里来到中国，在此生活了17年，亲眼见证了忽必烈统治下元帝国的强大、富庶和开放。此图为法国抄本《马可·波罗游记》插图，描绘的是马可·波罗面见忽必烈时的场景。

⑭ 元代观星台

位于河南省登封市告成镇。由郭守敬于元世祖至元中期主持建造。观星台由台体和石圭两部分组成。台体呈方形覆斗状，四壁用水磨砖砌成；石圭用来度量日影长短，故又称"量天尺"。观星台是元代天文科技高度发达的历史见证。

⑮ 平底沙船

明《筹海图编》所载沙船。朱清、张瑄初开海运之时，所造船只便是此种平底沙船，适合在长江口以北海域傍海航行；航线改进后，则多用适合远海航行的尖底船。航海和造船技术的进步，使定都北方的元朝能够依靠江南粮米维持运转，海漕航线成为名副其实的"王朝生命线"。元代的航海技术亦直接影响到明初的郑和下西洋。

⑯ 元人冬景戏婴图

现藏台北"故宫博物院"。图中四名孩童相聚玩耍，一人骑羊，三人扮胡人样貌，颇具草原风情。图中三只白羊，寓意"三阳开泰"。江西人佟锁住也曾在街巷与其他孩童玩耍，却不幸被骑马人掠卖至蒙古腹地，成为草原上的牧羊奴。太平之世的背后，隐藏着普通民众的悲欢离合。

华文通史

解元

他们的元朝

向 珊 著

华文出版社
SINO-CULTURE PRESS

图书在版编目（CIP）数据

解元：他们的元朝 / 向珊著 . -- 北京：华文出版社，2021.6
（华文通史）
ISBN 978-7-5075-5452-6

Ⅰ . ① 解… Ⅱ . ① 向… Ⅲ . ① 中国历史—元代—通俗读物 Ⅳ . ①K247.09

中国版本图书馆 CIP 数据核字（2021）第 051486 号

解元：他们的元朝

著　　者：	向　珊
策　　划：	宋志军
责任编辑：	刘超平　寇　宁
封面题字：	苏　刚
出版发行：	华文出版社
地　　址：	北京市西城区广外大街 305 号 8 区 2 号楼
邮政编码：	100055
网　　址：	http://www.hwcbs.com.cn
投稿信箱：	hwcbs@126.com
电　　话：	总编室 010-58336239　责任编辑 010-58336222 发行部 010-58336267
经　　销：	新华书店
印　　刷：	北京画中画印刷有限公司
开　　本：	710mm × 1000mm　1/16
印　　张：	17
字　　数：	210 千字
版　　次：	2021 年 6 月第 1 版
印　　次：	2021 年 6 月第 1 次印刷
标准书号：	ISBN 978-7-5075-5452-6
定　　价：	52.00 元

版权所有，侵权必究

代序

　　这是向珊副教授自南开毕业后出版的第一本书，所写内容是以社会大众为读者群的《解元：他们的元朝》，写作目的是解读元朝历史。作者通过17位人物的事迹，力争将元朝历史发展的脉络在说人论事中铺陈开来，较为生动地展现了这个疆域最为广袤、对世界和中国都影响深远的帝国。

　　本书通过成吉思汗、耶律楚材、忽必烈和末章的四权臣，将元朝的崛起兴亡和制度上的构建过程及得失呈现给大家，其中最为关键的线索，是汉法改革和蒙汉二元体制。阿合马和桑哥一章，重在介绍元朝的经济政策。朱清、张瑄的事迹，则被用于梳理元朝的海运、海上贸易发展，且着重用于介绍对后世经济、社会生活影响巨大的"棉布革命"。虞集和元明善一章，抓住了元朝历史发展中的大问题，即"南北融合"，作者在讲述虞、元交往的过程中，介绍了元朝在儒学、教育方面的贡献，最终落实到多族士人圈的融合上。杨维桢一章不仅探讨了科举恢复后南方士人的出路困境，而且致力于揭露元代江南普遍存在的豪民、胥吏问题。马可·波罗一章，翔实地展现了元朝的中西交流盛况，也关注到因交流而产生的科技文化高峰。佟锁住和潘生一章，则讲述了两位容易在历史书写中被忽视的平民的故事，作者试图通过他们的遭遇揭示元朝统治的弊端。

总之，从内容来看，作者在对历史人物的选取上颇费了一番心思。虽然仅仅安排十章的篇幅，难免有些缺失或不足，但大致能够概括元朝的基本问题。全书都在追问元朝国祚短促的原因，同时回应了此前一些读者关于元朝历史的误解。

作者自称本书写作都是参考元史学界已有之成果，其实也不乏一些创见。如附录里关于"崖山之后无中国"来源的梳理，此前鲜有人提及；杨维桢和佟锁住、潘生二章里面的许多观点，出自她发表过的论文；权臣一章里伯颜的生年，虽然只是履历表里的一个小数据，却也是她自行考证的成果。

长期以来，专业研究和通俗写作之间似乎横亘着一条鸿沟。社会公众通常乐于从娱乐性强的影视剧和小说中了解历史，且侧重于关注传奇故事。专家学者在相关领域里撰写的论文，则相对"艰深无趣"，让普通读者望而却步。双方交流颇少，以至常常生出隔膜或偏见。具体到元朝历史，这种现象更为严重。

近年，欧美和日本的史景迁、杉山正明等史家，在通俗历史的写作方面取得巨大成就，深受我国广大读者的欢迎。事实上，学术界早已形成共识，通俗写作并非随意说书。成功的通俗写作是要用通俗的语言把专业的见解表达出来，对作者的史才、史学、史识都有很高的要求。本书总体来说还是带有一些学究气，希望作者能如自己所言，将来不断提高讲故事的水平，更好地将学术界的成果介绍给大家。如此，亦不负学术服务社会的使命了。

简要谈几句感想，以飨读者吧。

李治安

2021年3月

自序

元朝是中国历史上第一个由少数民族创建的统一多民族政权，疆域空前广袤，治下族群众多，社会文化高度开放，甚至还因海运和海上贸易的发达而带有一定程度的海洋帝国色彩。若仅以疆域来衡量，元朝无疑取得了空前的成就。若论中国历代王朝对世界历史影响的直接程度，无论是前面的汉唐，还是后续的明清，也都不如元帝国。

一

成吉思汗对花剌子模的军事征服和拔都、旭烈兀的西征，重写了中亚和西亚的政治格局。世界有了"新的主人"，亚欧大陆的东西两端，进入了直接交流的崭新时代。

尽管在当时的欧洲教廷看来，蒙古铁骑的突然出现，犹如一场惩罚一切的"鞑靼风暴"，带来了末世的宗教恐慌，但蒙古帝国带给世界的，绝不仅仅是令人闻风丧胆的战争效率，以及伴随征服而来的肆意破坏。在充满对异教徒的残酷镇压的宗教战争时代，恰恰是铁木真颁布了"人人均可信仰自己的宗教,遵守自己的教规"的法令。这种各从本俗、各遂所愿的信仰宽容政策,贯穿了整个元朝历史。元帝国绝不是"野蛮人的帝国",更不是偏激的网络认知中闯入文明花园但行破坏的恶客。这个帝国追逐财富,因而重视保护和鼓励商业贸易;这个帝国注重技术,因而对各类知识倍加尊敬。文化和文明并没有在元代断绝。

尽管历史总有其惊人相似的一面,但一个王朝、一个时代也往往具有鲜明的特质。元朝作为中国历史上第一个由少数民族建立的大一统王朝,其不同于其他时代的特殊性,有以下几点尤为值得关注。

一是蒙汉二元的政治结构。13世纪,蒙古铁骑横扫亚欧大陆,影响了人类历史发展的进程。成吉思汗的一生,堪称一部"世界征服者史"。忽必烈创建的元朝,既是"蒙古帝国"主体的延续和诸汗国之宗主,又因为施行汉法进入了中原传统王朝的序列。这种继承和融合构成了元帝国在政治格局上独特的蒙汉二元体制。

二是多族群交流与文化融合。在元朝,除了统治者蒙古人和绝大部分的被统治者汉人(含南人)外,色目人在政治舞台上屡有精彩表现,且对元朝的历史产生了深刻的影响。汉、蒙、回、藏四大族群在元代首次齐聚朝野,为日后中华民族的融合发展奠定了基础。

三是儒士群体处境尴尬。在忽必烈治理漠南时,北方汉人已取得了优越地位。到南宋灭亡,南方士人进入统治集团之时,整个统治阶层的构成已趋向稳固,很难发生大的变动。江南的普通儒士虽然重新获得了科举入仕的机会,但在特定的环境之下,政治实践大多并不顺利。一些儒士在仕途发展受挫之后,将目光转向经济发达的江南社会,转型为交游商贾、贩文猎奇的市井文人。

四是南北矛盾逐渐消融。从唐末、五代到元帝国一统天下,南北对峙持续了四个多世纪。南北士人之间的隔阂,并未随着国家的一统而消亡。出于争夺政治利益和庙堂话语权的需要,南北士人之间的冲突时有发生,但到了元后期,各族群的士人积极学习汉文化,并以此为纽带,形成了一个多族士人圈。这是其他时代罕有的景象。

五是海运、海上贸易事业异常发达。元大都对江南物资的依赖程度很高。江南的粮食转运到北方，保证了帝国中枢的正常运转，也改变了整个大都的生活方式。同时，在站赤（驿站）通天下的有利环境下，既有大批异域商人、宗教使团来华，又有数量众多的元朝商人远行异域，使各类文化和技艺的东行西渐达到顶峰。明成祖时期组织的大规模远航行动——郑和下西洋，甚至也继承了元朝的航海技术；郑和本人来自云南马姓回族家庭，而云南和回族都是元朝疆土扩张和民族融合的产物。

六是良好的边疆治理。正如《元史·地理志》所言，"自封建变为郡县，有天下者，汉、隋、唐、宋为盛，然幅员之广，咸不逮元……其地北逾阴山，西极流沙，东尽辽左，南越海表……盖岭北、辽阳与甘肃、四川、云南、湖广之边，唐所谓羁縻之州，往往在是，今皆赋役之，比于内地；而高丽守东藩，执臣礼惟谨，亦古所未见"。

唐宋等王朝治理边疆，一概实行羁縻政策，求其臣服的愿望大大超过直接管理的力度。至于元朝，则因俗设立土官，强制检括户籍，设立驿站，规定缴纳和贡献之制，强制征调土官、土军等（吐蕃地区相对特殊，实行"政教合一"，由宣政院统辖），将云南、西藏、东北等地首次纳入版图直接统治。中央集权的号令和权威开始深入边疆地区，这是中国边疆治理史上极为重要的大变革。

二

众所周知，元朝国祚颇为短促。如果从忽必烈于1260年即位，建"中统"年号算起，至1368年元顺帝放弃大都、北逃草原，也才108年；若从1271年忽必烈建"大元"国号算起，则仅有97年的寿命。元朝也因此被称为"百年之国"。用北京大学张帆教授的话说："元朝没有达到所谓'王朝周期律'下的常规寿命，统治不算成功。"

一个威震欧亚的帝国如此迅速地崩溃，根本原因在于内部政治结构不稳定，各阶层、族群间的矛盾冲突已达到不可调和的临界点。从结果来诊断，元朝短命的病因，可谓是"先天不足，后天失调"。

大蒙古国、元帝国的"先天不足"，与它崛起过速不无关系。从1206年成吉思汗统一草原，其继承者建立起四大汗国，到忽必烈平定南宋、完成南北大一统，仅仅花了70年。元朝的统治民族，是从草原游牧部落发展而来的新蒙古人，无论从历史的积淀，还是从制度的积累来看，都属于文明的新生儿，自然谈不上有多强的建设能力。尽管铁木真祖孙三代也曾积极主动地任用过耶律楚材等北方汉人文士，但许多制度、文化方面的建设并不成熟。

来自蒙古草原的传统基因太过强大，多次将历史的发展方向拉回草原，如耶律楚材的汉法改革在窝阔台死后，便只能勉力维持，到持有强烈蒙古本位观念的蒙哥登上汗位，则几乎陷于停滞。忽必烈贵为漠南之主，行使汉法，也在蒙古旧贵族的反对下陷入被怀疑的险境，不得不暂时交出大部分权力；即位后，更是多次受到西北诸王的严厉质问，遭遇多方掣肘。

即使是奠定了有元一代制度规模的元世祖，其早期和晚期的施政方针也大不相同。为满足征服所需，忽必烈后期大行权宜之计，对他即位时创设的制度造成了非常大的冲击：几乎所有的国策都围绕着聚敛财富以供军事战争展开。在这一背景下，朝堂之上，色目理财大臣与汉法拥护者斗争激烈。

忽必烈统治时期，已然是元朝在政治上汉化最盛的时代，却没有像历代中原王朝那样，形成一个可供后世效仿的祖宗之法，亦难以对后来的继承者形成有效约束。无常法则无恒行，如元仁宗在元武宗去世后第三天，就全盘推翻其施政方针、惩处其左膀右臂；元顺帝铲除权臣后，公开历数其叔婶元文宗夫妇的罪孽。这些有悖常理的政治举措，是元朝"先天不足"的后果，严重削弱了统治阶层在民众心目中的威望。

《左传》有言："君以此始，亦必以终。""先天不足"自然会导致"后天失调"。历代中原王朝，在完成了疆土的统一之后，一般会进入休养生息的阶段，创设和巩固制度，不断扩大统治基础以维持稳定。但来自草原的掌舵人忽必烈在平定南宋之后，却继续锐意开疆，大兴海外征伐之兵。两次征伐日本，持续不断地对东南亚用兵，使饱经战乱破坏的社会经济错过了绝佳的恢复期。他的继承者大多享寿不永。在元朝最后一位皇帝元顺帝登基之前，除元成宗铁穆耳寿命超过40岁、在位时间突破10年之外，其余8位君主无一例外地英年早逝；元天顺帝和宁宗去世时甚至还只是不足10岁的孩童。忽必烈留下的不良"遗产"，与元朝中后期盛行的权臣政治相结合，导致帝位更迭更加频繁，统治阶层内耗严重。累积的各种社会矛盾在顺帝朝急剧爆发，元朝终于在轰轰烈烈的农民战争中加速离场。然而追究元朝权臣政治的根源，却是成吉思汗时遗留的"汗位"在黄金家族内部流转的推举制度，以及重血统、重出身，保障贵族在政坛享有超然权力的怯薛制度。在这些制度的影响下，完善的皇位继承人制度和促进阶层流动的人才选拔制度，始终未能在元朝成形。元朝政治败亡于其初始所倚仗者，这不能不令人深思。

三

元朝，也是中国历史上争议最多、受到的误解最深的王朝之一。在部分当代网络文学作品中，元朝以扭曲的负面形象出现。而网络媒介上流传最广的荒谬论断，当属"崖山之后无中国"。

前人引述的元朝毁灭文明的依据，许多是蒙古征服战争早期的事例，如蒙古军队在战争中进行屠杀、蒙古贵族提出"尽变汉人为奴隶、空农田为牧场"的建议，也有元末极端民族主义权臣伯颜所提的尽杀张、王、刘、李、赵五姓汉人的主张。不过，古代战争中本就存在一些屠杀现象，这并非大蒙古国和元朝时的特例，贵族们的荒唐建议也并没有被采纳。评价一个王朝的社会状况，理应重点考察其稳定时期。

元朝平定江南时，除个别抵抗特别激烈的城市外，南宋的绝大部分地区，包括临安，基本是传檄而定的。大一统之后，出于黩武嗜利等需要，忽必烈在经济上实行南北异制的政策，自晚唐以来便少受战乱破坏的江南农商经济得以保持繁荣。在大一统的背景下,元帝国交通便利、商业繁荣,国际贸易空前昌盛。忽必烈及其后继者也多重视劝农和发展手工业,元朝农业、手工业生产水平较前代均有所提升。棉纺织业的技术革新更是直接改变了国人的生活。

此外,来自草原的君主在开拓海洋方面比汉地君王走得更远。为解决北方都城的粮食供给问题、满足贵族阶层的奢侈消费,忽必烈创造性地发展大规模海运,鼓励海外贸易,并数次发动海外征伐。这在中国古代史上是空前绝后的。加之在边疆治理和民族融合方面的贡献,元朝不仅不是历史的倒退,反而可以说是奠定了古代中国向近现代中国转变的基础。

中国自秦以来,比较彻底的大一统一般包含书同文、车同轨、度同制、行同伦、地同域等方方面面。不过,"罢黜百家,独尊儒术"一旦走向极端,也难免有文化专制主义之嫌。元朝在思想文化领域并没有进行彻底的大一统,其客观后果是儒学丧失独尊的地位,科举出身的士人出路受阻。但科举和儒学并非评判文化兴盛与否的绝对尺度。得益于疆域的空前辽阔、中西交流的空前频繁,以及文化的多元融合,元人在天文、地理、医学、农学、水利学等领域成就突出,由此创造了唐宋之后又一个文化高峰。

即便被认为是儒学发展的低谷时期,程朱理学在忽必烈的兴学方针和北方大儒许衡的学校制度的支持之下也得以广泛传播,并于科举恢复后逐渐在全国学术思想领域占据主导地位。伴随着民族融合,理学还成为贯穿多元文化圈的核心纽带。这一进程并未随着元朝的灭亡而中断,而是影响及于明清。

当然,我们在考察元朝由盛及衰的过程中,倘不能全面客观地看待功过是非,那么以史为鉴恐怕就只能是一句空话了。虽然几代学者已为元朝辩白颇多,但仍旧不可否认其统治不成功的事实。元朝统治中较严重的弊端,几乎都发端于帝国创业者们朴素的政治理想:

> 太祖皇帝初起北方时节,哥哥弟兄每商量定,取天下了呵,各分

地土，共享富贵。

为实现这个目标，蒙古、元朝的统治者们除了给黄金家族及创业功臣集团丰厚的土地、物质、人口等资源赏赐外，还希冀用政治制度设计来永保其既得之利益。为此，元朝推行所谓的"四等人制"，强化族群等差；在官僚系统内部实行族群交参，以相互牵制监督；不重视科举，以确保怯薛集团的利益不受侵犯；施行职业户计制，令诸色职业世代相袭，以供贵族之用。大蒙古国、元朝统治在后世易受诟病者，几乎皆出于此。

在"四等人制"的框架之下，蒙古人被统治者称为"自家骨肉"，享有最优越的政治、社会地位。不过，担任大多数帝国高层官职的"国人"，在族群政策的优待下反而疏于学习，行政能力低下，逐渐成为飘浮于半空的"统治阶层"。据前辈学者研究，蒙古灭金，仅摧毁了女真贵族的政治特权，并未动摇中原汉地之有产者的根基。相反，史天泽、张柔、王磐等，还在政权更迭过程中因积极与蒙古人合作跻身开国功臣之列。元朝平宋时，不仅平民富室的经济实力得以保全，官僚阶层的利益也大多得以平稳过渡。因此，入元以后，拥有雄厚经济实力的汉人、南人借助种种手段突破族群等差的现象时有发生，地方士绅（多为汉人、南人）把持官府、奴役官吏的事迹俯拾皆是。本书中提及的杨维桢仕途受挫的经历，亦根植于此。放眼下层人民的生活状况，佟锁住和潘生的悲剧也不仅仅发生于汉人、南人身上，蒙古、色目贫民亦常有卖身为汉人、南人之奴隶者，以致元廷不得不多次下诏赎回。

由于饱受后世批评的"四等人制"的存在，加之科举不振，汉人、南人在元朝庙堂之上可获得的政治权益始终有限。与此相对的是，学而优则仕的理念早已深入人心。从这个角度而言，蒙古统治者无疑漠视了占人口大多数的汉地平民和士人的政治诉求。

到了王朝中晚期，随着财政压力的加剧，元廷对江南的财赋索求近乎无度。一方面是沉重的钱粮负担，另一方面是难以获取政治权益，江南士绅对元廷的失望越发严重。到了顺帝朝，元廷虽然公开卖官，"募民补路府州司县官,自五品至九品,入粟有差,非旧例之职专茶盐务场者比",但已无人愿往,以致最后演变为强行摊派,如松江知府不得不拘集属县巨室,强迫其认捐。强迫买官,也算是中国历史上的一大奇闻了。

至元末,求取政治权力而不得的江南士绅已无法信任元朝的统治,自保之心压过一切,如红巾军起义后,地方富豪组织兵力抗击农民军,绝大多数与效忠元廷无关,只是为了维护自己的经济利益。值得注意的是,明初江南(尤其是浙西)士人怀念元朝,与朱元璋治国严苛有莫大的关系。毕竟,元政宽松,士人的自由度较高。浙西的士绅们,与其说是怀念元朝,不如说是在政治高压之下,怀念着一个相对宽松的政治环境罢了。

与职业诸色户计相配套的全民服役当差,则再度强化了百姓对官府的人身依附关系。蒙古君主将草原主奴从属习俗带入官僚体系,内外大小臣工均被视为黄金家族的奴仆。此种风气影响及于全体百姓,相较于唐宋,君臣、君民关系无疑出现了严重倒退。

一切历史皆是人的历史。王侯将相的权谋、名士才子的风流、寻常百姓的境遇,其实是历史大潮滚滚而来后,由庙堂至山野的不同反馈,它们在探究历史真相的过程中同等重要,也理应是一部内容饱满的历史读物中不可或缺的元素。笔者不揣谫陋,选取大蒙古国、元朝历史中的一些人物,本着以人叙事、以事释史的宗旨创作本书。如能使读者因此对元朝少一些偏见,多一些客观的思考和评价,则不胜欢欣。

目录 Contents

成吉思汗：铁骑弯弓震亚欧

一、逆境崛起——乱世求生的少年时期 / 004

    1. 草原英雄的诞生 / 005

    2. 射杀兄弟，棱角初现 / 007

二、一统草原——构建新型统治模式 / 008

    1. 依附强者，奠定基业；选贤与能，初成制度 / 008

    2. 统一草原，登上汗位 / 011

三、锐意改革——奠定"蒙古帝国"的基本国家制度 / 013

    1. 从部落到国家，贯彻大汗意志 / 013

    2. 立法造字，塑造新式蒙古人 / 015

3. 帝国的世俗化 / 017

四、对外征伐，改变世界 / 018

1. 征伐西夏：征服世界的第一站 / 018
2. 伐金之战：从游牧战争到王朝争霸 / 019
3. 蒙古西征，撬动欧亚 / 022

五、众说纷纭的一代天骄 / 025

1. 分封领地：汗位争夺的伏笔 / 025
2. 魔王还是天骄：撼动世界的成吉思汗 / 027

耶律楚材：力行汉法促融合

一、从金国贵族到蒙古名臣 / 034

1. 生自金国的蒙古栋梁 / 034
2. 扈从西征，劝解杀戮 / 036
3. 出使燕京，忧心儒教，批判全真 / 037
4. 立法惩暴，恢复河北秩序 / 038

二、"蒙古帝国"的中原化——耶律楚材改革与"治平之世"的开启 / 040

1. 初创礼仪，维护皇权至尊 / 040
2. 十路课税，创立保民财政体系 / 042
3. 抑制诸侯，加强中央集权 / 044
4. 保全黎庶，稳定战后中原秩序 / 044
5. 编户齐民，开创二元郡县制度 / 046
6. 轻徭薄赋，革除各类政治弊端 / 047

7. 经营儒学，开以儒治国之始 / 048

三、改革的停滞——"治平之世"结束 / 050

　　1. 斡脱入朝对改革的冲击 / 050
　　2. 磊落孤臣的最后斗争 / 052

忽必烈：制行多元创帝国

一、总领漠南——广罗人才，施行汉法 / 057

　　1. 蒙哥登位，统领漠南 / 057
　　2. 选贤任能，金莲川幕府形成 / 059
　　3. 文治武功，汉法治政 / 061

二、隐忍待机——从阿蓝答儿钩考到开平称汗 / 062

　　1. 收敛锋芒，随从攻宋 / 062
　　2. 开平称汗，锐意天下 / 064
　　3. 击败幼弟，稳固根基 / 066

三、建章立制——奠定帝国的基石 / 069

　　1. 改元迁都，汉法威仪 / 069
　　2. 农桑为本，理财增用 / 070
　　3. 强化皇权，建立省院台 / 073

四、扫清寰宇——江南漠北共一家 / 075

　　1. 谋定后动，攻夺襄樊 / 075
　　2. 灭亡南宋，天下一家 / 076

3. 平定叛乱,安定北疆 / 078

五、经营帝国——"内蒙外汉"的执政方针 / 083

1. 创立行省,管辖天下 / 083
2. 南北异制,帝国繁盛 / 085
3. 怯薛预政,蒙汉二元 / 087

六、窥视四海——征伐日本和东南亚 / 089

1. 两征日本,望洋兴叹 / 089
2. 约束高丽,恩威并行 / 090
3. 用兵东南亚,徒耗国力 / 092

七、暮年风雨——忽必烈的功与过 / 094

1. 帝心专断,朝堂动荡 / 094
2. 帝国的兴盛和隐患 / 096

阿合马和桑哥:义利之争多是非

一、滕人阿合马入主中书 / 103

1. 专管财赋 / 103
2. 盐铁取利,简在帝心 / 104

二、搜刮百业——商人理财与朝堂争斗 / 104

1. 竭泽而渔,天下生怨 / 104
2. 专权跋扈,满朝树敌 / 105

三、积怨深厚——阿合马遇刺始末 / 107

    1. 庙堂争权，触怒真金 / 107

    2. 遇刺大都，天下震动 / 108

四、译史出身的桑哥 / 109

    1. 帝师举荐，崭露头角 / 109

    2. 大权独揽，理财主政 / 111

五、毁誉参半——定钞法和行钩考 / 112

    1. 行定钞法，拯救时弊 / 112

    2. 钩考过度，形同苛政 / 113

六、恶名遍天下——怯薛反击与桑哥之死 / 115

    1. 行事粗暴，触怒显贵 / 115

    2. 怯薛反击，事败身死 / 116

朱清与张瑄：海运畅通接南北

一、豪杰起于草莽——朱清、张瑄的发迹 / 121

    1. 贩卖私盐，亦商亦盗 / 121

    2. 往来劫掠，投降元廷 / 122

二、从近海到远洋——大放异彩的朱、张海运 / 123

    1. 南粮北运，居功至伟 / 123

    2. 开辟航道，把持漕运 / 125

三、海上贸易遍南北——从太仓港到大都城 / 127

　　1. 经营太仓，贸易四海 / 127
　　2. 恩宠优渥，一时无两 / 128
　　3. 棉纺革新，衣被天下 / 129

四、宠渥多败亡——朱、张家族的倾覆祸根 / 131

　　1. 权财自主，朝廷忌惮 / 131
　　2. 聚敛不法，祸根深埋 / 132

五、人亡政不息——影响深远的朱、张海运 / 133

　　1. 受到清算 / 133
　　2. 海运命脉，得昌失亡 / 134

虞集和元明善：南北终究是一家

一、南北殊途生隔阂——虞集与元明善的纠葛 / 139

　　1. 百年对峙，南北隔阂 / 139
　　2. 学问殊途，对立成风 / 141

二、理学遍及生新义——南北文化隔阂的消弭 / 142

　　1. 理学北传，对立渐消 / 142
　　2. 教育复兴，科举助力 / 144

三、"四等人制"生弊端——失衡的族群政治 / 145

　　1. 南北分职 / 145

2. 仕途坎坷，多有忧惧 / 147

四、花实叶茂自繁盛——多元融合下的士人群体 / 149

1. 践行儒学的色目人 / 149
2. 道德文章，不分华夷 / 151

杨维桢：谪仙大隐隐于市

一、万卷楼上读书人——寻常人家的进取之路 / 157

1. 辛苦求学，希冀功名 / 157
2. 泰定乡试，得偿所愿 / 158

二、当儒家之志遭遇重吏之风 / 159

1. 为官天台，欲行德政 / 159
2. 得罪八雕，免官回乡 / 160

三、钱清盐场的义利纠纷 / 161

1. 任职盐场，愤懑感怀 / 161
2. 不甘合污，十年不调 / 162

四、自号铁笛——进退皆忧的精神困境 / 163

1. 结交富商，悠游江浙 / 163
2. 玉山盛会，自许谪仙 / 164

五、典市杭州尘满襟，天下大乱别宦海 / 166

1. 再度出仕，催办税务 / 166
2. 天下大乱，仕途终结 / 167

六、四方平定巾背后的隐喻 / 167

1. 钻研声色，迎合市井 / 167
2. 元明鼎革，世风改易 / 169

马可·波罗：有客西来录光华

一、东方风暴与鞑靼怒火——大蒙古国与东西交流 / 173

1. 铁蹄纵横，撼动欧洲 / 173
2. 教廷遣使，互相观察 / 175

二、马可·波罗眼中强大、富庶、开放的元帝国 / 177

1. 跋涉万里，跻身斡脱 / 177
2. 记录政事，生动翔实 / 178
3. 帝国富庶，历历在目 / 180

三、求全与苛责——关于马可·波罗是否来华的争辩 / 182

1. 追问质疑，失之偏颇 / 182
2. 《永乐大典》，见证归途 / 184

四、东来西往不断绝——融合并举的多元发展 / 185

1. 天文算法，大放光华 / 185

2. 往来交融,异彩纷呈 / 187

佟锁住和潘生:悲欢离合是浮生

一、佟锁住归乡——奸人贩卖儿童风潮的缩影 / 192

1. 少年遭劫,流落他乡 / 192
2. 帝国缩影,拐卖成风 / 194

二、良法恶法相交织——元朝的奴隶问题 / 195

1. 贱习恶法,同为祸根 / 195
2. 律法矛盾,禁而不绝 / 197

三、潘生千里送弱女——大灾荒下庶民的挣扎求生 / 198

1. 自卖求生,远行北疆 / 198
2. 千里护送,义行扬名 / 199

四、缺失的官方救济——民间自救与官府失职 / 200

1. 唯论赋税,不计民生 / 200
2. 民间自救,离心离德 / 203
3. 兴亡皆苦,祸患深埋 / 204

从铁木迭儿到伯颜:权臣握柄倾安危

一、李孟新政与延祐经理——汉法与权臣的冲撞 / 213

1. 后宫权臣,勾结弄权 / 213

2. 李孟新政,无果而终 / 215
3. 延祐经理,冲突加剧 / 216

二、两都之战贻患天下——燕铁木儿弄权 / 217

1. 拥立文宗,武人秉政 / 217
2. 总揽国事,荒淫无度 / 220

三、权臣政治的落幕——伯颜之死 / 221

1. 投机隐忍,伯颜崛起 / 221
2. 为政暴虐,众叛亲离 / 223

四、"权臣"的变体——脱脱的惨淡经营与元帝国的灭亡 / 224

1. 旧政更化,变钞失败 / 224
2. 遍地烽火,无力回天 / 226

附录:历史迷雾中的元朝争议 / 229

后记 / 239

成吉思汗

铁骑弯弓震亚欧

铁木真履历表

姓名	孛儿只斤·铁木真
尊号	成吉思汗
家庭出身	父亲也速该,为蒙古孛儿只斤乞颜部和泰赤乌等部联合部落长,母诃额伦,系出蒙古弘吉剌部
生卒年及所处时代	1162—1227;大蒙古国前期
配偶	孛儿帖,弘吉剌部贵族德薛禅之女
子女	嫡子四:术赤、察合台、窝阔台、拖雷。女儿:赵国大长公主阿剌海别吉等
生平履历	金大定二年、南宋绍兴三十二年、西夏天盛十四年(1162),出生
	金大定十年、南宋乾道六年、西夏乾祐元年(1170),9岁,随父也速该前往弘吉剌部求婚,与孛儿帖订婚。也速该归途中为塔塔儿人下毒暗害,泰赤乌部率众离去
	金大定十一年至十八年、南宋乾道七年至淳熙五年、西夏乾祐二年至九年(1171—1178),10—17岁,在斡难河畔流浪。一次渔猎中,射杀了异母兄弟别克帖儿。稍长,被泰赤乌部生擒,得赤老温父子之助逃归。与孛儿帖完婚,父事克烈部首领脱斡邻
	约金大定二十四年、南宋淳熙十一年、西夏乾祐十五年(约1184),23岁,因蔑儿乞部来袭,孛儿帖遇劫,求援于克烈部首领脱斡邻和札答阑部首领札木合,合攻蔑儿乞部,大胜,夺回孛儿帖
	约金大定二十九年、南宋淳熙十六年、西夏乾祐二十年(约1189),28岁,札木合纠集泰赤乌等十三部,进攻铁木真,双方交战,十三翼之战爆发
	金承安元年、南宋庆元二年、西夏天庆三年(1196),35岁,被金朝授予"札兀惕忽里"封号
	金泰和二年、南宋嘉泰二年、西夏天庆九年(1202),41岁,征塔塔儿四部,大胜而归
	金泰和三年、南宋嘉泰三年、西夏天庆十年(1203),42岁,王罕子桑昆、札木合等拥王罕大举来袭,铁木真仓促应战,败溃至失牙帐所在的地步。与十九军将共饮班朱尼河水

续表

生平履历	金泰和六年、南宋开禧二年、西夏应天元年(1206),45岁,建立大蒙古国,上尊号"成吉思汗"
	蒙古太祖六年(1211),50岁,二月,率众大举攻金,金朝节节败退
	蒙古太祖十四年(1219),58岁,率军西征花剌子模
	蒙古太祖二十二年(1227),66岁,七月十二日,铁木真卒。三天后,西夏王李睍献城投降

1206年，统一了草原各部的蒙古部首领铁木真，在斡难河源（今蒙古国鄂嫩河源）被推举为全蒙古的汗，上尊号"成吉思汗"，建大蒙古国。元朝人自认为本朝的历史就肇始于这一年。到元世祖忽必烈时，成吉思汗被追尊为"太祖"，铁木真之后的三位统治者——窝阔台、贵由和蒙哥，也被依次定庙号为"太宗"、"定宗"和"宪宗"。铁木真建立的国家蒙古文国号为"Yeke Mongghol Ulus"，汉文译语为"大蒙古国"，简译"大朝"。后来的"大元"国号，更是与"大朝"和"大蒙古国"意义相通。即使到忽必烈时期，这个庞大的帝国彻底分裂成四大汗国，元朝仍旧是宗主国。虽然元朝的政权性质因政治中心的转移和施政方针的转变发生了深刻的变化，目前学术界通常以忽必烈即位的1260年为元朝的开始之年，但考虑到元朝与大蒙古国一脉相承，我们在了解元朝历史之时，仍有必要对大蒙古国追本溯源。

元朝是中国历史上第一个由少数民族建立的大一统王朝，其疆域之广、族群之众，亘古未有；其创业之艰难、崛起之迅猛，亦为史上罕见。元帝国对整个中国历史和世界历史都产生了重大影响，而这个庞大帝国的历史和时代特点，都要从它的奠基者成吉思汗说起。

一、逆境崛起——乱世求生的少年时期

公元12世纪中期，在长城以南的中原大地，南宋与金正为争夺寿春（今属安徽省）、蔡州（今属湖北省）、巩州（今属甘肃省）等边疆重镇而鏖战不休。长城以北的草原地区，在经历了匈奴、鲜卑、突厥的强盛后，进入部族纷争的时代。东起大兴安岭，西至阿尔泰山脉的广袤草原上，塔塔儿、蔑儿乞、克烈、乃蛮等部并立称雄，还有一些实力较弱的部落夹杂其间。这些部落之间斗争不断，不断上演着依附、融合、消亡的历史。

游牧在东起额尔古纳河源，西至土拉河（今图拉河）源的蒙古部落，

它的西面是强盛的克烈部,东方是强大的塔塔儿部。处在强邻包围中的蒙古各部落,因为上层贵族的权力争夺、部落间奴隶和财富的劫掠,杀伐征战不止不休。《蒙古秘史》如此描述这段纷乱的岁月:

> 星空旋转着,
> 众部落都反了;
> 不得安卧,
> 你争我夺,抢劫财货。
> 草地翻转了,所有的部落都反了。
> 不得下榻,你攻我打。
> 没有思念的时候,
> 只有彼此冲撞;
> 没有藏躲的地方,
> 尽是相互攻伐;
> 没有彼此的爱慕,
> 尽是相互厮杀。

这种状况,直到一个天纵的英雄人物——铁木真的出现,才发生了彻底的转变。

1. 草原英雄的诞生

1162年,在斡难河畔的迭里温孛勒答黑(今蒙古国肯特省达达勒苏木)乞颜部孛儿只斤氏族的营帐里,一个健康有力的男婴诞生了。这个男婴就是铁木真,他的父亲是当时乞颜部与泰赤乌等部的首领也速该。

铁木真一出生就具备了贵族血统。不过与周围的塔塔儿、克烈及乃蛮诸部相比,乞颜部的实力并不强大。铁木真的祖先最初在呼伦贝尔草原游牧,大约在9世纪后半叶到10世纪初,才逐渐西迁至克鲁伦、斡难和土拉河三河源头，不儿罕山（今肯特山）地面。他的远祖孛端察儿在统格黎小河边劫掠百姓和牲口，逐渐发迹。孛端察儿的子孙繁衍成众多部落，实力日渐增强。

到铁木真的曾祖父合不勒汗时，乞颜部与近亲泰赤乌部联合（两部均属蒙古部），两部约定轮流交替地推选首领。合不勒汗死后，泰赤乌部的俺巴孩继承了汗位，他中了塔塔儿部的圈套，被设计逮捕送到金朝，并被残忍地钉死在木驴之上。随后，铁木真的叔祖、合不勒汗的儿子忽图刺被推举为乞颜和泰赤乌两部共同的首领，发誓向金朝和塔塔儿部报仇。在忽图刺的领导下，蒙古部与塔塔儿部先后进行了十三次战斗，也曾大规模袭扰金朝边界。

铁木真的父亲也速该继承部落长的职位后，继续与塔塔儿部战斗，并成功俘获了塔塔儿部的首领铁木真兀格。也速该出征归来，恰逢儿子诞生，于是按照蒙古人的命名习惯，给他取名为铁木真，意在永远纪念这次战功。除此之外，也速该积极联络西方的强邻克烈部，援助克烈部贵族脱斡邻获得了部落联盟长的职位，双方结为"安答"。安答这种结义兄弟的情分，在氏族部落中，是一种非常重要的关系。尤其是双方都是部落首领的时候，结义行为就相当于签订了相互援助的盟约。

如果不出意外，铁木真在祖先的荣光照耀和父母的教导之下，会顺利成长为一个新的贵族英雄，然而这一切在他九岁时发生了变故。

这一年，也速该遵循族外婚习俗，带着铁木真前往弘吉剌部求娶新娘。父子二人遇见了该部的贵族德薛禅。德薛禅问明来意后，主动提出要将自己的女儿孛儿帖许配给铁木真。也速该很爽快地同意了这门婚事，并留下一匹从马作为订婚礼物。

按照当时的习俗，女婿要在岳父家中住些时日，用劳动来弥补对方嫁女的损失。天有不测风云，也速该在返程途中参加了塔塔儿人的宴会，喝下了毒酒。宴席结束，他才知道中了暗算。铁木真接到噩耗之后，立刻匆匆赶回。父亲毒发身亡，让这个九岁的少年坠入了痛苦和仇恨的深渊。

更大的灾难还在后面。也速该死后，泰赤乌部的贵族做了首领。也速该的遗孀诃额伦及子女本可一直生活在部落里，享受贵族待遇，但新任的首领塔儿忽台并无向塔塔儿人报仇的意愿，更没有善待也速该的寡妻和幼子们，而是统率部众扬长而去。

缺少了强力家长的庇护，也速该的孤儿寡妻马上陷入困境。在部众纷纷离开后，命运留给诃额伦的只有六个儿子，一个女儿，一两个家内奴隶，九匹骟马和极其有限的家庭用具。生存成为铁木真一家要面对的头等大事。为了养活家人，铁木真将兽骨磨成箭头，制作木箭捕捉鼠类，以补充食物的匮乏。他们吃狗和老鼠的肉，也穿狗皮和鼠皮制成的衣服。

2. 射杀兄弟，棱角初现

严酷的生存环境，磨炼着铁木真的心性意志。他急切渴望长大，并想抓住一切可能的机会，向塔塔儿人和泰赤乌部报仇。他开始反思被抛弃的原因：必须紧紧握住所有的权力。传统的家族血亲联盟脆弱且松散，很难依靠，只有忠诚勇武且值得信赖的伙伴，才能让他前进的道路更为顺畅。

随着年岁增长，铁木真与异母兄弟别克帖儿的矛盾日益激化。铁木真不甘心受到压制，为此他与弟弟哈撒儿一起射杀了别克帖儿。铁木真射杀兄弟，不仅仅是为了争夺战利品，而且是为争夺家族内部的领袖地位。他通过这种方式，开始进行初步的部落政治演习。这也反映出铁木真独特的性格：心性坚忍，只愿意做号令众人的领导者，不愿做屈居人下的追随者；为了这个目标，他不惜摧毁一切有可能成为阻碍的人和事。这种少年时代便展现出来的性格，也是影响他之后在事业上的各种作为的重要感性因素。

别克帖儿的死亡，让铁木真成为一家之长，也让这个家庭的处境跌入了谷底。铁木真面临着人生的第一个重大危机：他的母亲伤心欲绝；残杀手足触犯了蒙古传统的禁忌，也让仇敌警觉——塔儿忽台担心铁木真一旦成长起来，先前的部众会重新聚集到他的身边，于是决定先发制人。

塔儿忽台率军来到斡难河边抓捕铁木真。铁木真逃入山林，在经历了九天的围困后，饥饿难耐的铁木真硬着头皮走出丛林，不幸被捕。然而长期逼仄的生存环境赋予铁木真异于常人的求生本能，他用枷锁打倒看守，逃出泰赤乌部营地，又在一些牧民的帮助下，成功躲过了搜捕。

铁木真和亲人会合后，便举家迁往更遥远偏僻的不儿罕山前的桑沽儿河边，以躲避无休止的追捕。

二、一统草原——构建新型统治模式

1. 依附强者，奠定基业；选贤与能，初成制度

1178年，17岁的铁木真迎娶了孛儿帖。为了家庭的安全，他主动依附于父亲生前的安答——克烈部的首领脱斡邻。对于铁木真的投靠，脱斡邻十分高兴，在他的支持下，铁木真拥有了一些部众。

在蒙古草原，基于发起战争和劫掠的需要，仇恨与复仇世代延续。铁木真的母亲诃额伦，是也速该从蔑儿乞人手中抢来的新娘。蔑儿乞人借口报夺妻之仇，突袭了铁木真的营地。铁木真本人躲过一劫，但他的妻子孛儿帖不幸被掳走。

为夺回妻子和部众，铁木真求助于脱斡邻和札答阑部的首领札木合，三人共同攻打蔑儿乞部。他们突袭了蔑儿乞人的营地，铁木真夺回了孛儿帖。这场战役的胜利，让铁木真向世人证明了自己的决心、勇气和力量，一些蒙古部众投奔而来。不过此时的铁木真还是一个小部落首领，只能暂时依附于强大的札木合。

札木合与铁木真同样年轻，能征惯战，精于谋略。此役后，二人正式结为安答，盟誓"要相依为命，互相帮助，相亲相爱"。然而同一片草

原，无法并存两位野心勃勃的领袖。看重出身与血统的札木合只将铁木真看作需要自己保护的亲属，这是铁木真无法接受的；而铁木真广收部众，羽翼日渐丰满，也引起了札木合的忌惮。铁木真以安答的身份在札木合的营地住了一年半后，趁着牧场迁徙，带领自己的部众，与札木合分道扬镳，迁徙到了不儿罕山前的桑沽儿河边。在这里，各氏族部落的贵族们，共同推举铁木真做他们的"汗"。

此时的铁木真，汗位并不稳固牢靠，更像一个松散联盟的领袖。汗与贵族们达成了利益交换：汗需要保证贵族的财产和特权，要发动战争掠夺更多的财货妇孺，保证贵族对战利品分配的优先权。贵族对汗的忠诚是相对的，汗对贵族所属的武装力量，并没有直接发号施令和调遣的权力。

铁木真开始进行统治方式的改革，他果断放弃唯血缘与血统的旧贵族统治模式，转而以忠诚和能力作为亲随选拔的关键标准。他在当时的蒙古部落中，开启了从"任人唯亲"到"选贤与能"的改革。其中博尔术与铁木真共履艰危，义均同气，征伐四出，无往不从，是最忠实与可靠的那可儿（蒙古语"伙伴、伴当、亲兵"之意）；者勒蔑以奴隶的身份侍从铁木真，饮露骑风，搏命相随，屡次救他于危难之中。二人被任命为众那可儿之长，统管其余十余名那可儿。这些那可儿，分别掌管着弓箭、饮膳、修造车辆、牧养马群、哨卫带箭、守卫宫帐等职责。

改革后，一方面，铁木真通过施行部众分工的制度，使部落开始带有"国家机构"的色彩，削弱了旧贵族的影响力，让部落运转更为高效快捷；另一方面，通过忠诚于自身的那可儿对关键事务的分管，以及那可儿只对汗负责的原则的确立，铁木真将部落核心权力牢牢掌控在自己手中，确保汗的意志能有效传达。这项制度正是后来大蒙古国和元朝重要的"怯薛制度"的雏形。

对铁木真称汗，起初，札木合采取了克制的态度。然而到了1189年前后，铁木真的伴当拙赤答儿马剌在夺回被抢劫的马匹时，射杀了札木合的弟弟给察儿。十三翼之战一触即发。札木合联合十三个部落向铁木真发起进攻,双方在答阑巴勒渚惕地带交战。铁木真此时还无法正面对抗强大的札木合,最终败北。

然而,札木合处置俘虏的手段残暴,诸如煮杀战俘、将战俘头颅系于马尾等举动,使得一些小部落离心离德。铁木真虽然失掉了战场上的胜利,但他表现出来的宽容气度、坚忍不拔的领袖风格,却收获了更多的部属民众,力量相较之前反而更加壮大。

明智的铁木真暂时放弃了与札木合争雄,他于1196年,在金王朝的支持下,与脱斡邻合兵讨伐世仇塔塔儿部,大获全胜。在战争中,铁木真平定了主儿乞人的叛乱,进一步削弱了旧贵族在部众中的影响,同时大力提拔了一批出身卑贱却忠诚可嘉的勇士作为亲随。这其中,就有蒙古"四杰"之一的木华黎和箭术出众的哲别。

在讨伐塔塔儿余部的战争中,铁木真颁布了重要的军令:作战中不得私自逃跑。如战场形势不利,在没有汗的撤退号令的情况下,必须死战不退,否则以斩首罪论处;战胜时获得的财物,不得私自处置,必须交公,由汗统一分配。通过这两项举措,铁木真进一步削弱了贵族对军事实力的掌控,将军事指挥权集中到自己手中。同时,他在战利品分配时公正严明,获得了底层军士的拥护。赏罚公正,纪律严明,让铁木真的军队迅速成长为强大的武装力量。

1201年,被铁木真击败的部族残余势力,拥立札木合为"古儿汗"(即"诸汗之汗"),试图对抗铁木真扩张的脚步。此举引起了已晋封为王罕的脱斡邻的不满,他遂与铁木真出兵讨伐札木合联盟。札木合联盟内部松散,一战即溃。泰赤乌部被铁木真收编,札木合本人也投降了王罕。次年,铁木真挟大胜之威,收服了塔塔儿余部。从此,铁木真成为蒙古高原东部地区的主人,他不再需要依附于任何人。

铁木真的崛起让王罕深感不安——克烈部夹在铁木真和乃蛮部中间,一旦铁木真与乃蛮部联合,克烈部必然衰亡。在札木合的挑唆下,王罕在乃蛮部反击时背盟离去。铁木真见王罕回师，也率领部众撤军。结果乃蛮乘机对王罕发起袭击，克烈部惨败，王罕不得不向铁木真求援。铁木真不计前嫌出兵援救，击退了乃蛮的进犯。这场战役让铁木真的威望大增，比起王罕的背信弃义，铁木真展现出誓守盟约的品格和强大的军事实力，让更多的草原部落为之折服。

然而，和平只是暂时的。1203年春，王罕在桑昆和札木合的裹挟下，突袭了铁木真的营帐，这就是合兰真沙陀之战。铁木真虽然事先得到消息，但由于准备仓促，无力应战，只得逃走。身边的军将仅剩十九人，他与他们共饮班朱尼河的浑水以示奋发图强。脱离险境的铁木真重新聚拢部众，为了休养生息，他主动向王罕请和。可能是预感已无力约束札木合，王罕也想利用铁木真形成制衡，遂同意了求和，但议和引起札木合等人的强烈不满，他们密谋发起叛乱。虽然事泄不成，札木合等逃往乃蛮，但内乱使克烈部的实力大为削弱。

1203年秋天，恢复了元气的铁木真率领大军直扑王罕营帐。王罕、桑昆父子二人突围逃走，在逃亡路上被杀，克烈部所有部众都归于铁木真。自此，铁木真统治了东起塔塔儿部、西迄克烈部旧地的广大区域。放眼整个草原，能与之相抗的，便只有西面的乃蛮部了。

2. 统一草原，登上汗位

克烈部被灭之后，乃蛮部太阳汗决定先发制人，主动对铁木真发起进攻。乃蛮部的实力远超克烈部，铁木真的不少宿敌，如阿勒坛、札木合、札合敢不等聚集在此。为迎战乃蛮，保证后方稳定和军事力量最大化，铁木真对蒙古部众进行了整编改革。

这次改革，主要是在蒙古军队内部分组进行整编。十人组成一小队，十小队为百人队，十百人队为千人队，由十夫长、百夫长、千夫长管理指挥，各有号令，各司其职，不得违命。同时又将各个部落中的精锐之士，集中选拔组成护卫军，由汗亲自统领。

改革后，旧贵族在军队中的影响几乎被彻底清除。铁木真不仅取得了对蒙古武装的绝对领导权，也奠定了其家族（即黄金家族）在草原上不可动摇的统治地位。蒙古骑兵这架战争机器只服从于铁木真一人的意志，旧贵族武装反叛几无可能。从战争层面而言，铁木真此次改革，开启了蒙古铁骑所向无敌的新时代：高度的集权，绝对的忠诚，严明的号令，灵活善变的战术策略，风驰电掣的进攻速度，以及因赏罚分明激发出的强烈好战欲望，让蒙古铁骑成为同时代最具攻击性的军队。这无疑是铁木真建立大蒙古国的坚实基础。

一整部众的铁木真，统领军队在萨里川与乃蛮人交战。面对数倍于己的乃蛮军队，铁木真巧设疑兵，又以添灶增火之法，让太阳汗误以为蒙古军队实力雄厚。战斗中，铁木真亲率前锋冲锋，蒙古军士气大振，乃蛮军则节节败退。最终太阳汗身死，乃蛮部举族投降。

这场战役，铁木真以寡敌众，战胜了强大的乃蛮部，基本征服了整个草原。当他凯旋时，札木合被亲随捆绑送至帐前。出于对忠诚的重视，铁木真处死了叛主的侍从。札木合则拒绝了铁木真的劝降，最终被处以不出血而死的刑罚。这也是铁木真对英雄的敬重。从此，蒙古高原上，铁木真再无敌手。

1206年，铁木真召集蒙古各部落之主，在斡难河源召开了忽里台（蒙古语"会议、聚会"）大会。他接受众人推举，即大汗位，上"成吉思汗"尊号，汉人称其为"成吉思皇帝"。关于"成吉思"的意义，有人认为是"海洋"，有人解释为"天"，但依照波斯语史料和突厥碑文的解释，应为"强盛、勇猛、刚强"之意。后来忽必烈给蒙古先祖上谥号之时，因铁木真建立大蒙古国，雄武一世，功业彪炳，谥为"圣武"，与"强盛、刚强"意义相通，故"成吉思汗"实为"雄武之王"。

自此，一个全新的大蒙古国建立起来。

三、锐意改革——奠定"蒙古帝国"的基本国家制度

1. 从部落到国家,贯彻大汗意志

立国后的成吉思汗,继续深化对蒙古草原的改革,先后确立了对大蒙古国和后来的元朝影响深远的三项制度,即千户制、怯薛制和分封制。

所谓千户制,就是将所有的百姓和部众,按照十户设一长、百户设一长、千户设一长的方式逐级从属,由大汗亲自委派千户那颜(蒙古语"官人、长官")直接管理,且不得擅自改变归属,违者严惩。这些千户那颜,除了部分姻亲贵族和主动归附的部族首领外,很大一部分是成吉思汗在征战途中提拔的功臣那可儿。每个千户都分配了相应的牧地,既是军事组织,也是行政机构,"上马则备战斗,下马则屯聚牧养"。

据说成吉思汗一共设置了九十五个千户,千户之上又设有万户。他将大蒙古国划分为四大区域:西部地区到阿尔泰山,大抵相当于乃蛮、克烈部的旧地,称为右翼万户,由博尔术统辖;东部地区直到大兴安岭,号左翼万户,由木华黎管领;中间地带则直属于成吉思汗,由中军万户纳牙阿管理。此外,北部额尔齐斯河流域广袤的森林地带,由豁儿赤万户镇守。东、西、北三大万户,并没有直接统治属地的权力,只是成吉思汗在广袤草原、林地上的意志传达者。

这种类似中原王朝户籍管理的制度,完全打破了自匈奴以来在蒙古高原盛行了千年的血缘氏族联盟,使蒙古人真正意义上成为国家的百姓和成吉思汗的子民,蒙古民族正式形成。

在汗廷,成吉思汗实行了集防卫、行政于一体的怯薛制。"怯薛"是蒙古语"番值宿卫"之意。一万名怯薛军是大汗的近卫军,包括一千名宿卫士、一千名箭筒士和八千名散班。怯薛主要从千户长、百户长、十户长在大汗身边充当人质的子嗣中选拔。这些质子按照不同的出身可以携带若

干伴当。此外,少部分平民子弟也可应征入充宿卫,各级那颜的子弟还可携带一名兄弟。因此,怯薛军的贵族属性十分明显。他们享有特权,没有大汗的同意,任何人都不可随意处罚。怯薛的职责除却护卫大汗和出征打仗外,几乎承担了一切宫廷服侍工作。

这些怯薛人员被分为四班,每班当值三天,当时有"四大怯薛"之称。四怯薛的长官由成吉思汗最信任的"四杰"——博尔忽、博尔术、木华黎和赤老温来担任,且子孙累代世袭充任怯薛长。怯薛长之下有一些具体的怯薛执事,如火儿赤是带弓箭者、云都赤是带刀者、昔宝赤是养鹰隼者、博尔赤是烹饪饮食者、札里赤是书写圣旨者,他们的地位也都很高。因此,怯薛并不是单纯的宫廷服务人员,他们可以直接参与处理大蒙古国的军政事务。可以说,怯薛是成吉思汗培养、选拔官僚的主要来源,构成了新政权的核心权贵体系,它的影响一直贯穿整个元朝。

成吉思汗建国后不久,把九十五个千户中的三十多个,以及大蒙古国东、西两翼之地,封给了他的四个兄弟和四个儿子。四个兄弟分别是哈撒儿、合赤温、别勒古台和铁木哥斡赤斤,他们的封地范围在今东北及内蒙古自治区的大兴安岭一带,称"东道诸王"。四个儿子是孛儿帖夫人所生的四嫡子,即术赤、察合台、窝阔台和拖雷。前三子分封在阿尔泰山以西,幼子拖雷在靠东的吉尔吉斯一带,合称"西道诸王"。蒙古人有幼子守产的习俗,故身为"守灶人"的拖雷,还将继承管领成吉思汗的四大斡耳朵(蒙古语"宫帐")和中央兀鲁思(蒙古语"国家、人众")的千户。蒙古人以右为尊,原则上,成吉思汗四子的"西道诸王"地位优于其四兄弟的"东道诸王"。

这样一来,成吉思汗的诸子诸弟都有了自己的兀鲁思封国领地,领地里的千户那颜们,就变成了诸王的家臣。之前分封的九十五个千户,就这样与分封制配套起来。大蒙古国的政治结构,也从此前的千户一元体制,演变成为大汗直辖和黄金家族子弟分领的复合体系。

分封制显示出,成吉思汗对疆土的管理深受草原牧民家产析分传统的影响。在这种制度下,诸王对辖内的土地和人众享有绝对的管理权,但需对大汗纳贡,提供士兵,接受传唤。在前期,诸王出于扩张土地和人众的欲望,积极参与大汗的四方征伐,促成了"蒙古帝国"的壮大;而到了后期,积累深厚的诸王逐渐摆脱了大汗的掌控,整个"蒙古帝国"最终分裂为四大汗国,其根源也正在于此。

2. 立法造字,塑造新式蒙古人

成吉思汗开创了蒙古高原上前所未有的新时代,也意图打造自己心目中的新蒙古人。为此,还有四项制度建设至为重要。

一是设置大断事官札鲁忽赤。札鲁忽赤主要分管户口和司法,是大蒙古国的最高司法行政长官,相当于汉地的"国相"。首任札鲁忽赤是失吉忽秃忽,汉人称其为"胡丞相"。他是铁木真征伐塔塔儿部时掳掠回来的小孩,由诃额伦抚养长大,是大汗的义弟,深受信任。成吉思汗对他说:"如有盗贼诈伪的事,你惩戒着,可杀的杀,可罚的罚。百姓们分家财的事,你科断着。凡断了的事写在青册上。"蒙古人最恨"做贼"和"说谎",故成吉思汗将盗贼诈伪之事看成最严重的罪状。成吉思汗又命失吉忽秃忽将和他商讨过的判决写在青册上,作为法典固定下来。从此,蒙古人开始有了成文的法律记录。

二是制定札撒。"札撒"是蒙古语"命令、法令"的意思。1203年,成吉思汗在攻灭克烈部之后,制定过初步的法令。到1219年,他又下令将以前的一些训言、律令和断例汇总,写在纸卷上,编成"大札撒"。其范围上至国家分封、刑罚诉讼,下至日常生活的卫生、服饰礼仪,几乎无所不包。这些法令,既有对草原上约定俗成规矩的明确承认,又有成吉思汗个人意志的发挥。总之,都是为了确立一种更为规范的新秩序。札撒实际上是大蒙古国的法典,对蒙古社会乃至中国和波斯都有较大的影响。

改革、立法奠定了成吉思汗在"蒙古帝国"的无上权威,在整个元代,大札撒的地位都神圣无比。新汗即位、大军调动或诸王朝会之时,都必须朗诵成吉思汗的宝训。

三是创制蒙古文字。在成吉思汗以前,蒙古人是没有自己的文字的。他们的文明还停留在结绳记事的阶段。但是到成吉思汗令失吉忽秃忽整理断例判文之时,他们已经可以将大汗的意志书于青册。这一切,都得益于不久之前,一个叫塔塔统阿的畏兀儿人创制了蒙古文字。

1204年,铁木真攻克乃蛮之时,俘获了太阳汗的掌印官——畏兀儿人塔塔统阿。畏兀儿部是9世纪回鹘汗国衰亡之后西迁的,当时在西辽的控制之下,汉人称之为"高昌"或"西州回鹘",文明程度较高。塔塔统阿协助太阳汗把畏兀儿字刻在印章上,充当出纳钱谷和委任人才的凭证。成吉思汗命令塔塔统阿用畏兀儿字母拼写蒙古语,并让贵族子弟率先学习。从此,蒙古人拥有了自己的文字,这就是畏兀儿或回鹘式蒙古文的起源。虽然在忽必烈时期还推行过可"译写一切文字"的蒙古新字——八思巴字,但这种文字在元朝统治分崩离析之后逐渐退出了历史舞台,流传至今的还是塔塔统阿创制的畏兀儿体蒙古字。

四是建立驿传体系。成吉思汗在统一了草原后挥兵南下,攻夏征金。在大规模的军事活动中,成吉思汗利用金朝原有的驿传,建立起通往中亚的驿站。这就是堪称"飞箭信息"的驿站传递制度。具体来说,每数十公里设置一个驿站,蒙古军队提供骑乘所需的驿马,而当地民众负责供给日常所需。

到窝阔台统治时期,随着大蒙古国疆域的进一步扩大,贯通整个帝国的驿站系统被建立起来,并初步制定了较为严密的管理制度。忽必烈即位后,又建成了以大都为中心的四通八达的水陆驿站系统,管理也更加完备。1220年长春真人丘处机前往中亚面见成吉思汗的时候,就曾使用过蒙古人的驿骑。马可·波罗来华之时,也对"蒙古帝国"的驿站体系赞叹不已。驿站古已有之,但"蒙古帝国"幅员辽阔,族群复杂,因而具备了更深层次的意义。通过驿站,大汗的意志从斡难河源,西至阿尔泰山,东至大兴安岭,数日可达。蒙古军队横扫欧亚大陆,取得无数战功,强大的邮传制度功不可没。而这一切,都奠基于成吉思汗。

3. 帝国的世俗化

成吉思汗颁布新法令、塑造新型蒙古人的种种举措,不可避免地与草原上掌控人心和安排生死轨迹的原始宗教——萨满教发生冲突。成吉思汗开始有意识地限制神权。

1206年,铁木真在斡难河源建立大蒙古国时,通天巫阔阔出功劳卓著。阔阔出是萨满教徒的首领,牧民们称其为"帖卜腾格里"(天使)。作为通天的神使,他代替上天赐给铁木真"成吉思汗"的尊号。加上父亲蒙力克是也速该的托孤之臣,之后又屡建功勋,阔阔出兄弟七人权倾一时。

阔阔出曾无故殴打哈撒儿,又假借神灵之名,挑拨成吉思汗和哈撒儿之间的关系。成吉思汗听信谗言,下令将弟弟抓起来审问。若不是母亲诃额伦苦心劝解,哈撒儿早已命丧黄泉。成吉思汗虽然没有处死哈撒儿,但还是收回了分封给他的大部分部众,诃额伦也因此伤心绝望,不久撒手人寰。

诃额伦死后,按照蒙古旧俗,她的遗产当由幼子——铁木真最小的弟弟铁木哥斡赤斤继承,然而阔阔出却图谋争夺。一些铁木哥的属民投奔了阔阔出,铁木哥派人去理论,反遭殴打。他亲自出面协商,竟然被阔阔出兄弟逼迫下跪道歉。

受此奇耻大辱,铁木哥到成吉思汗的床前哭诉。在孛儿帖的劝解之下,铁木真认识到利用长生天之名的阔阔出家族已经成为大汗权威最可怕的威胁。他下定决心,与幼弟密谋,处死了阔阔出,并借此告诫民众:"阔阔出对我的弟弟动手,又无故诬陷,长生天发怒了,让他死无葬身之地!"

成吉思汗处死阔阔出,解除了萨满教对政权的直接干涉。从此,长生天的旨意,无须再借助他人传达给大汗,而是由大汗自行体悟,大汗便是长生天在人间的化身和意志。随着"蒙古帝国"疆域的扩大,多民族、多信仰的格局逐渐形成。成吉思汗及其后继者都实行兼容并包的信仰自由政策，不同宗教在草原各行其道，这不仅有利于增强文化交流，也进一步削弱了神权对世俗政治的影响，巩固了大汗的权威。

四、对外征伐，改变世界

对于由成吉思汗精心打造的军政一体化的帝国，大蒙古国重要的谋臣耶律楚材曾有如此言论："我朝马蹄所至，天上天上去，海里海里去。"意为蒙古兵锋所至，势不可当，带有浓重的扩张属性。在大蒙古国的三大支柱性制度——千户制、怯薛制和分封制建立起来之后，成吉思汗的战争机器也逐渐完善并强势运转开来。千户制和怯薛制可以保证对外征伐所向披靡，而分封制则是蒙古对外征伐的最重要驱动力之一。

1. 征伐西夏：征服世界的第一站

蒙古草原统一后不久，对外军事征服就提上了大蒙古国的日程，第一个受到攻击的是西夏。早在1205年，成吉思汗击败乃蛮部后，就曾试探性地进犯西夏边城，掳掠牲口人众而去。两年之后，成吉思汗一方面令长子术赤统兵进攻蒙古高原北方的部落；另一方面，则亲征西夏，攻破了重镇兀剌海城，大肆劫掠。一时间，西夏朝野震动。

到了1209年，由于畏兀儿部的归附，蒙古军队掌控了西域，西出可攻打西辽，东南可进攻西夏。西夏的东西两面都暴露在蒙古的兵锋之下。蒙古铁骑第三次攻打西夏，一直打到了西夏都城中兴府（今宁夏银川）。虽然蒙古人未能破城，但西夏王迫于形势，接受了蒙古的议和条件，为成吉思汗献上了王女察合和骆驼等贡品。自此，蒙古取得了在河套地带的话语权，有窥视中原之势。

在对西夏的战争中，成吉思汗意识到他要对抗的是一种不同的文明形态，因此不能像统一草原时，以纯粹的武力，通过一两场战争决定胜负。他的敌人在政治和军事制度上更具先进性，能够迅速从战争的创伤中恢复过来，并调集更多的资源进行下一次战争。

鉴于此，成吉思汗放弃了迅速灭亡西夏的想法，转而施行不断骚扰的"疲敌"战术，充分发挥游牧骑兵来去如风的优势，犯边劫掠，以战养战。此举给西夏的边防造成不小的压力，极大地损耗了西夏的国力。可以说，西夏最终就是亡于成吉思汗制定的这套疲敌战术。

此后，蒙古又先后三次进攻西夏，直到病逝前夕，成吉思汗还亲自率军围困中兴府。西夏宝义二年（1227）六月，西夏王李睍被迫请降，但他要求成吉思汗宽限一个月献城。七月，成吉思汗病逝三天后，西夏献城投降。成吉思汗认为西夏反复无常，在临终前留下遗命，一定要将其彻底消灭。故西夏投降之后，西夏王李睍被杀，中兴府被屠城，立国一百九十年的西夏王朝至此灭亡。

在与西夏的战争中，成吉思汗和他的继承者们看到了西夏与金、南宋之间的复杂关系，转而利用这三个王朝之间的矛盾冲突，谋求蒙古利益的最大化。凭借着强大的军事压力，大蒙古国强迫西夏称臣议和，命令西夏改变与金朝的同盟外交。西夏、金两国由此战争不断，实力均有损耗；坐收渔翁之利的蒙古则轻而易举地获得了河套平原等富饶地区，以及连接西域和中原的河西地区。可以说，"蒙古帝国"对中原农耕文明的包围态势和优势，正是在对西夏的战争中取得的。

2. 伐金之战：从游牧战争到王朝争霸

成吉思汗对外征服的另一个对象是金朝。1211年，成吉思汗挥师南下，开始征服这个北方最大的政权。

成吉思汗先后四次对金朝发起进攻。第一次在1211年，成吉思汗以为俺巴孩汗复仇为名出师，双方会战于野狐岭。野狐岭位于今河北省张家口市张北县正南方向，山势险峻，是拱卫燕山山脉的重要隘口，向来是农耕与游牧文明的地理分界线。此地一旦失守，蒙古铁骑便能迅速进入幽燕之地，进而进犯华北平原。

对于成吉思汗的进攻，金王朝如临大敌，甚至赌上了国运。他们不仅陈兵三十万，图谋一战定胜负，更是广征民夫，修筑了长达300公里的防御线，试图滞缓蒙古军队的进攻势头。相较于实力雄厚的金王朝，成吉思汗率领的军队在人数上处于绝对劣势地位。更为不利的是，长期在草原征战的蒙古人并没有攻坚拔寨的经验策略和军事器械。然而堪称军事天才的成吉思汗选择了将骑兵的机动能力、凝聚优势发挥到极致的战术。

他先利用蒙古骑兵快速机动的优势，分兵袭扰金朝修筑的堡垒，让金国军队往来调动，疲于奔命，而后以迅雷不及掩耳之势，夺取了至关重要的乌沙堡、乌月营，以最小的代价，让金王朝的北方防御线土崩瓦解。在决定性的獾儿嘴决战中，面对敌方据险以守、骑射难以施展的劣势，蒙古军队毅然选择下马步战，集中突破，直扑金军统帅大营。金军虽有三十万之众，却因过度分散难以调动，蒙古军队大获全胜。而后，蒙古军队利用骑兵优势，肃清残敌，丝毫未给敌人喘息之机。金王朝"精锐尽没于此"，成吉思汗打开了通向华北平原的通道。

野狐岭之战，是金王朝走向覆亡的开始，同时也打破了南宋和金相持百年的僵局。由于中都已无险可守，金王室转而迁都开封，放弃了经营百年的幽燕之地，局势江河日下。而南宋王朝在目睹金国实力削减后，开始谋求与蒙古人联合，消灭金国，恢复故地，蒙、金、宋进入博弈抗衡的时代。

蒙古人对外征伐的这个新对象，比他们之前征服的任何一个文明都更为先进。在伐金的前两年，蒙古铁骑几乎踏遍了华北平原的所有地区，不过此时的成吉思汗并没有经营汉地的打算，只是将其视为可供劫掠的目标。蒙古军队过境，将汉地的金帛、子女、牛羊马畜席卷一空，同时焚烧村镇城郭，向金王朝索要财货珍宝。他们以破坏者的身份进入中原，"所过无不残灭"，而他们退兵之后，这些城池又被金人收复，蒙古人不得不再次攻打。如此往复，北方在蒙金战争的摧残之下残破不堪。这种情况在成吉思汗收降了契丹人石抹明安之后才略有改观，但彻底转变是在蒙古西征之时。

1217年，成吉思汗决定西征花剌子模。西征前夕，他将经略金国之事全权托付给木华黎。木华黎一改往日蒙古军队攻而不治的政策，开始经营河北地区。他重用史天倪、刘黑马等一批降将，也招纳了一部分汉族谋士，给予他们爵位和官职，治理攻拔的州县。著名的耶律楚材就是在这时被征召至成吉思汗的营帐中效命的。同时，在这些汉族谋臣、豪强的建议下，木华黎下令禁止蒙古军队进行不必要的掳掠，着力于恢复河北、山西地区的农业生产，为蒙古与金王朝的持续对抗提供后勤支援。

木华黎攻打金朝所倚重的军队，主要是降附的契丹兵和汉军。在木华黎的经略之下，蒙古伐金的战争逐渐转变为攻城略地之战，金朝灭亡从此只是时间问题。投降的汉人军阀则逐渐成长为汉地世侯，成为后来灭宋战争的主力之一。

较之于当时世界上其他国家的军队，成吉思汗统领的蒙古军队，有着独特之处。

蒙古军队出征前，会对水源、草场和天气做充分侦察。这些情报不仅源于侦察游骑，也来自使者和商旅的搜集传递，整个"蒙古帝国"都会为即将到来的战争做准备。蒙古军队擅长远距离行军，跟随士兵的有许多可供换乘的马匹。他们没有庞大的辎重和后勤部队来拉低行军速度，而是用草原上的方式解决给养，吃马奶、肉干等易于保存的食物，甚至沿途劫掠。

行军过程中，蒙古军团始终保持齐头并进的态势，能够迅速完成攻防转换。很多次战役中，成吉思汗统领中军前行，左右翼军团两侧掩护，而以十计数构建的基础军事单位，有清晰的责任分工和目标，战斗一旦开始，蒙古士兵能迅速找到自己的位置。

蒙古军队的统帅将领善于学习敌人的长处。如在对西夏、金的战争中，他们见识了攻守器械的巨大杀伤力，便迅速开始仿造和推广。到西征之时，蒙古军队已经能够熟练地运用弩炮、投石车乃至火药等武器。战争永远是科技进步的最大动力之一,而技术的进步又会推进和改变战争的进程。

蒙古军队的信念并不是战争即荣誉,而是胜利即荣誉。胜利即等同于英勇,只要得到胜利,运用谣言、恐吓、欺诈,乃至大规模屠杀瓦解敌人的意志,在"蒙古帝国"的观念中都是可行且被赞许的。

具备了上述特征的蒙古军团,在对金战争中采用大规模的骑兵集团作战,机动性强,进退迅速,突击能力尤为强悍,能够实现大的纵深突破和战略迂回。他们不注重一城一地的得失,而是带来区域性的压力和影响,往往使对手手足无措。

3. 蒙古西征,撬动欧亚

蒙古人真正震惊世界的,是对西面的中亚、西亚和东欧的征伐,这也是"蒙古帝国"得以形成的基础。

成吉思汗的西征,可以说是一场由偶然事件引发的提前到来的必然战争。之所以说必然,是因为以"蒙古帝国"的扩张性来看,成吉思汗将目光转向西方是早晚的事;而说偶然与提前,是因为当时的大蒙古国正锐意于对西夏和金朝的攻伐掠夺,对西方的花剌子模则暂时保持着和平贸易的态度。

此时,在草原上还有两个敌人让成吉思汗寝食难安,那就是蔑儿乞部脱脱的儿子忽秃和乃蛮部太阳汗的儿子曲出律。他们趁着蒙古大军南征的机会迅速壮大。忽秃在乃蛮旧地一带聚集起蔑儿乞残部,成吉思汗令速不台前去追击。1208年,曲出律逃到西辽后,取得了西辽第五代统治者直鲁古的信任。他又和花剌子模勾结,发动政变,建立起自己的统治。1218年,成吉思汗派哲别率领两万大军进讨曲出律,并最终消灭了这个敌人。

在西辽和曲出律政权衰亡的过程中,花剌子模的算端("苏丹"的别称,首领之意)摩诃末也在不断对外扩张。两个想扩张的政权终究会碰撞,开启战端。

据说，成吉思汗曾向摩诃末派出过三个使臣，这三人原本是花剌子模的臣民。使臣给摩诃末带去了银锭、玉器、白毡袍等礼物，还转达了成吉思汗的意旨："我知道算端你的国力强盛，地域辽阔，非常愿意与你修好。我一定把你当成自己的儿子一样看待。想必你已得知我征服了中国，降服了北方诸部。你也应该知道，我国的战士像蚂蚁一样多，财富多得如开着银矿一般，实在没有必要觊觎别人的领土。我所希望的，不过是两国臣民之间可以和平互市，大家共同获利。"

表面看来，成吉思汗是在让使臣转达他与花剌子模和平贸易的愿望，并无扩张吞并的意图。但事实上，他的和平是有条件的，那就是"我之视君，犹爱子也"。他将两国统治者的地位定位为父子般的关系，实际上就是命令摩诃末俯首称臣。素有雄心壮志的摩诃末当然不能接受此种安排。而术赤与速不台在追击蔑儿乞人，进逼康里时，也意外地与摩诃末父子统率的军队正面交火，但导致双方交恶的关键，还是花剌子模擅杀蒙古商队事件。

据波斯史料记载，成吉思汗统治后期，漠北的环境较为安定，游牧的蒙古人居无定所，没有固定的商旅汇集之处，所以他们缺乏衣物，和他们做买卖可以获得高额利润，因此花剌子模和蒙古之间商贸往来频繁。为进一步获得贸易利润，成吉思汗下令从蒙古诸王和千户麾下抽调450个有经商才能的色目人组成一支商队，携带着钱币到花剌子模收购珍宝。然而，商队在进入花剌子模境内的讹答剌（今哈萨克斯坦齐穆尔）时，守城的长官哈只儿汗贪图商队的财物，诬蔑他们为间谍，在征得了摩诃末的准许之后，将商队成员全部杀害，仅一人幸免于难。消息传回蒙古，成吉思汗极为震怒，决意西征。

波斯史家志费尼认为，这个长官剥夺的不仅仅是商队成员的生命和财产，更是"毁坏和荒废了整个世界，使全人类失去家园、财产或者首领"。美国蒙古学学者施瓦茨教授称讹答剌事件是世界史上最为重大的事件之一，它直接改变了"蒙古帝国"的命运和欧亚大陆的历史。

在讨伐花剌子模之前，成吉思汗派出过由一个色目人和两个蒙古人组成的三人使团，向摩诃末索要讹答剌事件的罪魁祸首哈只儿汗。讹答剌城的守臣哈只儿汗是摩诃末母亲的亲属。在花剌子模，摩诃末母族的势力强大，摩诃末不敢挑战其权威，于是下令杀死了色目使臣，并剃光了另外两个蒙古副使的胡须。对蒙古人来说，剃掉胡须是奇耻大辱。摩诃末用这种杀使辱臣的方式，强硬地拒绝了成吉思汗的要求。

虽然早有冲突，矛盾不可调和，但成吉思汗还是在经过了长达两年的准备之后，才于1219年夏令幼弟铁木哥斡赤斤留守蒙古老营，亲率将近十五万的蒙古铁骑，踏上了第一次西征之路。这次西征历时六年方才结束。

鉴于路途遥远，战线太长，成吉思汗制定了虚实结合、出其不意的军事策略。察合台、窝阔台带领一支军队围攻讹答剌城；术赤统率的军队直趋锡尔河下游的毡的城；阿剌黑等则带领一支军队，攻取锡尔河上游的巴纳克忒和忽毡城。如此一来，花剌子模全境都受到蒙古军的攻击。至于主力军队，则由成吉思汗和拖雷统领。这将是一支奇兵，他们在渡过锡尔河、越过克孜勒库姆沙漠后，消失在人们的视野中，谁也不知道他们会在何时何地突然杀出。

相比数年前对金朝的战争方式，此次出征，蒙古人在攻城拔寨方面有了更充分的准备。弩炮和投石机得到广泛运用，火药和石油的威力也在这场战争中得到验证，它们随着蒙古铁骑西征的步伐，传到中亚乃至欧洲。

除了先进的战争工具，成吉思汗还带去了他的，或者说独属于大蒙古国的战争观："国制，凡敌人拒命，矢石一发，则杀无赦。"这句话意即凡是放弃抵抗投降的军队和城池，都会得到赦免；而拒绝投降、进行抵抗的城池，将会被彻底消灭。蒙古军队忠实地执行了这项政策，围困了讹答剌城整整五个月，终于将外城攻下，居民被赶出城，城市被洗劫一空。哈只儿汗自知无可幸免，率领亲信据守内堡，又坚持抵抗了一个月。当讹答剌内堡被攻破之时，城内守军已所剩无几，城墙和城堡都化为一片瓦砾。杀害蒙古商队的罪魁哈只儿汗被处以耳目灌熔化的金银液的酷刑。之后，成吉思汗率领的军队突然出现在不花剌城下并发起攻击，整座城市被付之一炬。

蒙古铁骑强劲的进攻势头，以及一座座城堡的陷落，让花剌子模的算端摩诃末丧失了抵抗的信心。当首都撒马尔罕受到攻击时，摩诃末父子匆忙出奔。蒙古军队则一路追击：向西，一直追到了里海；向南，则进入印度河流域。称霸中亚半个世纪的花剌子模王朝，至此彻底烟消云散。

花剌子模的灭亡并没有终止蒙古军队向西征战的步伐。速不台的军队穿过阿塞拜疆，征服了格鲁吉亚，进入俄罗斯草原，与欧洲文明直接对抗，开启了欧洲史上所谓的"鞑靼怒火"和"东方风暴"时代。整个世界历史的发展步伐，随着蒙古军队的东征西讨，进入大变革的时代。

战争进行到1222年，花剌子模的抵抗已全盘瓦解。成吉思汗留下哲别和长子术赤分别率军向西追讨残敌，自己班师返回蒙古高原。1223年，蒙古军队开拔，与成吉思汗一道返回的，除了蒙古大军和掠夺来的无数财宝外，还有按照职业区分的"有用的俘虏"。其中包括书记员、医生、法官、占卜者、教师、阿訇、犹太传教士、牧师，以及各类工匠。这些人到达蒙古高原后，将会充分利用他们的才能和技艺为帝国和大汗服务。各种文明在这里交汇，成吉思汗政权的世界帝国色彩愈发浓重。

五、众说纷纭的一代天骄

1. 分封领地：汗位争夺的伏笔

1225年，返回蒙古高原的成吉思汗，在黄金家族内部对战利品和权力进行了重新分配。

大约在1214年南征金朝之前，成吉思汗就分封了诸弟。西征之前，年届六十的成吉思汗为防不测，又在妃子也遂的建议之下，就帝国权力的分配和大汗之位的继承问题，召开了黄金家族内部会议。这次会议暴露出他的四个儿子因权位争夺而累积起来的激烈矛盾。

长子术赤是母亲孛儿帖被蔑儿乞人掳掠后所生，血统被次子察合台所攻击。察合台公然宣称术赤是蔑儿乞人的野种，无资格问鼎汗位。双方互相谩骂，以致拳脚相向。而察合台由于莽撞和急躁，一向不得成吉思汗的欢心。最后，争论与妥协的结果是，术赤和察合台均放弃对汗位的争夺，第三子窝阔台被确立为继承人。汗位的继承问题虽然得到解决，但是根据蒙古人"幼子守产"的习俗，第四子拖雷拥有继承成吉思汗大多数财富和军队的权利。整个黄金家族内部，分裂的隐患仍旧存在。

西征结束以后，成吉思汗把蒙古高原以西的疆土分封给了诸子。其中，长子术赤获得的领地范围东至今额尔齐斯河，南至花剌子模，远及钦察草原。他的斡耳朵在额尔齐斯河流域。后来，术赤的长子拔都以此为基础，发起对欧洲的西征，建立起了著名的钦察汗国（即金帐汗国）。次子察合台的领地为畏兀儿以西直至阿姆河之间的草原地区，其斡耳朵在阿力麻里（新疆维吾尔自治区霍城县）境内的忽牙思，这便是后来察合台汗国的前身。拥有太子身份的窝阔台，其暂时驻牧之地，范围包括原蒙古乃蛮部落的广阔土地和西辽国的部分领土，即额尔齐斯河上游和巴尔喀什湖以东地区。至于拖雷，成吉思汗在斡难河和怯绿连河流域之间所有的牧地、斡耳朵及军队，在成吉思汗去世之后，都将传给他。

这次分封实际上决定了成吉思汗之后的汗位传承，只会在窝阔台家族和拖雷家族之间流转。同时，这也为日后黄金家族内部因汗位争夺而产生的分裂埋下了伏笔：窝阔台是成吉思汗指定的、名正言顺的继承人，然而由于"幼子守产"的习俗，拖雷的实力却最为雄厚。如此名实不符，必然引发争端。成吉思汗去世之后，拖雷曾行使监国大权长达两年，直到贵由汗去世，拖雷系还掌管着成吉思汗直属的六十多个千户。而窝阔台继承汗位三年后，正值壮年的拖雷，在代替窝阔台服下巫水后身亡。有人推测窝阔台实为杀害拖雷的凶手，其中缘由，令人不得不深思。

权力分配完毕的成吉思汗,再次发起了对西夏的战争,这是他人生中的最后一场战役。这年七月,成吉思汗不幸病逝于六盘山,结束了自己叱咤纵横的一生,终年66岁。

成吉思汗的一生,是草原征服者不断扩张势力的充满杀戮的一生。他幼年丧父,多次陷入绝境,几遭不测,却能成长为空前绝后的巨人,一手缔造横跨欧亚的"蒙古帝国"。他人生的头二十年,首要任务是在逼仄的环境中活下去;第二个二十年,以报仇雪恨和重振家业为目标;最后一个二十年,则以征服世界、扩张疆土为毕生追求。他所建立的帝国影响了世界历史;他为帝国留下的政治遗产,其中也不乏隐患。

2. 魔王还是天骄:撼动世界的成吉思汗

作为一代雄主,成吉思汗在性格方面自有其卓绝超凡的魅力,也有不可回避的阴暗面。

第一,在绝境中成长起来的铁木真,具有坚忍不拔的意志和与生俱来的自信。无论环境多么窘迫,为了生存、发展与壮大,在必要的时候,他能够屈居人下,寻找机会,蓄势待发。从最初寻求克烈部首领脱斡邻的庇护、札木合的提携,到后来两度惨败,至与十九亲随共饮班朱尼河混浊的河水,铁木真始终保持着百折不挠的气概。

第二,铁木真是那个时代卓绝的军事天才。在弱肉强食的草原,军事能力是决定一个领袖能否纵横驰骋的关键因素。铁木真不仅长于战争,更精于规划,他确立的千户制、怯薛制和兀鲁思分封制,以及与之相配套的种种管理措施,使蒙古骑兵成为当时世界上战斗力最强的军队。他们攻如闪电,纵深穿插,所向披靡。到了20世纪,成吉思汗和他麾下的蒙古军队,被公认是"闪电战"战术的鼻祖。

第三,识人有术,用人有道,心胸开阔。成吉思汗在用人方面的成就,堪与唐太宗、宋太祖比肩。幼年时期,残酷的生存环境造就了他察言观色、审时度势、慧眼识人的才能。他选贤任能,不以个人好恶为标准,可谓选贤不避亲,尽才不忌仇,既能任用有远见卓识的贵族管理政务,如让失吉忽秃忽掌管律法;又能从奴隶中选拔能征惯战的勇士,如让木华黎、哲别等人经略中原与西征欧亚。西征之后,蒙古大汗的斡耳朵里,各族群的优秀人才汇聚一堂,各施其才。其得人之盛,不输贞观初年的唐太宗,堪称草原上的"天可汗"。

第四,恩仇必报,冷酷无情。对于恩人,铁木真不吝感激之情,但仅限于臣服于他的恭顺之人。建国之后,那些曾有恩于成吉思汗的人,几乎都得到封赏,有的还被封为"答剌罕"(蒙古语"得自由""自在"之意)。如帮助他摆脱泰赤乌人追捕的锁儿罕失剌被封为千户,他的儿子赤老温成为成吉思汗麾下赫赫有名的大将,位列"四杰"。

他这种复杂的性格,在一定程度上影响了"蒙古帝国"在征伐、施政方面的决策,也导致人们对他的评价复杂而具有多面性。

毫无疑问,成吉思汗并不是一个圣人,他既有英明神武的一面,又有冷酷残暴的一面。某种程度上,冷酷无情是一个古代帝王所必备的性格。他可以在流浪逃亡的岁月里,因为家庭话语权的争夺,不顾伦理亲情杀死自己的兄弟;也可以在必要的时机与曾经的盟友札木合、王罕兵戈相向;还可以在帝国权力稳固之时,果断处死挑战自身权威的通天巫阔阔出。

波斯史家拉施特记载,成吉思汗认为男子汉最大的乐趣,是"镇压叛乱者、战胜敌人,将他们连根铲除,夺取他们所有的一切;使他们的已婚妇女号哭、流泪,骑乘他们的后背平滑的骏马,将他们的美貌的后妃的腹部当作睡衣和垫子,注视着她们的玫瑰色的面颊并亲吻着,吮她们的乳头色的甜蜜的嘴唇"。这番言论,反映出铁木真性格中的一些特质——有仇必报、斩尽杀绝,认为抢夺财物和女性能让人感到满足。

需要指出的是,铁木真是将蒙古各部从混沌状态带向国家文明的第一人,他对治理国家和发展文明尚无成熟的理念,在他身上,仍带有游牧部落首领的落后习性。这一切,要到他的继承者那里,才会发生彻底的改变。

对于成吉思汗创建的"蒙古帝国"该如何评价,争论至今未息。有时候,他的"蒙古帝国"被称为"野蛮的文明终结者",成为战争、毁灭及野蛮的代名词,铁蹄所至,带来世界性的恐慌。历史学是一门极度依赖史料的学科,史料由人书写,无法做到绝对客观,不免带有国家与民族的立场和倾向。

成吉思汗是蒙古族最杰出的英雄,蒙古人依照他们对英雄的理解书写成吉思汗,将其塑造成一个近乎神灵的形象。他是大蒙古国的创造者、元朝的太祖,汉人史家向来有为尊者讳的传统,因而汉文史料对其行为也多有回护。他同时一度给西亚地区的文明带来毁灭性的打击,故波斯史料中的成吉思汗嗜杀成性,堪称人间魔王,其军队是城市与文明的可怕摧毁者。

站在文明差异的角度,成吉思汗和他的"蒙古帝国"所代表的游牧文明与农耕文明有天然的对立和隔阂,双方无法要求彼此全盘接受对方的价值观念。历来中原王朝与草原部落之间正常的朝贡贸易利益由部落的首领和贵族们享受,真正惠及部落民众的是在战争中掠夺来的战利品。对社会生产力水平落后的草原社会来说,聚众掠夺就是他们的生产方式。无论阶层贵贱,其人均乐于在掠夺中展示勇武,获得财富。

掠夺无非有三种情况:游牧民之间的掠夺、对来往草原的商队的掠夺,以及对农耕社会的掠夺。很显然,成吉思汗统一草原,建立大蒙古国,已经完成了前两个阶段的掠夺,接下来就只能向外扩张。

"蒙古帝国"在成吉思汗时代,是一架全力开动的战争机器。唯有不停地向外扩张,才能让这架机器保持活力,让构成"蒙古帝国"基石的军事贵族们充满斗志。对于跃马纵横的蒙古普通士兵而言,牧地就是最好的生存空间。将农田毁坏变为牧场,符合游牧文明的本能和习俗,他们不会因征服劫掠而心存愧疚。

无可否认,成吉思汗一生中发动的"灭国四十"的战争,确实打破了中原、中亚乃至西亚固有文明的发展进程,是落后对先进的进犯,但是这种进犯并不是永久的。"蒙古帝国"的掌权者们,很快接受并融入了这些先进文明的政治体系之中,从城市的毁灭者转变为城市的保护者和建设者。

如在华北地区,木华黎逐渐接受和推行汉法,忽必烈建立的元朝也大量采用了中原的文物制度。四大汗国的继承者们,逐渐接受了适合用来统治当地的制度、文化和宗教信仰。当战争结束,东西广大区域同处"蒙古帝国"的统治之下时,此前亚欧大陆上文明之间的交流壁垒也被间接打破,出现了短暂的"蒙古和平"时代。"蒙古帝国"时代,驿站制度的推广,崇尚贸易的政策导向,都让东西文化交流、经济商贸往来得到一定程度的发展。正如元史大家韩儒林先生所说:"成吉思汗把东西交通大道上的此疆彼界扫除了,把阻碍经济文化交流的堡垒削平了,于是东西方的交往开始频繁,距离开始缩短了。"

《元史》赞誉成吉思汗"深沉有大略,用兵如神"。成吉思汗长于武功,更有极高明的政治智慧,他收拾乱局,一手缔造了一个强大的帝国。蒙古民族和蒙古文化在他的时代完备成形,最终走向辉煌。而在如何治理庞大的帝国这一方面,他更不乏灵活变通的政治智慧:为了帝国的繁荣,他允许宗教信仰自由,制定法度,确保商人往来贸易;凡有一技之长的人士,不论种族身份,都可得到任用;面对治下庞大的疆域、纷繁的部众、不同的文化体系,他为后继者留下了因地制宜、因俗而治、因时而治的训诫。这种不拘一格起用人才,推行政令,以达到目的为重而毋论其他的务实主义,深刻影响了整个元朝乃至后续明清两代的边疆治理历史。

参考书目

〔法〕勒内·格鲁塞:《成吉思汗传》,周瑛译,武汉:长江文艺出版社,2016年。

冯承钧:《成吉思汗传》,上海:商务印书馆,1934年。

蔡美彪:《成吉思汗小传》,北京:中华书局,2015年。

〔英〕罗伯特·马歇尔:《东方风暴:从成吉思汗到忽必烈,挑动欧亚大陆》,李鸣飞译,太原:山西人民出版社,2014年。

耶律楚材

力行汉法促融合

耶律楚材履历表

姓名	耶律楚材
字号	字晋卿，号湛然居士
籍贯	金中都大兴府（今北京大兴区），契丹人
家庭出身	辽朝皇室后裔、金朝官宦之家。九世祖是辽太祖耶律阿保机，父亲耶律履为金朝尚书右丞，母亲杨氏为名士杨昙之女
生卒年及所处时代	1190—1244；历仕成吉思汗、拖雷监国、窝阔台、乃马真后四代
配偶	先娶梁氏，后娶苏氏，还有一阿钵国夫人身份不详
子女	子二：耶律铉、耶律铸
生平履历	金明昌元年（1190），出生
	金明昌二年（1191），2岁，父耶律履卒
	金泰和六年、蒙古太祖元年（1206），17岁，试补尚书省掾
	金大安三年、蒙古太祖六年（1211），22岁，蒙古大败金军于野狐岭，进逼中都城下，耶律楚材出任开州同知
	金贞祐二年、蒙古太祖九年（1214），25岁，金宣宗南迁汴梁，耶律楚材兄辨才、善才，母亲杨氏，发妻梁氏及长子耶律铉南下，右丞相完颜承晖留守中都，行尚书省事。耶律楚材出任行省左右司员外郎
	金贞祐三年、蒙古太祖十年（1215），26岁，中都陷落，拜入北方佛教领袖万松行秀门下
	金兴定二年、蒙古太祖十三年（1218），29岁，受成吉思汗征召，赴漠北觐见
	金兴定三年、蒙古太祖十四年（1219），30岁，随蒙古大军西征
	金兴定五年、蒙古太祖十六年（1221），32岁，为成吉思汗解释"角端"异象，促蒙古结束西征。初见丘处机
	金元光元年、蒙古太祖十七年（1222），33岁，成吉思汗三次召见丘处机，耶律楚材陪同记录，作《玄风庆会录》。向成吉思汗进呈《西征庚午元历》
	金正大五年、蒙古拖雷监国元年（1228），39岁，随中使塔察儿抵燕京，惩治当地盗贼。完成《西游录》书稿

续表

生平履历	金正大六年、蒙古太宗元年（1229），40岁，窝阔台即汗位，耶律楚材参与制定礼仪、颁布大赦等重大活动
	金正大七年、蒙古太宗二年（1230），41岁，在耶律楚材建议下，大蒙古国正式设立十路征收课税所
	蒙古太宗十年（1238），49岁，蒙古在中原各地举行考试，即"戊戌选试"
	蒙古太宗十二年（1240），51岁，西域人奥都剌合蛮取代耶律楚材提领诸路课税所，杨惟中取代其领中书省事
	蒙古乃马真后称制三年（1244），55岁，去世

一、从金国贵族到蒙古名臣

1. 生自金国的蒙古栋梁

耶律楚材原名耶律楚才,生于金章宗明昌元年(1190),其父为金尚书右丞耶律履。尽管在出生的第二年父亲就去世了,但在金章宗的庇护和母亲杨氏的勉力维持下,其家道并未中落。耶律楚材少小好学,博览经史。按照金朝恩荫制度,宰相一级官员子弟,无须通过科举,可直接参加尚书省考试,合格者即可成为尚书省的令史。耶律履官至尚书右丞,是名副其实的宰执,耶律楚材自然可以享受恩荫特权。

耶律楚材成年后,在金章宗的特旨下前往尚书省应试。他发挥出色,"所对独优",被任命为省掾。金朝的尚书省是参赞国事的重要机构,尽管耶律楚材只是一名省掾,但奔走于各部门之间,自然会对国家制度的运作与决策的形成有较深刻的理解。

如果历史进程一帆风顺,耶律楚材或许会以干练的才能闻名,最终在金朝位极人臣。然而在1208年,随着章宗病逝和昏聩的完颜永济即位,金国国力日衰,一统草原的成吉思汗开始发动对金王朝的大举征伐。

金大安三年(1211)二月,成吉思汗统率大军南下,金朝野震动。七月,野狐岭一战,蒙古军队突破长城防线,直逼金首都中都,之后又屡次南侵,一时间整个华北狼烟遍地。金王朝内部,金至宁元年(1213)八月,胡沙虎政变,杀死完颜永济,拥立完颜珣为新皇帝,是为金宣宗。不久术虎高琪又发动兵变,杀死胡沙虎,金王朝陷入争权夺利的内讧中。

困守中都的金宣宗决定向成吉思汗纳贡称臣。得到贡献后,蒙古军队的围困稍有松懈,金宣宗决定南逃汴梁(今河南省开封市)。一时间文武百官,寻常百姓,纷纷开始南逃中原,这便是中国历史上著名的"贞祐南迁"。耶律楚材家人也在南迁的车马人流中。至于他本人,则因职责所在不得不留在中都。

听闻金宣宗南迁,成吉思汗以此为借口再次围困中都。留守的太子完颜守忠仓皇出逃,奔向汴梁。随着皇太子不战而逃,城中抵抗的决心彻底动摇。金贞祐三年(1215)五月二日,在经历了"绝粒六十日"的粮荒后,中都陷落,蒙古军队入城。耶律楚材成为蒙古治下的金朝旧臣。

城陷后,耶律楚材在中都生活了三年。这期间,他成为当时华北佛教界的领袖万松行秀的俗家弟子,研习佛法作为内心的依靠。行秀"儒释兼备,宗说精通,辩才无碍",行的是积极入世的佛法。一向怀有安邦定国志向的耶律楚材,在行秀的指导下,以拯救众生作为最大的修行,重新燃起了入世济世之心。

此时的金王朝已日薄西山。权衡再三,耶律楚材决定改名换字,取《左传》"楚材晋用"的典故("楚材晋用"往往用来反映人才因政治环境糟糕而不得已流落他国),以"楚材"名而以"晋卿"字,选择新兴的蒙古为济世安民的平台。耶律楚材此举,一则向世人展示他并非有心负国,二则表明了他对时局的判断——蒙古将一统天下,此乃天命,非人力所能对抗。

早在蒙金战争开始时,成吉思汗就施展了征战中的一贯方略:寻找敌人的对手与之结盟,以达到夹击的目的。他以共同复仇为旗号,以封地名号为诱饵,招揽了大批反抗金王朝的契丹人。

成吉思汗攻克中都后,下令寻访"辽宗室近族"中的可用之才。耶律楚材通过他人举荐,进入成吉思汗的视野。此时引起成吉思汗兴趣的,并非他的理政智慧,而是易学、占卜等术数之才。占卜之术,是信仰萨满教的蒙古人极为尊崇的才能。至于他处理政务的能力,由于此时汗廷对中原治政理念尚知之不多,很自然地被忽略了。

金兴定二年、蒙古太祖十三年(1218)三月,耶律楚材离开中都燕京,前往漠北草原。成吉思汗对远来的耶律楚材表示欢迎。在成吉思汗的眼中,耶律楚材是长生天赐给自己的贤臣,于是令其"处之左右,以备咨访"。耶律楚材从外貌上来说,是一位名副其实的"美髯公",据说"髭髯垂到腰间,眉毛俨然眼上"。这模样被蒙古人认为是贵人之相,成吉思汗遂亲切地称他为"吾图撒合里"(蒙古语"长胡子"之意)。

2. 扈从西征,劝解杀戮

1219年夏,成吉思汗决定西征。时值六月却下起了大雨雪,异常天气让蒙古军队人心惶惶。在他们看来,这或许是长生天的暗示。成吉思汗本人也颇有些举棋不定。此时,耶律楚材站出来,以中原占卜理念劝慰道:"玄冥之气见于盛夏,克敌之征也。"由此坚定了大汗出征的决心,鼓舞了军队的士气。

大军开拔后,耶律楚材将精力放在了对异域风土人情的考察中。他将沿途所见,或赋诗或作文以记录。这些诗文后来收录在了他所著的《西游录》中,是研究西域、中亚文化的重要史料。1220年,蒙古军队攻破了花剌子模首都撒马尔罕,耶律楚材留驻城中。在这里,他发现了花剌子模历法与中原历法的差异,遂推演整合,撰写了著名的《西征庚午元历》。

1221年,应成吉思汗邀请来讲"长生之道"的全真教掌教丘处机抵达撒马尔罕。耶律楚材得以与这位年近七旬的长春真人会面。虽然耶律楚材信奉佛教,丘处机是道教首领,但二人"联句和诗,焚香煮茗,春游邃圃,夜话寒斋",相处倒也融洽。

在丘处机与成吉思汗的会面中,耶律楚材担当翻译。两人约定由丘处机向成吉思汗请求,免去华北地区僧人、道士的徭役。二人都期望劝说成吉思汗止杀,因此视彼此为知己。然而,这段友谊并未持续多久。随着丘处机东归后全真教坐大,对儒、释两教造成侵扰,耶律楚材开始站在全真教的对立面,对丘处机和全真教教义进行了一系列批判。

没能得到长生不老之术,自感年老体衰的成吉思汗萌生了结束西征的想法。由于花剌子模算端仍然在逃,对于是否班师,大臣们莫衷一是。那年五月,成吉思汗驻跸铁门关(今乌兹别克斯坦拜松山布兹加勒山口),有怯薛发现了一头鹿形马尾、绿色独角且通晓人言的异兽,它说成吉思汗应该早日班师回国。蒙古士兵对此议论纷纷。耶律楚材乘机进言,说异兽是祥兽"角端",又劝谏说角端恶杀,此乃上天警示大汗应该终止杀戮返回草原。耶律楚材对异象的解释,促使成吉思汗下定了班师的决心。

就历史真相而言,自然不可能有角端存在。只是离乡征战多年,大多数蒙古下层士兵思乡情切,不乏有上天提示撤兵的流言产生;花刺子模全境基本平定,继续进行全面战争有无必要,高层将领之间产生分歧;由于水土不服,蒙古军中瘟疫等疾病开始蔓延,战力减退,军心不稳;成吉思汗也日渐老迈,没有足够的精力对花刺子模周遭国家展开征伐。耶律楚材将代表众人归乡渴望的"异兽流言",解释为上天降祥瑞、行劝诫,促成了蒙古军队早日东归。

西征战役中,耶律楚材虽然没有冲锋陷阵,但是蒙古西征之决心由其解释天象促成,最后东归之决策也由他解释异兽而落定,这不得不说是历史的玄妙之处。

3. 出使燕京,忧心儒教,批判全真

1227年秋天,成吉思汗在六盘山病逝,蒙古军队灭亡西夏后回师。在西征前,成吉思汗就已对继承人做了安排,由第三子窝阔台继承汗位。但依据草原习俗,大汗要在新召开的忽里台大会上,由蒙古诸王贵族选举产生。在此之前,按照幼子守产的规矩,由拖雷监国。

传说成吉思汗去世前,指着耶律楚材对窝阔台说:"这人是上天派下来给我们治理国家的,要好生重用。"不论传说是否属实,从此时开始,耶律楚材确实开启了大蒙古国"马下治天下"的时代。

1227年,拖雷委派耶律楚材为宫廷使者,返回燕京搜索经籍。这年冬天,耶律楚材抵达燕京。他的到来引起了不小的轰动,故旧知交竞相拜访。耶律楚材遂将自己跟随成吉思汗西征的经历,写成《西游录》一

书。在书中,他展开了对丘处机和全真教的猛烈抨击。

耶律楚材为何选择此时对全真教公开发难?除去他和丘处机个人信仰的差异外,更重要的是耶律楚材站在统治者的角度,对门徒众多的全真教深感警惕。自丘处机朝见成吉思汗,得到"天下出家善人皆隶焉,且赐以金虎牌,道家事一仰神仙处置"的号令后,全真教俨然成为北方第一大宗教,势力大肆扩张,一些侵夺佛寺、改孔庙为道观的事件时有发生。全真教和佛教、儒士之间的冲突不断加剧。这不仅触犯了耶律楚材的信仰,也让他认识到,全真教的急剧扩张对乱世中难以维持的秩序产生了新的冲击。

相比全真教对佛教寺产的侵夺,北方士人大规模投靠全真门庭,也让耶律楚材颇为担忧。自燕京陷落后,河北地区再也没有举行过科举考试,读书人丧失晋身通道。蒙古人并不尊崇儒学,取消了儒士免粮税徭役的特权,儒学呈式微之态。而全真教获得了免差税的优待,众多儒学士人纷纷投奔其门,寻求庇护。

返回燕京的耶律楚材发现,许多饱学儒士在全真门下行走,非但不能弘扬圣教,反而以谈玄论虚、斋醮符箓为乐。对此他扼腕痛惜,因而指责全真教,其用意正在于重整儒家声威,以正世俗风尚。

虽然蒙古大汗对全真教的壮大不以为然,但东汉末年太平道组织黄巾起义,东晋时五斗米道组织了孙恩之乱,这些前车之鉴,知晓治乱的耶律楚材不可能不知,因此他定会极力防止依靠特权大范围扩张势力的宗教对政权产生威胁。

4. 立法惩暴,恢复河北秩序

较之于"异端"突起、儒教衰落,燕京城内的混乱秩序更令耶律楚材焦虑。蒙古军队攻占该城后,成吉思汗兑现了对契丹人的承诺,将镇守燕京的重任交给了石抹明安。石抹明安尚能以保境安民为务。但1216年石抹明安病逝,其子石抹咸得不继承父职后,情况为之一变。

石抹咸得不唯以贪暴为能，城内盗贼横行，官匪一体，民心惶惶，怨声载道。此时，耶律楚材的职责只是搜索典籍，无权处置石抹咸得不。他返回汗廷后，立即入奏拖雷，希望改变燕京乃至整个北方地区的失控乱象。

耶律楚材在奏疏中要求州郡长官"非奉玺书，不得擅征发，囚当大辟者必待报，违者罪死"，从中央权威和律法统一的角度，力图将河北郡县和汗廷间类似封臣和封君的松散从属关系，扭转为地方对中央的绝对服从。非中央同意，不能擅自征赋税徭役；律法审判，事关人命者必须上报，由朝廷裁决。这些建议对维护蒙古在河北的统治有利而无害，被批准施行后，"贪暴之风稍戢"。

燕京是当时河北最大的城市，稳固此处秩序，对大蒙古国的影响不言而喻。耶律楚材自请前往燕京整顿法纪，又奏请以塔察儿为中使一同前往。塔察儿是蒙古开国功臣博尔忽的从孙，幼时即入宿卫，身份尊贵。他的声威正可以震慑嚣张的石抹咸得不。

耶律楚材和塔察儿抵达燕京后，逮捕了城中首恶和从犯。经审讯，这些人全是石抹咸得不的亲信。为替罪犯开脱，石抹咸得不对塔察儿展开了腐败公关，贿赂以财色。在糖衣炮弹的攻势下，塔察儿渐改初衷，主张从宽处理这些恶徒。耶律楚材坚决反对。他并未大谈仁术德治，而是分析了燕京周遭的军事环境：虽然河北地区大部分郡县已被拿下，但信安（今河北省霸州市信安镇）仍在金军手中。信安北距燕山"百八十里"，不法之徒横行导致燕京民怨沸腾，若信安金军趁机来攻，城中内外响应，则燕京不保。燕京丢失，则河北不复为蒙古所有。塔察儿是出色的军事将领，懂得其中利弊危害，立即下令处死十六名首恶，燕京秩序迅速归于稳定。

局势安定后，1229年，在宣抚使王檝等人的促成下，燕京被战火焚毁已久的宣圣庙（孔庙）重建，迎来了第一次释奠之礼。这是大蒙古国在中原举行的第一次祭孔大典，落魄十几年的儒生兴高采烈。耶律楚材是拖雷委派来的"钦差大臣"，和王檝一样，都是众人心目中的饱学之士。

他们能在蒙古政权中占得一席之地,似乎象征着大蒙古国对儒学与士大夫某种程度的重视,这自然能够使国内的更多儒士重新燃起学而优则仕、治国平天下的希望。

二、"蒙古帝国"的中原化——耶律楚材改革与"治平之世"的开启

1. 初创礼仪,维护皇权至尊

如果说燕京之行是耶律楚材在政坛上的小试牛刀,那么在窝阔台即位的忽里台大会上大放异彩,则为他铺平了进入大蒙古国权力核心的道路。

1229年,在怯绿连河的曲雕阿兰,新汗登基的忽里台大会正式召开。与会的有术赤的儿子们、察合台、被指定的汗位继承人窝阔台、监国拖雷,以及东、西两道诸王们。虽然窝阔台是成吉思汗指定的接班人,但监国拖雷的实力雄厚,且表现出恋栈之情。窝阔台自感难以抗衡,对继位之事一再推辞。

大汗之位久悬不决,帝国极有可能陷入手足相残的局面。值此危急关头,耶律楚材向拖雷进谏,希望其践行成吉思汗的遗嘱。见拖雷迟疑不决,并以诸事未定拖延,耶律楚材立即以占卜之臣的身份劝说"过此日皆不吉"。所谓吉日,就是原定新汗登基的八月二十四日。这一语双关的劝谏,无疑是在暗示拖雷,此次忽里台大会是为新汗即位而召开的,一旦无果,两强并立成为公开事实,王公贵族各自站队,最终导致兵戎相见,则帝国将再无吉日。

拖雷听从了劝谏,拥戴窝阔台登上汗位。耶律楚材也力图将窝阔台的汗位,变成中原王朝拥有绝对威权的帝王之位。他深知成吉思汗的大汗威权得以保持,除了由于草创的大蒙古国制度外,更多是因为大汗自

身的英雄魅力和赫赫战功，这属于震慑式威服。窝阔台虽然也是天纵英才，但相比成吉思汗显然不足，想要稳固汗位，必须在蒙古建构儒家贵贱有序的君臣制度和礼仪。

耶律楚材精通权变，知晓只要劝服身份最尊贵的察合台在典礼上行跪拜礼，他人自会效仿。察合台是窝阔台的坚定拥护者，同意了此议。于是在即位大典上，"察合台汗拉着窝阔台合罕的右手，拖雷汗拉着左手，他的叔父斡惕赤斤抱住他的腰，把他扶上了合罕的大位。拖雷汗举起杯子，御帐内及御帐四周的人们全体九次跪拜"。如果说拉手扶腰是蒙古旧有习俗，表示兄弟亲族鼎力扶持，九次跪拜则无疑是臣子对君王的臣服之礼，用以明确汗位至高无上的威严。蒙古"尊属有拜礼"也自此开始。此举开创了西北藩国奉大汗为宗主的先例，也奠定了后来元朝与各汗国宗藩关系的基础。

依据中原传统，新君即位需恩威并施，严明律法以展现天道不可悖逆，又以大赦表现帝道仁心。耶律楚材也将大赦运用到了窝阔台的即位典礼上。按照蒙古习俗，大汗登基，属国臣下都应亲自或派遣使者朝觐，失期不到者处死。窝阔台即位的环境甚为凶险，妄启杀戮不利于政权稳固，而不处罚失期之人又有悖于传统。两难之际，耶律楚材先劝说大汗即位是喜庆之事，"愿无污白道子"。蒙古人尚白，即不应大开杀戒破坏了吉日。而后又结合中原皇帝登基的传统，建议实行大赦，昭示天下以恩德。窝阔台允诺，颁行了"无论何人在朕即位之前所犯的一切罪行概予赦免"的诏令。

耶律楚材在襄助窝阔台即位一事上的出色表现，让窝阔台大为赞赏。他依靠儒家传统的礼制观念和灵活的政治手段规范了统治阶层内部的尊卑秩序，将中原治政理念用于解决"蒙古帝国"政治纠纷的尝试由此初步见效。而他本人也因此被窝阔台视为"真社稷臣也"。在大蒙古国的权力中枢，耶律楚材从此占据了重要的地位。这为他日后进一步改革大蒙古国的各项制度提供了条件。

2. 十路课税，创立保民财政体系

取得了窝阔台信任的耶律楚材，不久上奏了"便宜十八事"，以求革除朝政中的弊端。十八事主要建议针对地方长官的独断专横分权约束，以及对国家赋税、刑罚制度进行维护。主要内容如下。

其一，郡县实行长吏掌民政、万户管军务的制度，以达到分权制衡的效果，防止地方势力膨胀。其二，中原地区的财赋征收以存恤民力为准则。除非朝廷命令，州县长官擅自征发、调派徭役者追责，目的是为尽快恢复中原地区的秩序。其三，以严刑重法杜绝偷盗国库仓储的贪污行为。对私取官府财物进行贸易借贷之人追究问责，监守自盗者判以死刑。其四，蒙古、回鹘、河西诸人，凡种田的都应当缴纳赋税，否则死罪。其五，将生杀予夺的司法权收归中央，严禁地方政府滥开杀戒。凡犯罪后按律当处死的囚犯，必须上报，由中央审核批准后方可实行。其六，禁止普通民众或下层官僚向上司"贡献礼物"，以禁绝行贿、索贿的风气。

这些建议措施大多是历史上行之有效的制度，有利于中央集权、缓解社会矛盾和增加财政收入，窝阔台基本都采纳颁行，唯独拒绝了禁止"贡献礼物"一事。其缘由在于，按照蒙古惯例，下属部民向贵族贡献礼物是基本义务。虽然耶律楚材争辩此种"贡献"已沦为官员受贿、索贿的借口，但窝阔台不以为然。然而"贡献"与窝阔台对贡献之人的滥赏，毕竟是一种弊习，这给后来耶律楚材改革的停滞和元帝国日后官吏贪赃的恶性发展埋下了祸根。

"施政纲领"推行后，耶律楚材获得了执掌政务的机会。蒙古自攻占华北以来，对如何治理汉地一直争论不休。许多蒙古贵族认为汉地农耕是"卑贱"的劳作，以劫掠搜刮为务，并不注重生产维护。甚至有蒙古贵族向窝阔台建议，将征服地区的汉人变为奴隶、将农田改为牧场。

耶律楚材极力反对这种做法。他深知蒙古汗廷重利，于是建言由自己经营中原地税、商税和酒、醋、盐、铁、山泽之利，承诺一年内可得"银五十万两、帛八万匹、粟四十万石"。听说不用杀戮便可得到丰饶财货，窝阔台大喜，遂于1229年颁布诏令："命河北汉民以户计，出赋调，耶律楚材主之；西域人以丁计，出赋调，麻合没的滑剌西迷主之。"自此，华北地区的财赋征收大权由耶律楚材一手掌控。

耶律楚材开始重建赋税征收机构。他借鉴金王朝的转运司制度，创立了十路征收课税所，常驻于各地，使中央和地方的赋税政令统一且及时执行。一项制度要长久推行，政策要在执行过程中不改初衷，必以得人为先。耶律楚材为十路征收课税所选拔的长官，或是经验丰富的旧金能臣，或是深得人望的饱学儒士。这支素质高、经验丰富的官吏队伍，让课税制度很快走上了正轨。通过以制度化的方式和高素质的人才保证税收，耶律楚材的措施一定程度上改变了大蒙古国通过征伐获得收入的经济模式，转而依赖于更加稳定的财政收入系统。

在儒家治政之道中，得财赋首要在保民生，要保民生，则需规范政令，以德治为先。在耶律楚材的积极争取下，这十路征收课税使同时承担了诸多职责：有"官吏污滥得廉纠之"的廉访纪检职责，有"刑赋舛错得厘正之"的提点刑狱职责，还有"风俗之疵美，盗贼之有无，楮货之低昂，得季奏之"的风闻奏事御史职责。更关键的是，十路长官有独属的人事任命权，一些具有真才实学的儒生得以跻身庙堂。在这些能臣干吏的治理下，中原地区混乱颓败的局势得以扭转，受到战争和弊政破坏的社会经济渐渐恢复。

蒙古太宗三年（1231）八月，当十路进献的丝绸钱粮如山般堆积在眼前时，窝阔台特别高兴。耶律楚材的权力由此得到进一步提升。当月，蒙古"立中书省"，改侍从官名，以耶律楚材为中书令，粘合重山和镇海分别为左、右丞相。中书省是协助大汗处理政务的最高行政机构，帝国诸事"先白中书，然后奏闻"，耶律楚材成为掌控大蒙古国权力运作的核心人物之一。

3. 抑制诸侯，加强中央集权

身为中书省的长官，耶律楚材进一步着手维护中央集权。此前，中原地区的汉人武装诸侯"僚属听自置，罪得专杀"，即可以自行任命官属，这对于统一政令是不小的阻碍。同时，这些诸侯占有二三千里的地方，兵强马壮，亦是国家隐患。耶律楚材开始对这种藩镇局势采取抑制措施。

他从剥夺诸侯人事权入手，限制地方武装进一步壮大，规定凡职官印信，地方不可私铸，都要"奏并仰中书省依式铸造"，由是名器始重。此项措施引起了激烈反弹。以石抹咸得不为首的地方权贵对耶律楚材展开攻击，污蔑他大量任用金朝旧官员，且其亲属还在敌国，恐心怀异志，显然是想置耶律楚材于死地。然而耶律楚材毫不畏惧，坚定推行"惟希一统皇家义，何暇重思晁氏危"的"削藩"政令。

窝阔台虽然察觉到地方豪强对新政的仇视，将诬陷耶律楚材有异心的东道诸王铁木哥斡赤斤的使者赶出了汗廷，但此时蒙古对金的战争还未结束，仍旧需要中原地方武装为马前卒，且许诺给来降的汉地实力派以实权、名位、封地，是成吉思汗制定的国策，窝阔台不愿改易。因此，耶律楚材在地方推行军、政、财三权分立的主张并未得到有效贯彻。汉地世侯们仍旧如唐之藩镇，专职本道，又如汉之邦国，尽专兵民之权。

不过，耶律楚材的努力，使蒙古汗廷认识到地方武装对中央集权的威胁，此后的汗位继承者们开始防范他们坐大。至忽必烈即位，终于罢汉世侯，行迁转法，消除了地方割据的隐患。在这方面，耶律楚材可谓思虑深远，有肇始之功。

4. 保全黎庶，稳定战后中原秩序

窝阔台登基后，以扫灭金朝为第一要务。蒙古太宗二年（1230）七月，窝阔台亲率大军伐金，耶律楚材扈从左右。金王朝灭亡在即，耶律楚材开始就收拾战后残局和稳定人心秩序展开一系列努力。大军南下前

夕，他就从窝阔台处讨来"将河南残民贷而不诛"，让他们服徭役，"采炼金银，栽种葡萄"的旨意，以保全河南地方百姓。

蒙古太宗四年（1232）正月，在河南钧州（今河南省禹州市）的三峰山，拖雷率领四万军队与二十万金军展开会战。经此一役，金朝主力丧失殆尽。三路蒙古大军会合汴京城下。在长达半个月的攻城战后，窝阔台派遣使者入城劝降。使者携带着耶律楚材拟定的索取数十家人口的名单。名单中有孔子的后代——衍圣公孔元措，有书画、文名盛天下的翰林学士赵秉文等。耶律楚材此举，无疑是为了保护儒学道统的传承，尤其是想在蒙古灭金后保存儒学的旗帜性人物。

是年十二月，金哀宗率部分臣子突围，远走蔡州。次年正月，负责汴京防务的金军将领杀死留守大臣，向蒙古投降。在长达一年的汴京攻防战中，蒙古军队伤亡颇多。按照蒙古"凡敌人拒命，矢石一发，则杀无赦"的战争法则，速不台奏请屠城。此时留居汴京的人口近150万户，如若屠城，将是有史以来最可怕的人间惨剧。何况当时的汴京城中，还聚集了金王朝的政治、文化精英，一旦屠戮，必然对中原文明带来毁灭性的打击。

耶律楚材再次向窝阔台进谏。他劝之以利，指出将士们拼死战斗，无非是想要得到土地和人口。如果杀尽民众，则无以赏赐将士。再者城中聚集了众多能工巧匠，都是有用之才，杀掉他们是一大损失。窝阔台放弃了屠城打算。蒙古军进入汴京城后，只杀掉了金朝宗室，未加害其余人。耶律楚材此举，不但保全了百万生灵，也使中原文化免遭毁灭。

耶律楚材又建议窝阔台从百万民户中，"选工匠儒释道医卜之流散居河北，官为给赡"。蒙古大军开始北还，被俘获的百姓纷纷逃归家乡。窝阔台为此下达了"给逃亡百姓提供饮食衣物的，全家都要连坐"的律令。耶律楚材立即以"抚民用之"为由，劝说窝阔台撤销了这一不近人情的法令。百姓得以归乡，为战乱后河南地区生产秩序的尽快恢复保存了民力。

在灭金过程中，耶律楚材主要以两件事为务。一是抚民，尽力阻止蒙古军队滥杀无辜。他反复向窝阔台强调，所取得的是国家之地，所面对的是国家之民，而不是肆意杀戮的奴隶。二是得人，想方设法保全金王朝的政治精英、文化人才，使儒道不绝，礼乐重兴，为日后实行文治提供先决条件。他所做的这些努力，对中原地区的保全和"蒙古帝国"日后的发展，不可不谓为两幸。

5. 编户齐民，开创二元郡县制度

蒙古太宗六年（1234）正月，金王朝灭亡，蒙古尽有淮河以北地区。依据成吉思汗留下的法令，蒙古军队每灭亡一个国家，就要对该国人口进行统计，为分封诸王做准备。1235年，窝阔台下令让大断事官失吉忽秃忽搜检燕京、顺天等36路的户口人数。这一年是乙未年，故此次户口清查也被称为"乙未括户"。此次括户，燕京、顺天等36路共得户873781，口4754975。到次年六月，"复括中州户口，得续户一百一十余万"。

括户中，失吉忽秃忽想用蒙古和西域一丁一户的标准，重新划分中原户口，遭到耶律楚材的坚决反对。此举固然会使纳税户口增多，但中原地力有限，百姓身上承担的赋税将无比沉重，实行不满一年，百姓就会四处逃亡。且以户为单位的编户齐民在中原实行了千年，符合中原以家庭为生产单位的经济结构，而家庭伦理中的孝悌之道，也是儒家政治进行道德教化的基础，不宜妄自改易。

到1236年，"乙未括户"才最终完成。窝阔台根据成吉思汗时确定的分封制度，要把这将近百万的户数，在蒙古贵族中进行分配。按照规定，被分封的民户和领主之间，是类奴隶和奴隶主的从属关系。百万民户有70多万户被分赐给了蒙古贵族，只有剩余不到30万户归汗廷管辖。如果按照蒙古习俗裂土而治，则中原以郡县为基础的地方政治结构将名存实亡。耶律楚材数次进言，要求将战争中被俘的百姓从奴隶身份中解放出来，重新成为国家编户。为确保中原州县理民制度不被破坏，几经周折后，耶律楚材将汉地的食邑制和蒙古的兀鲁思分封结合起来，创造出一种新型折中的地方治理制度。

此制度下，受封贵族可在领土内设立达鲁花赤（镇守者）管理，但须经过中央政府的批准。封地中原有的地方政府作为实际的管民官得到保留，封君指派的达鲁花赤更像一个代言人。封君不得直接向百姓收取贡献，而是由地方政府从赋税中划拨出相应的"五户丝"来供养，避免了贵族对地方经济的干预和盘剥。

编户齐民向来与厘定赋税密不可分。在耶律楚材主导下，新的赋税政策也得以推行。赋税主要分为三种：一是包含丁税和地税的税粮；二是科差，也就是以缴纳丝料为主的"五户丝"；三是诸色课程，包含商税和盐法。纳税时以一户人口数量为准缴纳丁税，以一户耕种的田亩为准缴纳地税。征收时遵循"丁税少而地税多者纳地税，地税少而丁税多者纳丁税"的原则。"五户丝"蒙古语称为"阿合答木儿"，为兄弟们享受之利益。其规定每两户人家，每年需缴纳一斤丝料，以供官用；此外，每五户人家，还要再缴纳一斤丝料贡献给该地封君。商税则采取三十抽一的原则。至关重要的盐税，每四十斤征收一两银。

这种蒙古习俗和中原政治结合的产物，尽管相比纯粹的郡县制度是一种倒退，但在当时是极具智慧的政治变革。该制度根植于大蒙古国的国情，一方面满足了蒙古军功贵族分享胜利果实的需要，另一方面也保护了中原地方治理的核心精髓不被破坏，因而在元朝也被作为典范继承下来，成为元代分封制的重要内容。

6. 轻徭薄赋，革除各类政治弊端

蒙古灭金之后，商贸日益繁荣。由于大蒙古国尚未发行货币，以物易物的交易已难以满足需求，如何厘定物价成为难题。1236年，窝阔台效仿金朝，发行了交钞纸币。发行货币，是大一统政权统一度量、平抑物价的必备措施，耶律楚材自然赞同，但他以金章宗时的交钞滥发为前车之鉴，指出无限制发行交钞将会造成恶性通货膨胀，说服窝阔台采取保守的纸币发行政策，交钞发行量不得超过五十万贯。

在制定新政之外，耶律楚材还纠正了大蒙古国已有国策中的一些弊端，如驿传制度。驿传制度由成吉思汗创立，用于在疆土内迅速传达军情政令。窝阔台时期又新增了从和林通往察合台兀鲁思、术赤兀鲁思（由拔都统治），以及连接中原的驿路。这些驿路将蒙古草原、中原汉地和西域中亚连成一片，是促进三大地区之间文明、商贸往来的重要纽带。

然而，驿传制度建立不久就出现了严重弊端。一些蒙古贵族竞相使用驿马，大大增加了供养站户的负担。且这些人在驿馆内勒索财物，风气秩序大坏。1237年，耶律楚材奏请窝阔台重申"牌札""饮食分例"等制度，规定只有公务在身的人才可使用驿站，使用马匹、消耗草料，俱有分例，在驿馆内享受的待遇，由国家统一规定。如若肆意索要，则视为犯法，交由地方问罪。这些举措遏制了驿站乱象，使帝国从中央到地方的交流日趋通畅。

总之，耶律楚材主导的财税政策，概以轻、缓、简为核心，目的在于休养生息。1238年，中原地区暴发了大规模的旱灾和蝗灾，耶律楚材建议窝阔台免当年田租。不难看出，耶律楚材在逐步将中原王朝的理财措施和施政精神引入蒙古政权，其核心便是轻徭薄赋、藏富于民。

然而，需要指出的是，尽管耶律楚材订立了一套"轻徭常力足，薄赋不伤财"的赋税体系，但由于中原地方诸侯势大，中央和地方之间还未形成完备的政治体系，因此政策施行效果大打折扣。蒙古贵族们又自恃特权，随意在地方征收贡献，致使民众逃亡严重，这不能不说是历史的遗憾。

7. 经营儒学，开以儒治国之始

耶律楚材深知培养人才和振兴文教是国家的根本。蒙古太宗五年（1233），他促成窝阔台下诏"以孔子五十一世孙元措袭封衍圣公"，向读书人释放出"尊孔"信号。在他的提议下，这年冬季和之后蒙古太宗八年（1236）三月，蒙古两次修葺曲阜孔庙。乙未括户中，孔庙特权也得到保障。这些举措大大振奋了儒士之心。

尊孔之外，耶律楚材认识到必须让沉沦已久的读书人发挥才能，儒教复兴才有指望。1236年，他奏请在燕京和平阳设立编集经史的"编修所"和"经籍所"，这是大蒙古国首次设立以经营文教为务的官方机构，选拔的长官都是饱学名士。编修所和经籍所在搜集编撰典籍外，还负责刊印出版的事务。大批儒家典籍流向社会，北方地区讲学的风气再度繁盛起来。

在耶律楚材主导下，名儒梁陟、王万庆、赵著等人将九经翻译后，为东宫太子讲学。他也亲自为当朝大臣子孙解释儒家经典。耶律楚材在蒙古上层的种种努力，营造出良好的文化氛围，让民间儒学也活跃起来。借此机会，南宋理学在中原地区得以传播。1240年太极书院在燕京创立，赵复、王粹讲学于此，从此"伊洛之学遍天下"。赵复将程朱之学传授给姚枢，姚枢后为忽必烈讲授帝王学、治国道、平天下略，深受器重，对日后的元朝国策产生了深远影响。

复兴儒学，关键在于选拔儒士进入庙堂，治理国家。蒙古灭金，科举被废除，儒生仕宦的通道断绝。究其原因，大蒙古国以军功为荣，贵族子弟以怯薛宿卫身份参与政务，是典型的世袭贵族政治，对打通阶层的科举鲜有好感。善于骑射的蒙古人，也时常轻视不习武备的中原儒生。耶律楚材屡次向窝阔台推举儒生，均效果不佳。更多的士人流落到地方汉世侯幕府中，不能为朝廷建言献策。

尽管如此，耶律楚材还是试图重新恢复科举选才制度。1237年，在被反复灌输了"守成者必用儒臣"的理念后，窝阔台下达了一道减轻儒士赋税的诏书，同时开策论、经义、词赋三科考试，其中任意一科精通者即为合格。合格者可以同达鲁花赤、管民官一道参与地方政务处理。

因为考试正式举办于次年戊戌年，故其被称为"戊戌选试"。耶律楚材想用这次考试选拔出合格的儒生，再以此为基础，逐级择优录取，最终重建科举制度。此试中选的人数达4030人，都取得了儒户的经济特权。儒士在中原各个地方，也逐渐有恢复四民之首地位的趋势。

尽管中选者与达鲁花赤、管民官一同商议公事的愿望并没有达成，但戊戌选试中，有一部分人，如许衡、张文谦等，在20年后成为忽必烈倚重的心腹，正式步入庙堂施展才能。可以说，正是耶律楚材的苦心经营，才保留了儒学对蒙古政权和世俗的影响力，推开了数十年后忽必烈以儒治国的大门。

窝阔台统治前期，耶律楚材在政治、经济、教育等各个方面的改革都取得了明显的效果。1236年，和林万安宫建成，窝阔台大会诸道宗亲王室、显贵勋爵。席间，他亲自执觞为耶律楚材赐酒，当众肯定了他的治国功绩。

耶律楚材身处乱世，选择出仕于大蒙古国，先后辅佐两代君王，使天下局势逐渐归于大一统，顺应了历史发展趋势。他抛弃"华夷之辨"的狭隘观念，坚持以混四海、行文教为纲的超然历史格局，同时代鲜有人能及。而他靠一己之力，推行调和蒙古旧制和中原汉地传统的改革，对中原传统文明而言，有利于休养生息，恢复原有的秩序；对新生的大蒙古国而言，有利于将理论更加完备成熟、制度更加严密稳固的中原政治引入蒙古政权中。他的努力，促进了大蒙古国政治制度的成熟，让这个新生的、充满活力但尚显粗鄙幼稚的草原政权，逐渐拥有了雄厚宽广的帝国气象。

三、改革的停滞——"治平之世"结束

1. 斡脱入朝对改革的冲击

随着帝国局势日趋安定，窝阔台逐渐耽于享乐且滥行赏赐。"帝心欲糜"历来是改革的最大隐患。一个不知节用的帝王，是对国家财政的沉重打击。耶律楚材主张以纾缓民力为务，自然与其观念相抵触。此时，一些被称为"斡脱"的商人走上朝堂，因擅长聚敛为窝阔台所宠信。他们逐渐把持了国政，使耶律楚材的经济改革毁于一旦。

"斡脱"一词源自突厥语，意为"同伴""合伙"，转义为商人。早在蒙

古征服西域前，这些商人就开始与蒙古贵族接触。蒙古贵族不善商贸，向来委托西域斡脱营利。斡脱在当时相当于官商，他们少有中原的"义利"观，只以快速牟取暴利为务。恶名昭彰的"羊羔息"高利贷，便是他们的发明。耶律楚材对这种损民本、伤民风的高利贷非常反感，屡次奏请限制。

斡脱还将扑买制度带入蒙古宫廷。所谓扑买，就是包税。商人将官府某项事务的赋税总额，由自己全数认缴，官府听任商人就该事务自行收税以为补偿。斡脱得到征税权后，往往肆意盘剥，搞得民不聊生。耶律楚材认为此举动摇国本，坚决批驳。然而大多数蒙古贵族与斡脱利益纠缠，扑买越发盛行。

西域人奥都剌合蛮的出现，给耶律楚材的财税政策带来了重大危机。金灭亡后，耶律楚材额定的中原汉地课税总额，是每年22000锭银。奥都剌合蛮开出了44000锭的价格来扑买课税。听到能多收一倍的赋税，窝阔台欣然允诺。耶律楚材指出，奥都剌合蛮不过是巧设名目，盘剥百姓。民穷则为盗，并非国家福祉。这场争辩异常激烈，认为自身尊严被冒犯了的窝阔台严厉斥责了耶律楚材。

随着越来越多的斡脱进入朝堂，耶律楚材受到的中伤和诬陷也日渐增多。窝阔台开始疏远耶律楚材，并剥夺了他的权力。蒙古太宗十二年（1240）正月，窝阔台任命奥都剌合蛮"充提领诸路课税所官"。奥都剌合蛮掌握征税权后，肆意加赋加税，使中原地方因重税苛赋长年困顿。同年，大蒙古国在燕京设立了管理汉地的统治机构行台，又名行尚书省，以刘敏为长官。刘敏虽为汉人，但以通晓诸国语言被看重，与耶律楚材在政见上并不相合，且做事专断独裁。耶律楚材为课税之事的强谏，让窝阔台心存芥蒂，他任命近侍杨惟中取代耶律楚材为中书令。杨惟中亦是译史出身，曾与耶律楚材有过节。至此，耶律楚材再无大权。

被边缘化的耶律楚材仍旧秉承兴文教、安百姓的理念，凡对国家百姓无益的奏报，都会去争辩。然而，失去了窝阔台的信任，他创立的制度越来越多地被改易，中原汉地的社会秩序再度陷入混乱。

2. 磊落孤臣的最后斗争

蒙古太宗十三年（1241）二月，窝阔台病重。面对脱列哥那皇后（乃马真后）的求教，耶律楚材回答："今朝廷用非其人，天下罪囚必多冤枉，故天变屡见。宜大赦天下。"脱列哥那欲派使者办理此事，耶律楚材坚称"非君命不可"。窝阔台苏醒后首肯了大赦。大赦后病情有所好转，对耶律楚材的信任又恢复了一些，但在奥都剌合蛮的怂恿下，康复后的窝阔台继续置酒高会，仅过了五天就死于行殿。窝阔台一死，耶律楚材辅佐下的"治平之世"结束，转而进入脱列哥那皇后摄政的三年混乱岁月。

脱列哥那好用权术挑起争斗，掌控朝政。窝阔台曾指定孙子失烈门为汗位继承人，然而脱列哥那想扶植儿子贵由登上汗位，不肯召开忽里台大会。1242年春，脱列哥那就汗位人选询问耶律楚材，试图获得支持。耶律楚材以窝阔台遗诏回绝，自此遭到记恨。

此时汗廷乌烟瘴气，混乱不堪，一些宗王不免生出异心。蒙古乃马真后称制二年（1243）五月，东道诸王之首铁木哥斡赤斤率领军队向和林进发，企图夺取汗位。消息传来，脱列哥那欲西迁以避兵锋。耶律楚材力阻迁都之议，认为朝廷乃天下根本，一旦迁都，大乱必定四起。他以天道劝慰诸臣，预言铁木哥斡赤斤会自行退兵。不久，在脱列哥那遣使质问，并将留在蒙古宫廷的亲属交还后，自感武力夺取汗位胜算不多的铁木哥斡赤斤主动撤军，祸患消解。

由于脱列哥那倒行逆施，许多蒙古重臣外逃，宠臣奥都剌合蛮则越发肆无忌惮。脱列哥那甚至将盖了印信的空纸交给奥都剌合蛮，令他随意填写。耶律楚材直言上奏："天下先帝之天下，典章号令自先帝出。必欲如此，臣不敢奉诏。"脱列哥那不敢背负改动祖制的罪名，此事才作罢。

不久她又下旨，凡奥都剌合蛮奏准的事情，如令史不书写，就砍断其手以示惩戒。耶律楚材为此在朝堂上死谏，认为庙堂之事由中书省决断，合理自然施行，不合理则宁死不可施行。耶律楚材深得人望，脱列哥那不敢害其性命，于是又一次罢免了他的中书令职务。

1243年，耶律楚材经受了人生一大打击——相伴多年的夫人苏氏病逝。耶律楚材悲痛不已，第二年就病倒了，并于当年五月十四日去世，终年55岁。消息传开后，奥都剌合蛮等人欣喜不已。此时，甚至还有人诬陷他贪污。但耶律楚材的居所中，只有几张古琴和几百卷书籍而已。蒙古百姓听闻耶律楚材的死讯，"哭之如丧其亲戚，和林为之罢市，绝音乐者数日"。中原汉地的士人听闻复兴儒道第一人去世，也纷纷悼念。

纵观耶律楚材的一生，恰逢"天纲绝，地轴折，人理灭"的剧变时代。从耶律楚材的内心观照而言，他是一名坚定的佛教徒；从其言行抱负来看，他又是一名极为杰出的儒士。他始终以慈悲为怀，践行着治国安民的理念。为达到保境安民的目的，他不乏权谋策略，但又恪守君子之道，不逾越国家法度，讲求公正清廉。这样的风骨节操，丝毫不输于诸葛武侯。

耶律楚材费尽心血"定赋税、立造作、榷宣课、分郡县、籍户口、理狱讼、别军民、设科举、推恩肆赦"，为后来"蒙古帝国"和中原制度的融合规划了道路和范式，为二十年后忽必烈的行汉法与一统九州打下基础。耶律楚材的承前启后之功，理当名垂青史。

如果从时人的赞誉之词中选择一句话，作为耶律楚材一生的总结，那么《中书令耶律公神道碑》中所说的"开济两朝，赞经纶于草昧之初，一制度于安宁之后，自任以天下之重，屹然如砥柱之在中流，用能道济生灵，视千古为无愧者也"，确实是至公至允的评价。

参考书目

刘晓：《耶律楚材评传》，南京：南京大学出版社，2001年。

黄时鉴：《耶律楚材》，上海：上海人民出版社，1986年。

杨印民、苗冬：《耶律楚材》，西安：陕西师范大学出版总社，2017年。

刘迎胜：《西北民族史与察合台汗国史研究》，南京：南京大学出版社，1994年。

忽必烈

制行多元创帝国

忽必烈履历表

姓名	孛儿只斤·忽必烈
庙号/谥号	庙号世祖；谥号圣德神功文武皇帝；蒙古语尊号薛禅皇帝
籍贯与出生地	漠北蒙古草原
家庭出身	父亲拖雷，成吉思汗第四子；母亲唆鲁禾帖尼，克烈部王罕弟札合敢不之女
生卒年及所处时代	1215—1294；元朝前期
配偶	察必，弘吉剌部贵族按陈之女。南必，察必侄女，在察必死后继为皇后
子女	嫡子四：朵儿只、真金、忙哥剌、那木罕。庶子六：忽哥赤、爱牙赤、奥鲁赤、阔阔出、脱欢、忽都鲁帖木儿。女儿：月烈、吾鲁真、囊家真、忽都鲁揭里迷失等
生平履历	元太祖十年、金贞祐三年、南宋嘉定八年（1215）八月二十八日，出生
	元宪宗元年、南宋淳祐十一年（1251），37岁，蒙哥汗即位。受命总领漠南军国庶事，自请唯掌军事
	元宪宗二年、南宋淳祐十二年（1252），38岁，远征大理
	元宪宗七年、南宋宝祐五年（1257），43岁，阿蓝答儿钩考钱谷，被剥夺总管漠南之权
	元宪宗八年、南宋宝祐六年（1258），44岁，代替塔察儿率蒙古东路军伐宋
	元宪宗九年、南宋开庆元年（1259），45岁，蒙哥汗亲征川蜀，丧身阵前。与贾似道达成口头议和，北返与幼弟阿里不哥争夺汗位
	元中统元年、南宋景定元年（1260），46岁，三月，开平称汗。五月，建"中统"年号
	元中统三年、南宋景定三年（1262），48岁，平定李璮之乱。随后趁机罢黜汉世侯，行迁转法

续表

生平履历	元中统五年、南宋景定五年（1264），50岁，七月，阿里不哥归降
	元至元八年、南宋咸淳七年（1271），57岁，十一月，定国号为"大元"
	元至元十年、南宋咸淳九年（1273），59岁，攻陷襄阳，灭宋步伐加快
	元至元十一年、南宋咸淳十年（1274），60岁，元朝第一次征日本。将女儿忽都鲁揭里迷失下嫁高丽世子王谌
	元至元十三年、南宋景炎元年（1276），62岁，正月，南宋君臣投降，宋朝灭亡
	至元十四年（1277），63岁，元朝军队大败缅甸军
	至元十八年（1281），67岁，元朝第二次征日本
	至元十九年（1282），68岁，元朝征伐占城
	至元二十一年（1284），70岁，元朝第一次征安南
	至元二十四年（1287），73岁，元朝第二次征安南。缅甸彻底臣服
	至元二十九年（1292），78岁，元军跨海征爪哇
	至元三十一年（1294），80岁，正月二十二，病逝于大都

大蒙古国的前四汗，从成吉思汗到蒙哥，统治的重心都在蒙古草原，对中原汉地的经营并不甚关心，视被征服的中原为财赋来源，以支持他们对西边异域的征伐，满足对贵族勋臣的赏赐。前四汗时期的政治，带有浓郁的草原游牧政权气息。虽然窝阔台时期，在耶律楚材的努力争取下，以汉法治汉地的理念和措施曾短暂复兴，但随着耶律楚材的失意离世，这些举措并未得到全面贯彻实施。

窝阔台之后的贵由汗纵情酒色，继承汗位仅三年便病逝。在一番明争暗斗之后，汗位的归属从窝阔台系转移到了拖雷系。拖雷之子蒙哥登上大汗之位。蒙哥汗终身以祖父铁木真为偶像，严格遵循祖父制定的大札撒来治理大蒙古国。他热衷开疆拓土，征服四方，酷信巫觋卜筮之术，"遵祖宗之法，不蹈袭他国所为"。

可见，前四汗时期的"蒙古帝国"，虽然疆域万里，领土广袤，治下子民族群众多，但政治制度尚欠缺多元性，且秉持着强烈的蒙古中心主义，从严格意义上说，不能算作一个世界性的帝国。这一切直到忽必烈登上汗位，才发生翻天覆地的变化。忽必烈建元定制，以多元并存、兼容实用为宗旨，使制度和法度都成为范式、步入正轨，一个世界性的帝国自此形成。

忽必烈的一生，是使大蒙古国向大元帝国转型的一生。他的一举一动，都深刻影响着帝国的走向。元帝国的辉煌由忽必烈一手缔造，而其衰亡的种子，也由他亲手种下。

一、总领漠南——广罗人才，施行汉法

1. 蒙哥登位，统领漠南

忽必烈是拖雷的嫡次子，于1215年在蒙古草原出生。他出生之时，正是大蒙古国在铁木真统领之下扫荡四方的时期。铁木真在西征花剌子模前夕，对继承人一事做了安排，第三子窝阔台被确立为汗位继承人。但是，按照蒙古"幼子守产"的习俗，拖雷享有"守家灶"的权利，可在父母死后继承他们未曾分配的最为雄厚的实力。

根据《蒙古秘史》的记载，拖雷对窝阔台负有"兄根前，忘了的提说，睡着时唤醒，差去征战时即行"的义务。这义务固然有服从的一面，却也带有明显的监督和制衡意味。这是游牧政体特有属性的延续。大汗是部落财产的守护者，并非完全的拥有者，贵族阶层对他形成制衡和监督。铁木真统一草原后，将这种权力从外姓贵族手中收回，却又赋予黄金家族内部成员。由此，也埋下了兄弟阋墙、家族相争的隐患。

窝阔台即位之后，始终对拖雷心怀忌惮。毕竟，蒙古六十多个千户的精锐军队还在拖雷的掌控之中。扫灭金朝的功绩，名义上的统帅是窝阔台，实际的执行者却是拖雷。1232年，决定金王朝命运的三峰山之战，便由拖雷亲自指挥。是役，金国残存的二十万精锐被一举消灭。同年，金王室放弃汴京南逃归德（河南商丘）。两年后，在蒙宋联军的围攻之下，金哀宗自杀，金朝灭亡。

三峰山之战后，拖雷率领军队返回漠北草原，意外死于途中。据史料记载，拖雷死前曾饮用过萨满巫师替窝阔台祛邪的咒水。从此，窝阔台背上了毒杀幼弟的嫌疑。从当时的情况来看，实力最强大的拖雷立下了赫赫战功，且他在蒙古贵族之中素来就有崇高的威望，无疑是窝阔台汗位的严重威胁。因此，拖雷之死，窝阔台难脱干系。

拖雷死后，其妻唆鲁禾帖尼继承了所有家产。她抚养教育四个儿子，巧妙地与意欲瓜分拖雷实力的窝阔台周旋。她与铁木真的长子术赤一系结盟，始终制约着窝阔台。终其一生，窝阔台都未能成功占有拖雷遗留的实力。窝阔台的儿子贵由汗死后，1251年，唆鲁禾帖尼凭借着自身的强大力量，以及术赤之子拔都的支持，将长子蒙哥推上了汗位。蒙哥即位后，立即放逐了窝阔台、察合台系的力量。黄金家族内部的矛盾由此公开化，这也成为元朝后来与西北诸王战争不断的源头。

蒙哥对弟弟忽必烈非常信任，委任他总领漠南军国重事。这是一块非常可观的地盘：以赤老温山为界，南部的被征服地区，西至河西走廊以东，南到淮河一线，基本都由忽必烈管领。不过，出于避免与汗兄过早发生权力冲突的考虑，短暂的欣喜之后，忽必烈就在藩邸谋士姚枢的建议下，主动向蒙哥汗请求将自己的权势由军民兼领缩小到唯掌军事。从此，忽必烈正式登上了政治舞台。

2. 选贤任能，金莲川幕府形成

获得总领漠南的任命后，忽必烈将驻牧开府的地址选在了金莲川（今河北省张家口市沽源县滦河上游）。这是第一个将治理政务的地点安置在汉地的黄金家族成员。与兄长蒙哥不同的是，忽必烈在用人态度上更加开明、务实。围绕在忽必烈身边的人才，迅速形成了对元朝政治产生巨大影响的金莲川幕府集团。

这个集团人才荟萃，根据元史名家李治安教授的研究，大体可分为邢州术数家群、理学家群、金源文学士人群、经邦理财群、宗教僧侣群及王府宿卫群六个团体。其中既有与忽必烈个人信仰、志趣追求相适应的，又涵盖了治国经邦的多个方面。不同的学派、不同的族群、不同的见解汇聚一堂，正显示出忽必烈在统治上的务实。对这些人才，忽必烈择其可用者用之，不可用者尊之。一时间，忽必烈的幕府得人之盛，远过于蒙哥汗廷。这些幕府人士，对忽必烈总领漠南和最后登上汗位做出了极大贡献。其中的代表人物，大抵如下。

邢州术数学派的代表人物是刘秉忠，河北邢台人，虽是出家的僧人，但学贯三教，尤其擅长易经占卜，是忽必烈最赏识的心腹谋臣。刘秉忠与忽必烈的关系，在元人眼中，是相遇相知、共济天下的鱼水君臣。刘秉忠参与甚至决定了诸多机要事务，比如助忽必烈下定决心与阿里不哥争夺汗位，再如营造大都城等。

理学家中，学术造诣和后世名声最高的，莫过于许衡。不过许衡精于学问而拙于政治。另一名政治谋略极强的理学家姚枢，是忽必烈事无巨细必定垂询的谋臣。姚枢是系统性地向忽必烈提出以汉地王朝体制来经略天下的第一人。劝说忽必烈仅掌漠南军事以避忌恨，以及在阿蓝答儿钩考之后成功化解忽必烈与蒙哥汗紧张关系的计策，都出自姚枢。他的"以仁取天下"的观念对忽必烈影响甚深。

金源文学士人的代表，其一为金正大年间的状元王鹗，另一人为正大末年的进士李治。王鹗每次觐见忽必烈，必讲修身齐家治国平天下之事，后来又充当了忽必烈怯薛近侍的老师。在他的影响下，廉希宪等一批并非汉人的怯薛，逐渐成长为以汉法治汉地的拥趸。李治则给忽必烈讲授"帝王之道"，从唐太宗善于纳谏，讲到宋太祖用曹彬不妄杀而得江南。他讲的历代明君立法度、正纲纪以治国家，择人当择才而用，不应以种族为壁垒等，启蒙了忽必烈的帝王"治道"。

经邦理财的群体则更加出彩夺目。郝经善于变通，渊博而务实，曾出使南宋。赵璧精通蒙古语，又刻意吏学，擅长表章文檄的拟定，调度经济，得心应手，后来职任中书平章，有"柱石庙堂，经纶邦国"的美誉。他也是忽必烈最信任的汉人侍从之一，甚至还得到过由王妃亲自制衣的特殊优待。商挺、赵良弼则善于抚慰地方，在忽必烈和阿里不哥争夺汗位之时，他们与廉希宪掌控秦陇川蜀局势，居功至伟。当然，善于理财钻营的阿合马也在这个群体之中。

宗教僧侣的代表人物则有吐蕃萨迦派的法主八思巴，他为忽必烈赋予了宗教上的神性，是忽必烈个人信仰和家族皈依的导师，由此形成了贯穿整个元朝的帝师制度。在二人的联手之下，八思巴在吐蕃推行改革，以元朝制度为借鉴，建立起服从元朝的行政体系，西藏地区正式归入中央管辖，一改吐蕃独立于中原王朝之外，只受羁縻而不行政令的历史。

王府怯薛侍从中，最为出类拔萃的，当属文治武功一应俱全的色目（畏兀儿）人廉希宪。汗位争夺中，他替忽必烈分析长短优劣，有定策之功。对登上汗位之事,他的谋划老成而稳重。在安抚秦陇的过程中,他杀伐果断而刚柔相济,稳定了忽必烈的侧翼。在后来的灭宋战争中,廉希宪坐镇江陵,约束军纪,安抚人心,起用旧官,减租复农,兴建书院,诸般举措并行,使湖北一带的生产和秩序得以迅速恢复。

3. 文治武功,汉法治政

1253年,蒙哥汗将京兆(今陕西省西安市)赏赐给忽必烈为封地。三年后,蒙哥汗考虑到京兆户口较少,又将怀孟(今河南省沁阳市)补封给忽必烈。忽必烈遂在心腹谋臣的辅佐下,开始以汉法治理陕西、河南地区,经营方针大体如下。

其一,明确事权,职分有司,使事权依照制度而行,而非决于一二长官之手,同时大力革除贪弊,保境安民,务以仁政。忽必烈听从姚枢的建议,在河南设立经略司,派遣诸如史天泽、杨惟中、赵璧这样的能臣充任经略使。经略使之下,又有州县提领,其职责包括严察奸弊、均平赋税、更新钞法,同时还要整肃吏治、惩办贪暴。在该司的经略下,河南日趋稳定,生产得到恢复发展。更重要的是,屯田司的设置,一改蒙古军队从百姓手中抄掠财物的供给恶习,转而实行耕战合一,既减少了百姓负担,安定了民生,又累积了不少军饷粮食。河南经略司之后,忽必烈又在陕西设立了宣抚司。宣抚司之下有交钞提举司、提学、劝农使、榷课所等一应机构职务。本着立纲纪、促生产、通贸易、扶贫弱、去不仁、访宿儒、明法令的主旨,经过孛兰、杨惟中、廉希宪等人宽严相济的治理,在宋金、蒙金战争中屡受摧毁的陕西地区,凋敝之象终于得以改观。

其二,陕西、河南地处蒙金前线,以此为契机,忽必烈有意识地拉拢结交汉地世侯和世袭万户,如真定万户史天泽、巩昌统帅汪德臣、兴元万户夹谷龙古带,以及藁城董氏的董文炳、董文用、董文忠兄弟等。这些世侯万户,多为当地的豪强名门,在蒙金战争中响应了蒙古的号令,被赋予州郡军政大权,实力堪比诸侯。忽必烈获得他们的服从和支持,为自己累积了一笔雄厚的政治资本。

在经营河南、陕西之时，1252—1253年，忽必烈又完成了亲征大理的壮举。此次攻伐为迂回远征。忽必烈的大军取道西藏和四川交界的偏远地带，在翻越雪山、渡大渡河、过金沙江，行千余里之后，进入大理国境内。经过数场战斗，大理国灭。忽必烈也践行了他效法曹彬不妄杀、以仁取胜的承诺，禁止蒙古军队劫掠大理城。远征大理的胜利，在大蒙古国的战略上，是给南宋王朝的西南边陲造成了压力；于忽必烈自身而言，则向蒙古贵族证明了自己的文韬武略。

远征大理带来了莫大的荣誉，治理河南、陕西成功，让忽必烈深受汉族士大夫的赞誉拥戴。当时的中原儒士认为，"能用士，而能行中国之道，则中国之主"。有"贤王"美誉的忽必烈，无疑是他们心目中理想的君主。然而，巨大的成功背后隐藏着危机。忽必烈在军事上的功绩引起了蒙哥的忌惮；他在汉地施行的制度，触动了旧贵族的利益，也让遵从蒙古旧制的蒙哥颇为不满。

二、隐忍待机——从阿蓝答儿钩考到开平称汗

1. 收敛锋芒，随从攻宋

当有人向蒙哥汗秘密告发忽必烈在汉地收买人心，手下的谋臣擅权为奸利之事后，一场旨在打击忽必烈及其幕府集团的钩考拉开了帷幕。所谓钩考，即财税审计。

1257年春，蒙哥的心腹阿蓝答儿、刘太平等人来到河南、陕西地区。他们带着蒙哥的旨意，对这两个地区的财赋收支盈亏进行钩考，本质是要对忽必烈治理地区进行政治清算。阿蓝答儿在关中成立了钩考局，任用酷吏对陕西所有的主政官员展开调查。钩考事务多达一百四十二条，

其主要针对目标,就是在陕西主政的忽必烈谋臣。

阿蓝答儿大开罗织告讦之门,对赵璧、廉希宪、商挺、马亨等各司长官百般钩考,试图株连到忽必烈,但未能如愿。受挫之后,其又对下级官吏动用刑罚,想要屈打成招。一时间,忽必烈和谋臣创立的行政体系陷入瘫痪。在阿蓝答儿的逼迫下,多达二十余名官员被责打致死。

忽必烈虽心有不平,但在姚枢的劝说下,最后还是顾全大局,主动向蒙哥请求前往觐见,以化解矛盾。第一次觐见的请求被拒绝后,忽必烈再次恳请朝见。被允准后,忽必烈立即遵照蒙哥的旨意启程,留下辎重随从,乘驿传觐见,日行二百里。双方相会后,或许是感念手足之情,又或许是认为震慑忽必烈的目的已经达成,不待忽必烈辩白,蒙哥汗就主动下诏停止了钩考。然而,忽必烈总管漠南的一切权力均被剥夺,所设置的经略司等机构统统被废除。

身为蒙古大汗,蒙哥本人也渴求像父祖那样攻灭敌国,为"蒙古帝国"开疆拓土,掠夺财富,以提高自己的声威。蒙哥选定的目标便是南宋。为此,蒙哥安排幼弟阿里不哥和皇子玉龙答失留守和林,同时做了三路大军攻宋的部署。蒙哥亲率一路,为西路军,作战方向是川蜀;东路军由诸王塔察儿统领,目标是攻占荆襄地区;南路军由兀良合台指挥,从云南向广西、贵州、湖南进攻。三路大军约定在南宋景定元年(1260)正月会师潭州(今湖南省长沙市),之后顺江而下,直入临安。

东路军由河南入湖北,统帅由忽必烈担任更为合适,但别勒古台以忽必烈脚疾发作为由,建议他回家养病。蒙哥汗也决意不让忽必烈再掌军权,下诏让他静养。从此,忽必烈开始了一段短暂的蛰伏期。

蒙古宪宗八年(1258)二月,数十万蒙古大军同时从三个方向开拔。蒙哥虽有宏图大志,但对于南宋的军事力量太过轻视,料敌不足。战事开启不久,便陷入困境。面对南宋名将孟珙遗留的机动防御体系,蒙古铁骑失去了威力。蒙哥本人带领的西路军止步于合州(今重庆市合川区)钓鱼城下,塔察儿的东路军围攻襄阳不见成效,竟然退回营地驻屯下来。盛怒的蒙哥派人去给塔察儿传话："忽必烈（合罕）曾夺取了许多城堡，而你们却带着破烂屁股回来，也就是说你们只忙于吃喝（不好好打仗）。"恰好忽必烈在近侍燕真的建议下，主动向汗兄请求出征南宋，蒙哥遂重新起用了忽必烈。忽必烈成为蒙古东路军的新统帅。

2. 开平称汗，锐意天下

蒙古宪宗八年五月，忽必烈与众谋士召开军事会议，探讨此次伐宋的胜败之数。相较于蒙哥的盲目乐观，忽必烈集团对这场战争持审慎态度：一方面认为蒙哥主攻川蜀，胜败难料，另一方面认为与南宋的战争必定是持久战，需做周全的准备。为防止士兵劫掠百姓获取物资，忽必烈提前命人调运食盐数百万斤，用于在沿途所过州县换取粮食。他严明军法，凡触犯者一律斩首示众。

次年八月，忽必烈的东路军渡过淮河，先后攻下了大散关、虎头关等险要关隘。南宋的淮西防线告破，蒙古军队屯兵长江北岸，准备渡江南下，向潭州进军。

然而，忽必烈的担忧成为现实。蒙古宪宗九年二月，蒙哥率领的西路军在钓鱼城下陷入进退维谷的困境。钓鱼城险绝，且守将王坚智计百出，蒙古军队在攻城战中伤亡惨重，连先锋汪德臣都重伤不治而亡。到了七月，难耐暑热的蒙古军中又暴发了瘟疫，致使锐气尽失，但不愿承认失败的蒙哥坚持组织强攻，最终不幸病死。关于蒙哥的死，《史集》记载，随着夏天的到来和炎热的加剧，蒙哥得了赤痢，蒙古军中也出现了霍乱。蒙哥用饮酒的方法来抵抗瘟疫，结果健康状况恶化，不久身亡。

蒙哥死后，西路军开始退兵，三路大军会师灭宋的计划宣告破产。大汗猝死的消息传到忽必烈军中，众人哗然。然而，深谋远虑的忽必烈并未下令撤兵，反而决意渡江攻打鄂州（今湖北省武汉市武昌区）。究其原因有二：一则他深知蒙哥并未指定继承人，新汗将在自己和幼弟阿里不哥中产生。蒙哥败亡于伐宋,如他能在攻宋战争中取得较大的胜利,便能证明自己是武略更加出众的汗位候选人。二则南路军兀良合台已深入湖南腹地,若无接应,则有全军覆没之虞。而且,兀良合台统领的13000大军(《史集》记载是3万人)一旦能归入麾下,忽必烈的实力将增强不少。

渡江之后,蒙古军队虽有小胜,但始终难以攻取鄂州。随着南宋右丞相贾似道督师驰援鄂州,攻城的难度持续加大,以至于相持百余日仍无进展。时间迁延到十一月,在成功接应了兀良合台后,忽必烈决定议和北归。不过议和首先是由南宋方提出来的,忽必烈对贾似道开出来的请和条件不满,第一次和谈失败。这时,他的妻子察必遣人传来消息:留守和林的阿里不哥要从漠南汉地抽调侍卫军,原因不明。同时察必还捎来一段隐语:"大鱼的头被砍断了,在小鱼中除了你和阿里不哥以外,还剩下谁呢?你回来好不好?"很显然,被砍断了头的大鱼,暗指已经亡故的蒙哥汗,剩下的小鱼是忽必烈与弟弟阿里不哥。两天之后,阿里不哥派急使前来,号称转达问候。忽必烈问他们将他漠南汉地的兵丁派往何处,使臣们否认有此事,这更加引发忽必烈的怀疑,意识到阿里不哥已意欲称汗。

忽必烈颇为震惊,但又因尚未取得大的战功而心有不甘。两难之际,他再次召开军事会议。郝经、董文用、刘秉忠等谋臣一再指出攻宋形势陷入拉锯,速胜已不可能,同时分析了与阿里不哥争夺汗位的优劣之势。忽必烈遂下定决心,接受南宋和议,罢兵班师。

十一月二十八日,忽必烈从牛头山启程,一路轻装简行,倍道兼程,二十二天后抵达燕京。抵达燕京后,忽必烈挫败了阿里不哥抽取漠南兵丁的阴谋。第二年(1260)三月,根据廉希宪、商挺先发制人、以正名位的建议,在少数西道诸王和大多数东道诸王的推举下,忽必烈在开平(今属内蒙古自治区锡林郭勒盟正蓝旗)举行忽里台大会,登上了汗位。在即位诏书中,忽必烈总结前四汗的得失在于"武功迭兴,文治多缺",而他则要"祖述变通","新弘远之规","务施实德,不尚虚文"。

诏书中表达了变革的意愿和决心。需要阐明的是,忽必烈的文治并非单纯的尊汉法,而是要定制度。这不是以儒治国的口号,而是体现了忽必烈作为"蒙古帝国"的掌舵人,想要建立弘远规划、施行实德,使多元化的帝国更加强大稳固的意志和决心。忽必烈创设了与前代中原王朝接轨的典章文物制度,使政权性质发生了根本改变。这个后来被称为"大元"的帝国,也因其创建者主动行汉法而进入传统中原王朝的序列之中。

忽必烈即位一个月后,和林的阿里不哥也在西道诸王和蒙古腹地贵族的支持下,宣布自己为新的大汗(波斯史料记载阿里不哥实即位在先)。天无二日,地无二主。一场长达四年,代表着旧秩序与新制度之争的汗位争夺战,已不可避免地拉开了序幕。

3. 击败幼弟,稳固根基

阿里不哥倚仗的主要是漠北的军事力量。作为拖雷家族的"斡赤斤"(灶主),他掌控的实力较为雄厚。忽必烈则以漠南的驻屯军队、参与攻宋的东路军,以及支持他的汉世侯为主要凭借。

就双方军队的数量而言,忽必烈弱于阿里不哥,但从战斗经验来说,身经百战的漠南军队更具优势。在经济财力方面,忽必烈完全碾压阿里不哥。后者据有和林,从蒙古法统上,继任大汗似乎更具正当性,但和林的财赋和粮食供应高度依赖漠南汉地。上兵伐谋,忽必烈以胆识过人的廉希宪和善于谋略的商挺为陕西、四川等路宣抚使,稳定关中,同时接管了留在川蜀的蒙古军团。二人以雷霆手段,斩杀了阿里不哥的使者和亲附漠北的将领,迅速控制了局面,又乘势在甘州耀碑谷的决战中,阵斩敌军统帅阿蓝答儿和浑都海,使阿里不哥通过甘陕直击河南腹地以补充钱粮的愿望彻底落空。

与此同时,忽必烈征调钱粮马匹,整合了十五万大军,向和林进发。

双方在巴昔乞地区交战，阿里不哥派去的旭烈兀之子主木忽儿和斡儿答之子合剌察儿被击溃。阿里不哥听闻败讯，带着军队惊慌失措地撤出和林，逃回吉儿吉思领地。事实上，忽必烈下令封锁汉地通往和林的粮食运输线后，和林就发生了饥荒，物价飞涨。这种状况无疑加速了阿里不哥的溃败。惊魂未定的阿里不哥担心忽必烈追击，派遣急使请求宽恕。他主动认罪，并承诺养壮了牲畜就去见忽必烈。或许是认为进攻已经奏效，忽必烈并没有乘胜追击。年底，忽必烈命令移相哥统兵十万留守和林，自己在哈剌温只敦（今大兴安岭）地方停驻。

然而，阿里不哥并没有信守诺言。1261年夏秋，当把马群喂肥养壮、积蓄了力量之后，阿里不哥卷土重来，居然以诈降之计夺回和林，并直奔开平而来。忽必烈感到事态严重，遂以汉世侯军队及诸王塔察儿、纳邻合丹和驸马纳陈、帖里垓等的力量为主力，迎战阿里不哥于昔木土脑儿。一番激战过后，阿里不哥军队大败，再度逃散，忽必烈仍旧没有穷追。此战，阿里不哥不但没能突袭成功，还丧失了部分精锐，元气大伤，再也没有能力对忽必烈发起大规模进攻了。

随着阿里不哥与供给物资的察合台汗国闹翻，他的追随者相继叛逃。加上忽必烈又加强了防御，阿里不哥始终没有获得再度袭击的机会。到中统五年（1264）七月，力竭势穷的阿里不哥不得不南下向兄长忽必烈投降。阿里不哥以罪人的礼仪觐见忽必烈。忽必烈注视阿里不哥良久，内心的家族荣誉感和手足之情杂糅交织，兄弟二人都流下了眼泪。第二天，忽必烈令宗王及其他蒙汉官员对阿里不哥进行审判。之所以如此，是因为按照蒙古旧俗，忽必烈即使是战胜者，也并没有处置阿里不哥的权力。

在成吉思汗制定的札撒中，有若干条关于宗亲的条款，如："我们的兀鲁黑（氏族、后裔）中若有人违犯已确立的札撒，初次违犯者，可口头教训。第二次违犯者，可按必里克（训言）处罚。第三次违犯者，即将他流放到巴勒真古勒术儿的遥远地方去。此后，当他到那里去了一趟回来时，他就觉悟过来了。如果他还是不改，那就判他戴上镣铐送到监狱里。如果他从狱中出来时学会了行为准则，那就较好，否则就让全体远近宗亲聚集起来开会，以做出决定来处理他。"尤其是最后一条，还曾被忽必烈本人提及："如果我的宗族中有人违背了札撒，在未经与全体长幼兄弟们商议前，不得戕害他的生命。"因此，诸王们一致认定阿里不哥有错而无罪，应当赦免，恢复自由。而忽必烈的另一个弟弟旭烈兀听闻阿里不哥被以罪人身份对待后，特地遣使指责忽必烈的做法让宗亲蒙羞，有违祖制。最终，阿里不哥被无罪释放。对阿里不哥同党的追责，也是只诛首恶，不问其余。正是这种带有氏族政治色彩、不利于皇权集中的观念导致忽必烈对叛乱重拿轻放，这实际上为元朝中后期的皇位争夺起了不好的示范作用。

这场审判充分验证了"汗位在黄金家族的内部流转，汗位属于黄金家族，而非某一人"这一观念的强大和无法撼动。

在与阿里不哥争位的间隙中，忽必烈还平定了山东爆发的李璮之乱，并以此为契机，削弱了汉世侯的力量。

李璮是雄踞山东的世侯军阀。他凭借实力，在蒙宋之间投机坐大。忽必烈与阿里不哥争战时，李璮认为自己的机会来临，举兵谋反，并试图联络其他汉世侯武装，共同攻灭忽必烈。由于李璮的风评极差，除了极少数人响应外，大多数汉世侯持观望的态度。中统三年（1262）七月，李璮在举兵占据济南五个月后，便被忽必烈调遣的大军剿灭。

李璮之乱被平定后，牵扯出了不少朝堂之中的人物。如当时秉政、主持理财的中书平章政事王文统，因是李璮的岳父，被牵连诛杀。而收到李璮约定书信的汉世侯，如史天泽等，由于惧怕受到株连，主动向忽必烈请求军民分职。忽必烈顺势下诏："各路总管兼万户者，止理民事，军政勿预。""诸路管民官理民事，管军官掌兵戎，各有所司，不相统摄。"1264年，忽必烈进一步罢黜汉世侯，在地方行官吏迁转之法。至此，存在了六十余年的世侯制度终结。忽必烈扫清形同割据的世侯势力,为加强中央集权提供了便利。但同时,李璮叛乱也加深了忽必烈对汉人的戒备和猜疑。在用人上,忽必烈开始有意识地贬抑汉人,而重用主奴意识更强烈的蒙古怯薛和色目人。

三、建章立制——奠定帝国的基石

1. 改元迁都,汉法威仪

忽必烈及其谋臣集团对政体的改革和创建,是与对阿里不哥的战争、平定李璮叛乱同时进行的,因而部分政治机构的设立与运作极为注重效率和权力制衡。总体来说,忽必烈的建章立制涵盖了如下几个方面:建元定都,设立朝仪;劝课农桑,理财增税;权力分割,御史监察。

1260年,忽必烈登上汗位后,就在心腹大臣刘秉忠等人的建议下,抛弃蒙古传统的十二生肖纪年法,改用汉地的年号纪年。忽必烈选定了典出《春秋》《易经》等儒家经典的"中统"作为自己的年号,故1260年为中统元年。中统取"中华开统"之意,旨在表明忽必烈是这片土地的新主人。他在中统建元诏书中明确表示,自己身为一个全新王朝的主宰,要进行"内立都省,以总宏纲,外设总司,以平庶政"的建章立制创新。

1264年,阿里不哥归降,忽必烈欣喜之余,又改年号为"至元",大赦天下。到了至元八年(1271),忽必烈有感于也可蒙古兀鲁思(蒙古语"大蒙古国")这个国号很难彰显一个多元帝国的威仪,于是取《易经》"大哉乾元"之意,建国号为"大元"。"元"本就是"大"的意思,再加一"大"字,以显示其至极,足见忽必烈想要一统四海的帝王心理。

大蒙古国的国都本在漠北和林,但和林远离忽必烈的漠南根据地,且被蒙古旧贵族势力包围。因此,忽必烈没有以和林为都的打算。1263年,忽必烈将他的幕府所在地开平定为上都。鉴于上都地理位置偏僻,经济文化较之中原腹地也称不上繁华,于是在至元元年(1264),忽必烈改燕京(今北京)为中都,命刘秉忠规划其建制,后又易其名为大都。元朝的政权中心自此正式设立在大都。忽必烈以大都为中心,事实上表明他将以汉地为中心进行帝国的经营。

忽必烈皇帝威权的建立,以及明确贵贱等差的第一步,是设立朝仪。按照蒙古旧时的传统,朝贺之时,大小贵族、官员都聚集在大汗的帐前,喧哗吵闹,犹如集市,既显示不出威仪,也不方便议事。于是,在刘秉忠、许衡等人的主持下,元朝的朝仪被订立出来,并在至元八年(1271)八月忽必烈的生日天寿节上正式启用。

元朝的朝仪"颇采古礼""杂就金制",是汉地式样的皇权威仪与蒙古大汗宴饮旧俗合并的产物。皇帝出行,侍卫清道;帝后升廷,教坊陈乐;百官贵族,分班次觐见称贺,轮流叩拜,这些无疑都是汉式仪轨。但在这之后,皇帝还要举行传统的质孙宴,与贵族群臣在大殿中宴饮欢娱,这又是典型的蒙古传统。

总之,在范式礼仪方面,忽必烈采用了能显示帝王天威的一切手段,同时保留了蒙古贵族们热衷的宴乐。据说刘秉忠上奏朝仪之时,讲述过汉高祖刘邦在见识了叔孙通订立的朝仪后的感慨:"吾乃今知皇帝之贵也。"然而,忽必烈并不似刘邦那般惊喜,只淡淡地说了句:"汉高眼孔小,朕岂若是?"身为成吉思汗的嫡孙和西北宗亲之国名义上的宗主,忽必烈对蒙古文化拥有着与生俱来的自信,他对汉文化和汉法认可但并不过分仰视,主要持务实取用的态度。毕竟,中原对他而言只是"蒙古帝国"庞大统治区域的一部分,汉文化对他来说也只是统治术中的一种。

2. 农桑为本,理财增用

大蒙古国的前四汗,几乎都重游牧而轻农桑,中原汉地农业生产的恢复发展始终缓慢。忽必烈登基后,明确提出"衣食以农桑为本",表明整个帝国的经济重心向农业转移。

中统二年（1261），忽必烈设立劝农司，任命劝农使前往地方诸路，督促地方官抓农业、促生产。至元七年（1270），中央成立大司农司，忽必烈让潜邸心腹张文谦担任司农卿，专掌全国农桑水利的兴办。元廷更是将地方长官兴办农事的力度和效果纳入政绩考核，优异者褒奖升迁，懒惰者批评降职。

不独在制度设计上体现出对劝农的重视，在技术和地方组织层面，元朝对农学、农事，也都出台了相应的鼓励政策。如为了指导农业生产，司农司采集古今农书中的先进生产方式与农业种植精要，汇编为《农桑辑要》一书，颁行天下。至元七年，元朝在北方乡村施行立社制度，凡五十户为一社，选择年长稳重、通晓农事的老者为社长，教习农事。

对大蒙古国遗留的一些有损农事的政令，忽必烈也予以取缔，如他禁止蒙古诸王和军队随意侵占农田为牧场，鼓励移居汉地的蒙古人从事农业生产，对军士及权势之家放纵牲畜损坏田禾桑枣的，不仅要求赔偿，还要依法惩处。

在这些鼓励性的农业政策的支持下，百姓积极垦荒种植，恢复生产，北方逐渐安定下来。元朝鼓励垦荒，规定开荒种粮的熟田，五年内不"验地科差"。官吏重视，百姓用心，史载，不数年，"野无旷土，栽植之利遍天下"，农桑之政，初见成效。

在忽必烈锐意农业的恢复发展时期，国家赋税自然不可能用滥加农赋的方式获得。为满足帝国的用度和战争的需求，忽必烈起用了善于理财的汉人王文统为中书省首任平章政事，经理国家财政。

王文统的理财，仍旧是想让国家有稳定的财源，即取财有常例、成规矩。他一改前四汗时期滥征乱收之弊，对汉地的户口进行整顿和分类，同时对归属于国家的编户和分封诸王的投下私属人口进行区分，又按照不同户口类型的财力多寡，额定不同等级的赋税差役。这些措施，在一定程度上缓解了此前横征暴敛的乱象。在此基础上，王文统将此前五户丝直接交给领主的贡献，转变为先交给国家，再由国家重新分配。

这样一来，贵族领主对百姓的影响大大减弱，无法像以前一样肆意索取，生产环境得到保障。国家也掌握了贵族的生存命脉，政治威权得以提升。

食盐榷卖是王文统制定的充实国用的主要方针。1261年，元廷颁布了禁止贩卖私盐的法令。各地盐司掌管食盐的生产和贩卖，商人出钱购买盐引，以获得食盐买卖的资格。食盐专卖的利润成为忽必烈政权财赋收入的重要来源。

与此同时，王文统还主持发行了中统钞。早在窝阔台灭金之后，各地就已行用纸钞，但没有一种统一的钞币，流通中存在诸多不便和混乱。中统元年（1260），中统元宝交钞在全国发行，有十文、二十文、三十文、五十文、一百文、二百文、三百文、五百文、一贯、二贯等十种面值。中统钞采用银本位制，以官银作为纸钞发行数量的钞本，钞壹贯相当于白银一两。为保证其流通的稳定性和信誉度，允许百姓自由兑换银钞，元朝还设立了一套钞银相权、银本常不亏欠的先进制度。元朝规定中统钞可用于缴纳各种赋税，减轻了用白银等形式上税的负担，也间接减少了百姓为完税而不得不向斡脱商借贷白银、饱受"羊羔息"盘剥的弊端。中统钞价值平稳，流通便利，促进了商贸繁荣，方便了百姓生活，改善了国家的财政收支。

总体而言，王文统的理财是成功的。中统二年五月，忽必烈见到运往上都的帑藏之后，无比欣喜。就连与王文统在政见上有分歧的姚枢也承认，中统以来五六年间，"外侮内叛继继不绝，然能使官离债负，民安赋役，府库粗实，仓廪粗完，钞法粗行，国用粗足，官吏迁转，政事更新"。忽必烈能取得这些成就，王文统功不可没，然而李璮之乱爆发后，王文统被株连，不久身死。不过，不因人废政是元朝政治的一大特色。忽必烈处死了王文统，但对王文统遗留的财政制度依旧赞同。王文统之后的理财大臣，也多是在此基础上损益更新，以满足皇帝的财赋需求。即便是后来专权二十年的阿合马，也并不例外。

3. 强化皇权，建立省院台

在政治制度上，忽必烈基本围绕着中书省处理政务、枢密院掌管军事、御史台负责监察来明确职责。

在中书省设置以前，大蒙古国的政务，主要由札鲁忽赤（断事官）和怯薛中主管文书、印章的必阇赤长处理。中统元年，忽必烈依照汉法设立了中书省后，下设右丞相、左丞相、平章政事、右丞、左丞、参知政事为宰执官，后又以皇太子真金为名义上的最高长官中书令。中书省与下辖的吏、户、礼、兵、刑、工六部，形成一个层层上报，最终向皇帝参赞负责的行政体系。不过，忽必烈的中书省虽系模仿汉制而立，最初以藩邸旧臣为班底，汉人官僚居半，但从一开始就融入了蒙古旧俗。即使身居宰相高位，官僚仍旧是大汗的奴婢。同时其中刻意保障了蒙古贵族的长官和主导地位，中书右丞相大多是蒙古人，宰执群官"圆议"，以及中书省属官中有皇帝、皇后、太子、宗王等派来的怯薛担任的断事官，这些都带有忽里台大会的痕迹。

枢密院设立于中统四年（1263）。此时，刚刚经历了与阿里不哥争夺汗位，平定了李璮之乱的忽必烈，有感于朝廷军事指挥调遣不力，遂沿用宋金制度，设立了枢密院。其职责有三：军队的管理和调度、军官的选拔和任用、军队的赏罚和存恤。枢密院名义上的最高长官为判枢密院事，亦由真金兼任。下设同知枢密院事、枢密副使、佥枢密院事、院判等官职。枢密院掌管皇帝和军事将帅之间的信息沟通，各项举措都要经过皇帝的下令和首肯方可执行。忽必烈对枢密院的控制一直很严格，他以蒙古人和色目人为长官，汉人及南人为佐。世祖朝有多达十四位汉人担任过枢密副使等官，为元代历朝之最。至元十九年（1282）阿合马遇刺之后，忽必烈对汉人臣僚的信任逐渐减弱。汉人任职枢密院的比例逐渐降低，汉官留守大都枢密院的资格也被取消。忽必烈还依照蒙古旧制，以四怯薛、宰相等参与枢密院事务的方式，强化对枢密院的控制，同时也可以有效协调省、院之间的关系。

为进一步确保中书省和枢密院行事称意，不逾法度，至元五年（1268），忽必烈在张雄飞、廉希宪等人的建议下，设立了御史台。其目的在于监督百官和制衡省、院。元朝御史台由台院、殿中司、察院三部分构成。台院为核心，以御史大夫为最高长官，下设中丞、侍御史若干员。殿中司设殿中侍御史，专掌纠劾大臣朝会、奏事失仪等事。察院设有监察御史三十二员，专掌刺举百官善恶和讽谏政治得失。虽然忽必烈在御史台成立之初曾表态，给予台官劝谏帝王的权力，但御史台纠劾的对象主要还是百官。御史台与中书省、枢密院品秩相同，台谏合一，负有监察和进谏双重职能，职能范围从百官奏事到日常善恶，涵盖无余，是忽必烈处置臣下的最好工具。后来元朝又在地方设立二十二道肃政廉访司，增设江南、陕西二行御史台，监察范围从中央扩大到地方，皇帝的耳目，延伸到帝国的每一寸疆域。

中书省、枢密院、御史台三个部门的成立，标志着忽必烈以汉法建章立制的举措趋于完备。需要指出的是，这三个部门，并非如传统中原士人期望的那样有制约君权的意义。忽必烈虽然任用汉臣，效仿汉制建立起这些部门，但目的是治理国家。他理解的君臣关系，并非儒家理想的君臣相佐、共治天下，而是蒙古传统的"家臣治国"。对于三大部门长官的任免乃至诛杀，他完全以能否满足自己的帝王心思而衡量，施政纲领也随着帝王意志的变化而改变。

最为典型的例子，莫过于担负理财之责的中书省官员的下场。如王文统固然才略纵横，一旦涉嫌不忠，即刻被诛。又如后来的阿合马，虽然骄横贪婪，屡次被御史台弹劾，但由于善于理财，能够满足忽必烈的用度，便在忽必烈的庇护下专权二十年。再如卢世荣、桑哥之死，无不显示出这一省一院一台，只能以顺从忽必烈意志的方式运作。忽必烈曾形象地描述过这三大部门之间的关系："中书朕左手，枢密朕右手，御史台是朕医两手的。"在他看来，省、院、台都只是他治理帝国的手段而已，这也正是元朝政治文化"内蒙外汉"二元复合体制的开端。

四、扫清寰宇——江南漠北共一家

1. 谋定后动，攻夺襄樊

忽必烈登上汗位后，对南宋的政策，经历了从保守防御到积极进攻的转变。经营漠南汉地及当年统领东路军南下的经历，让忽必烈认识到南宋并非一个朝夕可灭的国家。南宋有完善的防御体系，又有长江天险做倚仗，且财力雄厚，如果没有充分的准备，势难攻灭。中统元年（1260），忽必烈派遣心腹大臣郝经为国信使，前往南宋议和。

郝经刚进入南宋境内，就被宋权相贾似道秘密扣押。其原因在于，当年忽必烈解鄂州之围，北返开平，同阿里不哥争夺汗位前，曾与前来驰援的贾似道达成口头休战协议，但贾似道为邀功请赏，谎称击败了来犯的蒙古大军。为掩盖谎言，贾似道不仅将郝经拘禁，对忽必烈陆续派遣来的使者也不予答复。元宋之间，由于贾似道的关系，始终处于一个似战非战、似和非和的状态。

到1272年，忽必烈掌控了漠北草原，汉地世侯自成一统的不稳定因素也被消除，国家制度初成规模，劝农桑和行钞法的政策成效斐然，算得上是百姓安定、赋役充足、府库充实、仓廪完备。此种形势下，忽必烈决定对南宋大举用兵。在对伐宋战争的筹谋中，忽必烈一改其父祖以蒙古铁骑为主力、闪电作战的方式，转而任用汉将甚至降将，先定韬略，再谋武备，以免陷入无谓的拉锯战中。早在1267年，南宋降将刘整就向忽必烈献策，提出了"攻蜀不若攻襄，无襄则无淮，无淮则江南可唾手下也"的作战方针。在这之前，蒙古对宋的作战重心主要在四川地区，对襄阳的攻击败多胜少。刘整提出的这套方针，其实是之前历代北方王朝攻灭南方政权的主流作战方式：攻下襄阳后，从汉水入长江，顺流而下，平定江南。

忽必烈采纳了刘整的建议，并任用他为汉军都元帅，协助蒙古大将阿术图谋襄阳。元朝方面厉兵秣马，反观南宋一方，则昏着迭出。贾似道撤换了经营襄阳有功的勇将高达，任用贪于财货的吕文德接管。吕文德虽令堂弟吕文焕坐镇襄阳，自己却因贪图货利而中计，使元军顺利建立起围困襄阳的堡垒。

元军以鹿门堡（今湖北省襄阳市鹿门山附近）为基础，在襄阳外围建立起多达十余处的堡垒。这些堡垒"重营复壁，繁布如林，遮山障江，包络无罅"，彻底将襄阳变成了孤城。元军在围困襄阳的同时，还开始操练水军，为后续顺流而下的战斗做准备。

1271年，元军击败了前来援襄的范文虎十万水师。由于固守无援，襄阳守军的力量已大不如前。次年，元军调整方略，猛攻襄阳的倚仗樊城。元军烧断连接襄阳、樊城二城之间的浮桥后，以新式武器西域炮轰击樊城。宋军虽然奋勇作战，终因势单力薄，城破而全军覆没。樊城陷落后，吕文焕守卫襄阳的决心大大动摇。忽必烈命阿里海牙对其展开劝降攻势。被许以高官厚禄、不念旧仇后，1273年，吕文焕献城投降，襄阳险要尽为元军所有。

襄阳保卫战的失败，使南宋在长江中游的防御体系土崩瓦解，军事上的主动性丧失殆尽。更为重要的是，忽必烈极为优待降将吕文焕，封其为昭勇大将军、侍卫亲军都指挥使、襄汉大都督，命其参与灭宋战争。而吕氏家族的门生故吏、兄弟子侄久在南宋军中，大多镇守险要，他们在吕文焕的招降之下归顺元军，大大加快了元朝灭宋的步伐。

2. 灭亡南宋，天下一家

1274年，随着元军拿下襄阳，打开了长江中游的局面，忽必烈全面攻宋的决心得以坚定。在经过数次朝议后，元朝上下统一了认知，认为平定南宋的时机已经成熟，为此专门设立了负责灭宋战争的军政一体化机构荆湖行省。忽必烈任命伯颜和史天泽并为行省左丞相，以统率集结的蒙汉军队。

忽必烈此举大有深意，当时集结的二十万大军，过半为汉人军队，堪称主力。这些汉军将领，除了部分降将外，更多的是善战的汉世侯，必须由名望和武略足够的大将统领。皇帝中意的伯颜，虽官居同知枢密院事，但此前并无战功，忽必烈担心他无法服众。至于史天泽，自成吉思汗时归附以来，"躬擐甲胄，跋履山川"，战功彪炳，实乃百战之将，在汉军中享有极高的威望。由他辅佐伯颜最为合适。这说明忽必烈对形势了如指掌，知人善任。

不久，史天泽病逝。忽必烈又任命久在江南作战、夺取了襄阳的阿术为伯颜副手。至元十一年（1274）六月，忽必烈下达了讨伐南宋的问罪诏书。在伯颜离京赶赴前线时，忽必烈反复叮嘱他必须效法曹彬，不嗜杀人，恩威并施地平定江南。将敌国之民视为自己的"赤子"加以保护，可见忽必烈的胸襟是其父祖无法比拟的。

至元十一年九月，伯颜大军自襄阳而下，兵临长江北岸，十一月在阳逻堡与宋将夏贵交锋。夏贵大败溃逃，元军得以渡江，直逼鄂州。在吕文焕的劝说下，鄂州守将投降。之后，蕲州、池州、江州、安庆等军事重镇的守将都因与吕文焕沾亲带故而选择归附，沿江州县几乎是望风而降。

听闻鄂州失陷，南宋权臣贾似道亲率大军前来迎战。双方相持于芜湖，贾似道希望以称臣纳贡的方式，让元军退回江北，伯颜予以拒绝。南宋德祐元年、元至元十二年（1275）二月，两军在丁家洲展开决战。宋军将领先是决策失误，后又仓皇逃遁，很快一败涂地。元军打开了进入长江下游的进军道路，而贾似道逃回临安后受到举朝弹劾，被罢职贬谪，于路途中被押解官郑虎臣所杀。

南宋德祐元年、元至元十二年七月，元军兵锋抵达镇江，与宋朝军队在焦山展开大规模水战。宋将张世杰等人将战船用铁锁连在一起,意图拦阻元军冲击。阿术则命军士巧用火攻,宋军大败。焦山之战后,长江中下游尽为元军所有,南宋再无天险可以依凭。

南宋德祐二年、元至元十三年(1276)正月,元军包围了临安。十八日,南宋君臣投降,享国一百五十年的南宋灭亡。作为中原帝国的皇帝,忽必烈"南北共为一家"的宏图得以实现;作为草原帝国的大汗,忽必烈灭国拓土的功业勋绩远超窝阔台和蒙哥,仅次于祖父铁木真。

伯颜严格执行了忽必烈不嗜杀、以仁取天下的旨意,严禁军士进入临安,对胆敢劫掠的士卒军法从事。时人记载,当时的临安城"衣冠不改只如先,关会通行满市廛;北客南人成买卖,京师依旧使铜钱",繁华和秩序没有受到太多影响。而忽必烈之后施行的令南宋投降官吏管理江南农耕区域的措施,则以最快、最有效的方式恢复了南方的生产,将战争对江南的冲击降到了最小。这是极高明的政治主张,为后续的大一统治理开了好头。

虽然在福建、广东等地,流亡的文天祥、张世杰尊奉年幼的赵㬎、赵昺兄弟先后为帝,还在继续抵抗,但已难成气候。忽必烈令张弘范带领两万军队进行追击。1279年,崖山海战爆发,宋军大溃。陆秀夫见回天无力,乃仗剑驱妻子入海,随后负赵昺跳海而亡。突围的张世杰亦遭海难,南宋最后一支抵抗力量彻底消失于茫茫海波之中。

3. 平定叛乱,安定北疆

在忽必烈倾全国之力平定南宋的同时,元帝国的北方边境也不太平。而这一切,不过是几次大蒙古国汗位争夺战的余绪和矛盾总爆发。

在北部边疆,先后发生了海都叛乱、昔里吉叛乱和乃颜之乱。尽管这些叛乱都没有撼动忽必烈的帝位,但黄金家族内部的隔阂与分道扬镳已成既定事实。元朝西北边疆的局势始终紧张,忽必烈的汉法改革也趋于迟滞。为稳固政权,忽必烈令皇子出镇漠北,统领雄兵防御叛乱,虽然起到了抵御北方叛王的作用,但也为后来皇位继承无序和权臣擅政埋下了伏笔。

这三次影响巨大的叛乱中,海都之乱持续的时间最长。

海都是窝阔台嫡孙,对窝阔台系失去汗位耿耿于怀。忽必烈和阿里不哥争位时,海都趁机扩充实力,掌控了窝阔台兀鲁思。1269年,海都与察合台汗国及术赤兀鲁思的代表,在塔剌思草原召开了划分中亚地区势力范围的会议。这次会议将忽必烈政权彻底排除在外,建立起与之对抗的西北诸王联盟。不过此时忽必烈以伐宋为首要大事,因而试图用外交手段缓和对抗。

对忽必烈的示好,海都并不接受,甚至派遣使者公开指责其背叛祖宗旧制,不配为蒙古大汗。为应对威胁,忽必烈不断加强在西北的军事力量。1271年,皇子北平王那木罕统领的军队夺取了察合台兀鲁思大斡耳朵附近的中心城镇阿力麻里(在今新疆维吾尔自治区伊犁哈萨克自治州霍城县内,曾数次为海都所据)。到1275年初,元朝方面已占有绝对优势。忽必烈意欲大举西征,一举击败海都。

然而这时候,伴随着忽必烈与阿里不哥争位,拖雷系宗王内部亦是矛盾重重。尤其是蒙哥汗之子昔里吉,不满忽必烈登上汗位,于是联合诸王脱黑帖木儿发动军变,拘捕了那木罕和重臣安童,并把他们分别送往术赤兀鲁思和海都处。失去统帅的元军防线瞬间瓦解。虽然忽必烈平定了昔里吉叛乱,但在此后很长一段时间内,元廷在西北地区都无力对海都发起攻击。

攻守之势逆转后,忽必烈通过严阵以待、坚壁清野的举措对抗海都袭扰,同时为重建漠北地区的军事防御体系进行了一系列部署。

1281年,忽必烈命皇太子真金赴漠北巡视军事,且以枢密院同知伯颜从行,一则昭示元廷抵御海都的决心,二则让富有军事谋略的伯颜对漠北防御体系进行巡查和调整。1284年,那木罕得释归朝,改封北安王,仍镇守漠北。1286年,忽必烈又派遣皇长孙甘麻剌赴漠北协同北安王。

1292年那木罕死后，忽必烈改封梁王甘麻剌为晋王，"统领太祖四大斡耳朵及军马、达达国土"。次年六月，甘麻剌之弟铁穆耳受皇太子宝，"抚军于北边"。铁穆耳和甘麻剌以杭海岭（今蒙古国杭爱山）为界，分镇称海、和林二战区，互为倚仗。二宗王同镇，可以使前线与漠北腹地互为策应，从而避免防御体系因一军战败而全线崩塌。

忽必烈又派遣枢密院官员为漠北军事的实际统帅，如伯颜两次被任命为知枢密院事，镇守和林，之后御史大夫玉昔帖木儿又替代伯颜为知枢密院事统北兵。伯颜和玉昔帖木儿都是能征善战之将，两人屡次击败海都，稳定了漠北局势。元廷又在和林设置宣慰司，负责漠北的军屯、钱谷出纳和军需供给，兼管所在部民。此外，忽必烈还在蒙古军以外增加了其他精锐部队，在漠北屯戍了众多汉军和色目军团。元朝中后期气焰熏天的色目权臣燕铁木儿，其祖土土哈和其父床兀儿，势力崛起之机就在于长期驻守漠北。

至元二十五年（1288）六月，在东北诸王乃颜叛乱后，海都进犯叶里干脑儿（在今蒙古国吉尔吉斯湖以南），被元军击退。次年春，海都大举进犯漠北，攻占了吉儿吉思，并迅速东进，陷杭海岭，直逼和林。北安王那木罕下令南撤，和林遂落入海都之手。

至元二十六年（1289）七月，75岁高龄的忽必烈御驾亲征，收复和林。尽管将海都赶出了漠北腹地，但终其一生，忽必烈始终未能彻底消除这一威胁。直到元成宗大德五年（1301），海都在侵犯漠北时兵败受伤，才在退军途中身亡。海都死后，其子察八儿虽然继任成为窝阔台兀鲁思的君主，但实力日衰。到武宗至大二年（1309），察八儿向元廷请降，这场延续了四十年的西北战事才宣告结束。

如果说海都之乱是西北诸王对拖雷系势力的直接对抗，那么爆发于1276年的昔里吉叛乱，则是拖雷系内部汗位争夺战的余波。

昔里吉是蒙哥汗第四子，在蒙哥汗死后的汗位争夺战中支持阿里不哥。忽必烈获胜后，只惩治了少数大臣，拖雷系宗王仍居漠北。阿里不哥的兀鲁思虽然得以保留，但被设置了益兰州等五部断事官进行严格限制。这些举措引起昔里吉等宗王的强烈不满。

在元军与海都对峙时，贵由汗之子禾忽与元廷决裂，袭取了河西走廊，隔断了元廷与阿力麻里前线的联系。那木罕军中的诸王早已显露不臣之态，此时纷纷萌生异志。昔里吉和脱黑帖木儿借机叛乱，俘虏了皇子那木罕、阔阔出和重臣安童。

昔里吉反叛后，号称已和海都、忙哥帖木儿成功结盟，吸引了不少宗王，实力大增。1277年，昔里吉率军东进，不久抵达和林，并夺走成吉思汗的大斡耳朵。此举给刚刚平定南宋的忽必烈迎头一击，也在漠北引起了极大震动。弘吉剌部的只儿瓦台杀死兄长驸马万户斡罗陈，响应昔里吉。弘吉剌部是大蒙古国和元朝最显赫的外戚部族，它的叛乱沉重打击了忽必烈在草原腹地的威望。

叛军还围困了上都的北门户应昌城。应昌承担着漠南、漠北之间军需转运的重要职能，一旦陷落，元廷有可能失去对漠北的控制。至元十四年（1277）二月，忽必烈集合精锐击溃了围困应昌的叛军，同时将平宋主帅伯颜紧急调往漠北，率大军与叛军决战，昔里吉狼狈西逃。

鉴于叛乱中，蒙古军常因亲族关系而徇私，忽必烈决定改变镇守漠北的兵员组成，一方面征发了不少色目军队，如勇猛善战的钦察部落等，补充战力；另一方面于和林之南建立宣威军，以为漠北屏障，并调发数万汉军精锐戍守。

在屡屡遭遇失败后，叛军内部发生分裂。脱黑帖木儿怂恿蒙哥汗之孙撒里蛮自立为新汗，而阿里不哥的长子药木忽儿则率军攻击撒里蛮，脱黑帖木儿失利被杀。内讧让拖雷系叛王的实力日益削弱。到1282年左右，撒里蛮自感无力再与元廷对抗，于是带着俘虏昔里吉南下归附忽必烈。这场前后持续了六七年，影响了整个蒙古腹地的昔里吉叛乱自此宣告结束。不过，尽管罪魁祸首昔里吉等叛王南下归附，但阿里不哥幼子明里帖木儿却率领众多原属拖雷家族的蒙古军投奔海都，大大增强了海都的实力。

在昔里吉叛乱之后,忽必烈政权的东北边疆也出现了异动,这就是著名的乃颜之乱。

乃颜是成吉思汗幼弟铁木哥斡赤斤的后代,为东道诸王之首。在忽必烈与阿里不哥争位时,乃颜的祖父塔察儿是忽必烈的坚定支持者。登上汗位初期,忽必烈对东道诸王非常优待。在后来平定昔里吉之乱和抵御海都的战事中,东道诸王及其军队也曾是忽必烈政权的支柱力量。

然而,在氏族制遗留影响深刻的蒙古诸王中间,成吉思汗"初起北方时节"的约定仍然有效,即"哥哥弟兄每商量定,取大卜了呵,各分地土,共享富贵"。在他们看来,大汗与黄金家族成员的盟友关系多过君臣之义,这与忽必烈塑造中央集权帝国的意图天然相悖。当强干弱枝的军政举措推行到东道诸王的领地时,双方的矛盾对立急剧凸显。

1274年春,忽必烈委派原中书平章政事廉希宪任北京行省平章政事,治理辽东,镇抚和监视东道诸王。1283年,又将掌管辽东行政事务的宣慰司升级为东京等处行中书省,以加强对辽东地区兵民财权的控制。1285年,元廷筹备征伐日本时,一并将乃颜和胜纳合儿等部的鹰房、采金户列入征调。

至元二十四年(1287)四月,乃颜在联合了一些东道诸王后,宣布不再服从忽必烈的号令,决定与西边的叛王海都结盟,以夹击元朝。

为避免叛乱扩大,忽必烈对遭受饥荒的辽东女真、水达达部予以救济,并免除当年赋税,成功稳住了这两个部落。同时,他禁止各地与乃颜往来,并派皇子爱牙赤与辽东宣慰使一起领兵出征,取得先机。为避免乃颜和海都结盟,忽必烈派使臣到漠北谕令诸王同乃颜划清界限,又令北安王那木罕统兵驻防在漠北的要塞隘口。

忽必烈还召集了上都和大都附近的忙兀、兀鲁兀、札剌亦儿、弘吉剌、亦乞列思五个投下军团,以及汉军诸卫,共数十万兵力,御驾亲征。至元二十四年五月,忽必烈从上都出发,挥师东北,与乃颜叛军展开三次激战。乃颜叛乱被迅速平定，忽必烈依据草原传统，对乃颜处以不出血而死的刑罚："捆扎在地毯里，放在地上乱滚和到处击打，然后死去。"

叛乱平定后，元廷将东北叛王的部众纳入国家版籍，统一管理，并将一部分部众迁徙到江南地区，且从遥远的西北迁来兀速、憨哈纳思、乞里吉思三部部众填充其地，设立肇州宣慰司直接管辖。这些举措将东道诸王联盟彻底分化打散，使之不复对中央集权构成威胁。

海都之乱、昔里吉之乱和乃颜之乱，是旧的蒙古贵族势力和观念对忽必烈尊汉法、行多元体制的不满的终极爆发。这三次叛乱，让黄金家族各大兀鲁思组成的广袤帝国在事实上瓦解和独立。忽必烈和后来元帝国的皇帝，只是钦察汗国、察合台汗国、窝阔台汗国及伊利汗国名义上的共主而已。随着平叛战争的进行，宗王们的实力大多被削弱，元廷得以遍置行省、巩固中央集权，忽必烈彻底掌控了蒙古草原的腹地和如今的东北地区。

五、经营帝国——"内蒙外汉"的执政方针

1. 创立行省，管辖天下

平定南宋之后，大一统的元帝国正式成形。忽必烈及其统治集团以多元化的视角，开始了对全新帝国的治理。

对于地方的管理，元朝将盛行于魏晋隋唐时期的大行台、金朝的行尚书省制度，与窝阔台时期的燕京等处三断事官模式相结合，创立了影响深远的行中书省（简称"行省"）制度。行省最初是中书省的临时派出机构，在世祖朝后期逐步演化为地方最高官府。

1276年前后，忽必烈先后设立了十一个行省，分别是陕西、四川、甘肃、云南、江浙、江西、湖广、河南、辽阳、岭北、征东行省。行省的职

官参照中书省，有丞相、平章、右丞、左丞、参知政事，职责涵盖行政、军事、司法，凡辖区内的钱粮、兵甲、屯种、漕运、军国重事，无所不包。行省的权势虽重，但在元朝严密的制度设计之下，总体来说大而不专，避免了向地方割据势力转变。行省之下，设置有宣慰司、路府州县和汉军万户府等。

行省的职责，是秉承从中书省传达下来的皇帝旨意，将其贯彻到下辖的路府州县各级衙门之中，即"统郡县，镇边鄙，与都省为表里"。"都省"就是中书省。由于行省权力巨大，元朝中央政府为防止行省尾大不掉，采取了很多对后世影响深远的限制措施。

首先，在行政区划上，元朝创造性地以"犬牙交错，相互制衡"为原则，打破自秦汉以来以"山河形便"来设计区划的旧俗。犬牙交错指立足于军事控制的考量，在行省之间人为打破自然地理形成的天然分界，使行省割据自立的天险屏障不复存在。且行省的设置明显体现出以北制南、北向门户洞开的特征。这个特征，在汉地行省中尤为突出。

其次，元朝对行省内部进行权力分割。行省内部的官员议事时，实行群官圆署制度，即大小事务，需由行省的七名正官一同参议署名，政务决议才能通过。而在行省官吏的任用上，中央秉持蒙古人、色目人、汉人、南人交参任用的原则。汉人和南人大多被任命为处理具体事务的中下层官员乃至吏员，人数较少的蒙古人、色目人则多被任命为地位较高的各级衙门长官，由此互相制衡。

再次，元朝对行省自身权力进行了限制。虽然行省"凡钱粮、兵甲、屯种、漕运、军国重事，无不领之"，下辖宣慰司、路府州县、汉军万户府等，但是行省并无对下一级区划官员的人事任免权。行省属下官吏的任用、迁调和考课，均由吏部或枢密院来管理，行省不得擅自改调。

此外，地方监察也以行省为重点。元朝设置的江南、陕西二行御史台和二十二道肃政廉访司，主要的监察对象就是行省。

在这些制衡措施下，元朝中央政府对行省始终有较强的掌控力。有元一代，即使到了政治局势混乱的中后期，部分行省因皇位争夺卷入战争，也远未能构成割据叛乱，足见元朝行省制度的成功。

在行省制度之外，忽必烈为了进一步确保对四境的控制，又实行了宗王出镇制度。宗王出镇源于蒙哥汗时期忽必烈和旭烈兀代表大汗总督漠南、波斯。忽必烈即位后，因西北和南方新征服的区域战事不绝，他相继任命皇子和宗王出镇漠北、西北、西南、江淮等地。不过，忽必烈对宗王出镇做了较大的改革。宗王大多是出镇军事战略要地，有管军而无理民的权力。宗王的镇守区域仍旧由行省和路府州县、宣慰司治理，且部分宗王不能世袭。可以说，宗王只是忽必烈派遣到地方的信得过的军事监管者。

2. 南北异制，帝国繁盛

在赋税制度上，忽必烈根据南北之间经济发展的差异，施行了"南北异制"的政策。总体来说，就是"江淮之北，赋役求诸户口"，即江淮以北地区赋役的征收以户口为主要衡量标准，而江南"则取诸土田"，主要以田亩数为计税标准。赋税由税粮和科差两大类组成。

北方税粮，既有丁税，又有地税，但总体以丁税为主。丁税税额因户类不同而各有差别，百姓通过缴纳粮食作物粟完税。至于地税，则为每亩纳粟三升。江南依旧延续了南宋的夏、秋两税法。夏税纳实物或中统钞，秋税输稻米。无论是哪种税，都以土地的肥沃贫瘠为收税标准。

科差也呈现出南北异制的特点。北方科差主要有丝料和包银两项。丝料即生丝，也包括一些染料，上缴后供官府及受封的诸王、贵族享用，通常由民户承担。其中又分"系官户"和"系官五户丝户"，前者的丝料全部上缴国家，后者是每两户给官府缴一斤，称为"二户丝"，再每五户给投下封君缴一斤，称为"五户丝"。包银也主要由民户承担，全科户每户四两，最初是缴白银，蒙哥汗时期部分改征丝绢，到世祖朝全部改为缴纳中统钞。而江南的科差主要是户钞，相当于中原的五户丝，也是贡献给新分封的投下封君的。最初是每户纳中统钞五百文，成宗时增至二贯，但增加的户钞并不另行征收,而是由官府直接在税粮里扣支。

因此,在赋税制度上,元朝充分继承了唐宋以来成熟完备的两税法,保证了国家的赋税所得。同时,对于窝阔台时期为满足分封贵族需求的"五户丝"制度,忽必烈也做了损益。攻灭南宋之后,对于有功之臣和贵族,忽必烈也在江南分封了投下食邑。不过,忽必烈的分封,规定受封者只享有食邑的额定经济贡献,不得参与其他事务,新征服的江南区域也无须额外缴纳实物丝料,而改由朝廷统一颁发户钞。至于食邑派出的达鲁花赤,需要与路府州县的官员们圆议连署。忽必烈的举措,既符合黄金家族共享天下的旧制,满足了贵族阶层分享财富的渴求,又保证了江南经济不因分封而受到太大的冲击,同时还避免了封君权力独专、为害百姓现象的蔓延。

总体而言,和父兄一样嗜利的忽必烈,在经济领域尤为重视"生利"。忽必烈一统天下后推行的诸项政策,都比较注重保护江南的经济发展,尤其是江南的商业和贸易。1278年,忽必烈通过市舶司遣往海外的商船,向东南亚的国家表达了开门做生意的愿望:"诚能来朝,朕将宠礼之。其往来互市,各从所欲。"传统中原王朝一般以朝贡为海外贸易的主要形式。忽必烈对海外贸易的态度截然不同,带有明显的鼓励倾向。

对于市舶司的管理,忽必烈也极为重视。元朝参照南宋旧制,先后设立泉州、上海、澉浦、温州、广州、杭州、庆元等市舶司,招集舶商赴海外交易珠宝、香料等物,回国后依例抽税。随着贸易的发展,税制也逐渐细化,从最初出口土货和进口商品同样抽两份税,变为对贩卖国内土货的商人改征单份税,实际上是鼓励商人将元朝的土货贩卖到海外去。1283年,忽必烈又正式规定粗、细货区别对待,粗货抽十五分之一,细货则抽取十分之一。所谓粗货,指体积大而价值较低的货物,如木材、土特产等,细货一般指丝绸、瓷器、香料等体积小、价值高的货品。

海外贸易显现出巨大的潜力。在卢世荣当政时,忽必烈还一度支持过官本船贸易,即由朝廷"具船、给本,选人入蕃,贸易诸货。其所获之息,以十分为率，官取其七，所易人得其三"。简单来说，就是允许私人利用官船做生意，所得利润，朝廷和私人七三分成。卢世荣被杀后，这种本质为垄断的贸易方式宣告终结，又恢复了舶商自由下蕃，依例征税的旧制。

市舶收入在元朝财政中占据着相当重要的地位。1289年，沙不丁上市舶司"岁输"的珍珠有400斤，黄金3400两。据学者推算，由市舶司收入的黄金，几乎占据了元朝岁入黄金总数的六分之一。至元三十年（1293），中书省颁布了整顿市舶贸易的23条则法。这些则法使元朝的市舶贸易走向成熟，并奠定了元朝管理海外贸易的基本框架，极大促进了元朝海外贸易的发展。

帝王没有重义轻利之心，民间贸易也随之兴盛。随着大一统局面的成形，一个在中国历史上规模空前的国内市场也逐渐形成。货币的统一、驿站的开通、运河的修凿、海运的成熟，都极大地繁荣了商业经济。元朝政府继承了南宋对外贸易的成熟运作经验，并不断规范市舶管理制度，积极开拓海外商贸路线。政治制度的支持，加之丰厚利润的刺激，使元朝的海外贸易远比唐宋兴盛。

元帝国的都城是当时国内最大的商品集散地，大都汇聚了东西珍宝、南北财富，其中中外商贸和文化交流的频繁和深入程度，更是毫不逊色于唐代长安。至于北宋汴梁和南宋临安，则实难望其项背。马可·波罗眼中的外贸城市泉州，其繁荣程度胜过同时代的亚历山大港何止百倍。而作为外贸和国内贸易中心的杭州，人口更是接近两百万，万物殷富，举世无双。商品经济的发展，也带动了元代市民社会的繁荣，增强了元帝国的活力。

3. 怯薛预政，蒙汉二元

行汉制，用汉典，起用汉人为官，并不意味着忽必烈内心完全臣服于汉文化。在政治架构汉化、赋税管理沿袭前朝政策的同时，在一些关键层面，诸如官吏任用和人才选拔上，忽必烈仍旧恪守着蒙古传统。最为典型的，莫过于怯薛预政。

成吉思汗创立的怯薛，既是拱卫大汗的禁卫军团，又为大汗以家臣治国提供了人才储备。怯薛随汗位的转移而传承。忽必烈的汗位是通过与阿里不哥争斗获胜得来，并没有继承到蒙哥汗遗留的怯薛。登位之后，忽必烈遂着手重建属于自己的万人怯薛，来源主要是忽必烈原有的藩邸宿卫士，争位时投奔而来的蒙哥汗的怯薛，以及即位后在勋臣贵胄和路级以上官员子弟中挑选的质子。

重建的怯薛，完全依照成吉思汗遗留的旧制承担职责，负责大汗的饮食起居等各项事务。由于草原王朝的特性，元代没有唐宋时期臣子定期朝见君主商议政务的常朝。国家的最高决策，主要以有省、院、台亲贵大臣参与的御前奏闻这种形式展开。每次御前奏闻，必然有忽必烈的怯薛近侍在场。他们不仅承担陪侍之责，还可以参与议政，为皇帝决策提供意见参考。

相较于省、院、台等外朝官员，怯薛向皇帝奏事显然更为直接和方便。众怯薛组成了忽必烈的内廷，是他最亲信的耳目，也是他制衡朝堂的强有力工具。怯薛更是忽必烈选拔高级官员的人才库，省、院、台的许多大臣是怯薛出身，内外迁调之途畅通。怯薛预政的存在，加深了元朝庙堂政治斗争的复杂性。怯薛与外朝大臣的争斗，往往成为朝堂政治格局剧烈变动的直接因素，如世祖朝后期宰相桑哥的倒台中，怯薛近侍就起了关键性的作用。

以蒙古人为主体的怯薛群体的存在，也是忽必烈一朝虽然在地方大兴儒学教育，但始终不开科举的原因之一。以大义制约君主的传统士人，相较于以奴事主、宣誓无条件效忠的怯薛，自然不会令忽必烈感到开心和信任。

在忽必烈的心目中，汉文化只是他广阔领土中的一支。他承认汉文化的先进性和实用性，但更想将治下的多元文化杂糅起来，形成一个全新的帝国文化。八思巴字的出现，便是忽必烈"书同文"宏大构想的例证。

可以说，从忽必烈时代开始，无论在政治上还是在文化上，"内蒙外汉"的范式都已定型，成为后来元朝皇帝效仿的"祖宗之法"。"外汉"是以汉王朝的官制、行政方式来治理天下，"内蒙"则是指政治运作的核心始终是蒙古本位。

在多元化这个层面，"内蒙外汉"保证了帝国治理崇尚实用主义、充满活力，但这个设计存在着致命的缺陷：无法形成君臣制衡，营造较为良性的政治环境，也无法将大量的中原和江南士人纳入政治体系中。这些缺陷发展到元朝中后期，使得江南对朝廷的离心力逐渐加深，最终导向了帝国的崩塌。

六、窥视四海——征伐日本和东南亚

1. 两征日本，望洋兴叹

平定南宋、混一南北之后，意气风发的忽必烈决定继续对外扩张，进一步扩大自己的武功。忽必烈的意图很明显，他要建立超过祖父成吉思汗的功业。如此，在黄金家族内部，他才能雄踞术赤、察合台、窝阔台、旭烈兀诸兀鲁思之首，成为名副其实的众汗之汗。

上述汗国几乎将元朝疆域以西的世界瓜分殆尽，因此忽必烈的扩张方向，只能是向东跨海远征，向南攻伐东南亚地区。忽必烈首先选定的对象，是与中国一海之隔的日本。

早在1266年，忽必烈就对日本展开了外交攻势。他派遣使者持国书前往日本，希望日本遣使来朝，即主动投降，否则将起大军攻伐。不过，使者在高丽受到阻拦，最终未能抵达日本岛。之后，忽必烈又派遣过几批使者前往日本，都没有收到答复。

到了1270年，忽必烈的金莲川幕府谋士赵良弼主动请缨，出使日本。然而，日本方面对元朝派来的使臣持敌对态度，赵良弼被扣押到

1273年才得以返回。外交攻势难以奏效，1274年，忽必烈遣忻都和洪茶丘以高丽为跳板，集合战船900余艘，士兵15000人，渡海征伐日本。此次攻伐，元军在对马岛等岛屿取得了一定的胜利，但由于准备不足，且当时正倾举国之力平定南宋，最后主动撤兵。第一次征日宣告结束。

到了1281年，忽必烈以范文虎统领的南宋降军为主力，集结十万兵力，外加蒙古军、汉军、高丽军四万，再次以高丽为跳板，第二次征伐日本。此次征伐，忽必烈志在必得，他对临行的诸将说："朕闻汉人言，取人家国，欲得百姓土地，若尽杀百姓，徒得地何用。又有一事，朕实忧之，恐卿辈不和耳。假若彼国人全，与卿辈有所议，当同心协谋，如出一口答之。"他告诫手下的将领不要大肆杀戮，甚至已经在设想日本归降之后的情境。

元军兵分两路，分别从高丽金州合浦和浙江庆元、定海等处渡海出征。然而，就在他们抵达日本国门之外时，元军将领之间却因作战方针的问题产生了分歧。彼此之间争论不休，迁延时日长达一个月之久。就在这时，日本海上暴发了飓风。元朝战船遭遇飓风袭击，损失惨重。战船被毁后，范文虎等人怯敌惧战，竟然不顾手下劝阻，抛下大军，逃回了大都。

群龙无首的元军乱作一团，日本则以举国之力展开反击。虽然元军奋勇抵抗，但终因缺少有效的组织领导而战败。忽必烈第二次征伐日本的行动宣告失败。这是自大蒙古国建立以来蒙古人征伐历史上规模最大的失败。自感颜面尽失的忽必烈恼怒不已，遂于1283年，试图第三次征伐日本。

元朝在江南大肆募兵造船。刚遭遇失败，又要再起战事。这引起江南百姓的强烈不满，以至于在征调严重的福建等地，爆发了大规模的农民起义。鉴于天下汹汹，且蒙古将领对于跨海作战也无十足把握，到1286年，忽必烈不得不放弃了征伐日本的计划。

2. 约束高丽，恩威并行

元朝对日本的两次征伐，均以高丽为跳板。而高丽和元朝的外交关系，则要追溯到铁木真时代。1216年，辽阳地区的契丹人金山等发起了反抗蒙古的武装起义，作战失利后，他们渡过鸭绿江，进入高丽境内。追击的蒙古军队致书高丽王朝，要求共灭契丹，同时承担资助兵粮的义务。鉴于蒙古军队兵强马壮，当时的高丽高宗被迫签订了盟约。

1219年初，契丹军军被灭后，蒙古和高丽举行会盟。双方约为兄弟之国，高丽"每岁可遣使十人入贡"，名义上是兄弟，实为属国。到1224年底，蒙古遣往高丽接受贡献的使者在归途中被盗贼所杀，两国不久断交。

1231年，窝阔台决定派兵征伐高丽，一则报使者被杀之仇，二则试图将高丽彻底纳入蒙古统治版图。战争以高丽王朝被迫求和而结束，蒙古趁机在高丽设置了72个达鲁花赤，以监视其朝政。1232年，高丽尽杀驻扎在国都的达鲁花赤后，迁避江华岛，由此引发了1232年到1259年蒙古对高丽的数次讨伐。1259年，无力继续抵抗的高丽答应了蒙古的条件。高丽王俯首称臣，且以太子为质子留居蒙古。

1260年忽必烈继承汗位后，对高丽采取政治怀柔和军事威慑并用的政策：一方面以保护者的身份，派兵护送高丽太子王倎（即后来的高丽元宗）回国继位，助其平叛，监督高丽朝堂政局；另一方面屡次重申成吉思汗时期确立的六条内属国条款，即纳质子、助军役、输粮草、设驿站、献户籍人口数、设置达鲁花赤。在征伐日本时，高丽就承担着造船、出兵和供给军粮的义务。

1270年，高丽元宗来到大都朝觐忽必烈，请求能够"降公主于世子"，若愿望达成，则高丽"万世永倚，供职惟谨"。蒙古自肇兴以来，兵锋所及无不披靡，没有公主下嫁属国的习俗，但忽必烈鉴于高丽已彻底臣服，且征伐日本还需以其为跳板，就允诺了元宗的请求。1274年，忽必烈将女儿忽都鲁揭里迷失下嫁高丽世子王谌。自此，元朝与高丽结为"舅甥之好"，而高丽王必娶元朝宗室女子为后，也成为定制。

随着姻亲关系的结成，元朝与高丽之间的交流也趋于频繁。高丽王以娶到元朝公主、成为帝婿为荣，而元朝也通过索要高丽女子，进一步扩大双方的通婚关系。到元后期，官场上甚至形成了"京师达官贵人必得高丽女然后为名家"的风潮。这些跻身上层的高丽女子深刻影响了元朝贵族阶层的生活情趣,当时"四方衣冠靴帽,大抵皆依高丽矣","宫衣新尚高丽样,方领过腰半臂裁;连夜内家争借看,为曾着过御前来"。高丽服饰已然引领了整个贵族圈的时尚潮流。

3. 用兵东南亚,徒耗国力

忽必烈对东南亚地区占城、安南、缅国、爪哇等国的征伐,也基本是败多而胜少,并未取得太多实质性的利益。

占城位于中南半岛南部,其领土疆域大抵相当于今天越南的南部区域。1278年,福建行省左丞唆都在平宋后便遣人入占城。次年,元朝派遣使者出使占城,诏谕其国王入朝。1280年,占城国王遣使入贡,奉表归降。见占城臣服,忽必烈打算将其地纳入元朝直接统治,于是封其王为占城郡王,又成立了占城行省,并命令占城为准备出征东南亚其他地区的元军提供粮草。此举引起占城当权派的不满,他们拒绝奉行元朝诏令。

1282年,元朝大军从广州出发,越洋抵达占城港(今越南归仁),谕降无效后展开猛攻,次年取得大胜,占城王投降。元军驻扎占城,屯田积蓄粮食做长久打算。到1284年,元朝对今越南北部地区的安南进行征伐时,才将驻军从占城撤出。不过,此后占城一直臣服于元朝,充当着元朝从南海进入大洋进行海外征伐和贸易、外交的中转站。

安南在秦汉时称交趾,曾为中国郡县。宋朝先后封其国王为"交趾郡王""安南国王"。由于与云南接壤,早在1257年,忽必烈南征大理北返后,留守大将兀良合台便遣使招谕安南,遭拒后出兵占领了安南的都城升龙,但很快因气候炎热撤出。1260年,初登汗位的忽必烈向安南派出使臣,并于次年封其君主陈光昺为安南国王,确定三年一贡。随后,忽必烈又要求安南遵行内属国六事,即君长亲朝、子弟入质、编民数、出军役、输纳税赋、置达鲁花赤。此外,他还欲索要儒、医、工匠、商贾等人员及巨象等贡物。由忽必烈的上述要求可以看出,他显然是以蒙古征服的思维，试图改变此前东南亚诸国和中原王朝名义上的宗主国和附属国之间的关系，将之变为元帝国治下的征服领地。

安南对"六事"多半拒绝，且不肯跪受诏书。当时忽必烈忙于灭宋，对安南的抗拒暂未深究。南宋平定后，忽必烈对安南的态度逐渐强硬，数次遣使警告当时的国王陈日烜。政治攻势失败后，至元二十一年（1284）六月，忽必烈封皇九子脱欢为镇南王，总摄荆湖占城行省事务，开始了对安南的两次大举攻伐。

十二月，元朝七路大军攻入安南。安南军队虽然在正面战场上多以失败告终，但他们固守要地，与元军周旋，将敌人拖入消耗战的泥潭之中。到次年五月，由于暴雨和疫病，蒙古铁骑无法适应东南亚的暑热气候，元军战力大打折扣。脱欢不得不下令撤军，后撤途中又遭遇安南军队的持续追击袭扰。元军损失惨重，多名将领阵亡。第一次征安南以惨败告终。

1287年，不甘失败的忽必烈再次调集了将近十万大军，仍旧以脱欢为统帅，二次征伐安南。此次攻伐，元军在陆路兵分两路，又以张文虎等统领的水军押运粮草从海上进军，试图一举歼敌。然而，安南仍旧采取袭扰战术，用地利和潮湿的气候拖垮了元军。1288年，粮匮兵疲的元军在北撤时，再一次遭遇了安南军的追袭，大将阵亡，军士死伤。第二次征安南也宣告失败。

缅国即今缅甸，在11—13世纪为蒲甘王朝统治时期，与宋朝和大理接壤，交往密切。其居民都是"金齿白衣"，即傣族的先民。忽必烈灭大理后，腾冲、永昌的金齿诸部相继归附。1271年，大理、鄯阐等路宣慰使都元帅府遣使诏谕缅国内附，未能见到缅王。两年后，忽必烈正式向缅国派出使臣，结果使臣被杀。此时忽必烈已有心征伐，但考虑到重庆等地尚未平定，故暂缓对缅用兵。

至元十四年三月，缅王怨恨干额（《元史》作千额）头人阿禾归附元朝并引元人入境，纠合马、步、象军四五万人攻击阿禾。元朝方面的大理路总管信苴日等人正因征讨永昌之西的腾越、金齿等未附部落，驻军南甸，在接到阿禾告急的消息后立即率军救援，以少胜多大败缅军。

此后，在经过了十年连续不断的战争后，1287年，元朝趁着缅国内乱，以"丧师七千余"的代价，终于攻陷其都城蒲甘。之后，亲元的缅国王子继任国君，正式称臣纳贡。元朝还在太公城及迤北、迤东之地设置太公、蒙怜、蒙莱、木邦等路，隶云南行省管辖。

爪哇是当时东南亚地区的强国。平南宋后，唆都也遣人出使爪哇，转达忽必烈对"海内海外诸番国主"的诏谕。随后，南海诸国如马八儿、俱蓝、爪哇等均遣使来元，与元朝展开频繁的外交活动。忽必烈认为征服此国，南海其他小国自然望风而降，故对爪哇尤其重视。史称"世祖抚有四夷，其出师海外诸蕃者，惟爪哇之役为大"。最初，忽必烈意图通过政治攻势使爪哇臣服，多次遣使诏谕爪哇国主，令其亲自朝觐。结果使臣孟祺被爪哇国王黥面逐回，忽必烈遂决意跨海征伐。

1292年底，元军从泉州港出发，次年二月登陆爪哇。元军登陆后，由于统军将领轻信了爪哇国王女婿土罕必阇耶献土纳降的谎言，卷入爪哇的内部纷争中。元军帮土罕必阇耶平叛后，旋遭背叛伏击，被迫撤退，仓促登舟回国。元朝两万军队折损了三千余人，征爪哇以失败告终。

忽必烈对东南亚地区的征服之所以败多胜少，从军事角度分析，一是蒙古军队本就不擅长海战及丛林作战，蒙古铁骑的威力大大减弱；二是东南亚诸国在历史上与中原王朝向来是尊奉而非直属的关系，忽必烈欲灭其国，粗暴诏谕内属国六事，极易激起他们的同仇敌忾之心。

七、暮年风雨——忽必烈的功与过

1. 帝心专断，朝堂动荡

忽必烈是一位性格极为强势的帝王，对外战争的屡屡受挫，使他在晚年将大部分心思放在了海外征伐上。1293年，忽必烈还想要发起对安南的第三次战争。他对爪哇的既得复失也甚为不甘，称"此事犹痒在心"，准备出兵十万再次征讨。直到1294年，随着忽必烈的病逝，这些计划才作罢。

灭国战争需要巨大财力的支持，为了完成心心念念的征伐大业，忽必烈乾纲独断，置朝臣中的反战声音于不顾，坚持任用擅长理财的大臣，以满足自己所需。从阿合马到桑哥，聚敛之臣轮番上台，造成天下动荡，甚至专权乱政的局面，在朝堂上掀起轩然大波，忽必烈却似乎不闻不问。哪怕是群臣弹劾，忽必烈也会刻意保护他所信任的这些宠臣。

对于驭下之道，忽必烈原本是自信自负的，但随着阿合马遇刺身亡，忽必烈对汉臣的不信任感逐渐加强。而当他宠信的阿合马、卢世荣、桑哥等，都被查出有"不忠"的行迹后，晚年的忽必烈越发敏感多疑。

1285年，江南行台监察御史上封事，认为忽必烈年事已高，宜禅位于皇太子真金，同时希望禁绝后宫干政。年届七十的忽必烈闻言大怒，准备穷究其罪。幸而蒙古重臣玉昔帖木儿、安童等人反复进谏和劝慰，忽必烈才怒气渐消，不仅放弃了深究台察汉官，而且诛杀了意欲挑拨离间、从中取利的阿合马余党。但是，被汉臣们寄予厚望、素来仁厚得人心的太子真金，却因父亲的震怒惊惧过度，不久病亡。

太子真金的死，无疑给了垂暮的忽必烈又一次重大打击。忽必烈打算从真金的两个儿子甘麻剌和铁穆耳中选择继承人。为了考量他们的武功和统率之才，忽必烈先后令甘麻剌和铁穆耳分镇漠北的东、西两地。甘麻剌以晋王身份出镇漠北，直接与叛王海都作战。不幸的是，1289年，甘麻剌在杭海岭战败，几乎是仅以身免，连和林都落入海都之手。虽然甘麻剌性情仁厚，但此败无疑降低了忽必烈对他的期许。1290年，甘麻剌改封梁王，出镇云南，直到忽必烈嫡幼子那木罕死后，他才重新回到漠北。铁穆耳则在1288年率军讨伐叛王乃颜余党的作战中大获全胜，又击溃了叛王火鲁哈孙，继而大败叛王哈丹，彻底平定了辽东地区。在这些平叛战争中，铁穆耳还结识了伯颜、玉昔帖木儿等重要将领。忽必烈逐渐属意铁穆耳为皇位的继承人。1293年，铁穆耳正式总兵漠北。不久，忽必烈将真金的皇太子宝印赐给铁穆耳，向群臣表明了自己的心意。忽必烈虽然赐印给铁穆耳，但并未举行册立大典、颁诏书于天下，这也造成了后来成宗铁穆耳即位之时甘麻剌前来相争的风波。

至元三十一年（1294）正月，忽必烈病重。正月二十二，他病逝于大都紫檀殿，享年八十岁。忽必烈病逝后，被尊谥为圣德神功文武皇帝，庙号世祖。

2. 帝国的兴盛和隐患

作为中国历史上以少数民族而一统华夏的第一人，忽必烈的文治武功并不逊色于汉武帝、唐太宗等著名的中原帝王。身为帝王，其多元的视角、兼容的心态、混一天下的政治抱负、选贤任能的识人眼光，都是毋庸置疑的。

忽必烈将蒙古屠戮劫掠式的灭国征服，转变为不嗜杀、以仁取天下的统一战争，结束了自五代以来多个政权并立对峙的局面。漠北草原与中原汉地真正成为一个政治共同体，形成一个大一统的帝国，也是元世祖忽必烈攻伐大理、管理西藏、平定南宋后经营而成的，这开了历史之先河。

在帝国早期的管理中，忽必烈轻典慎刑，用法较宽，本人也崇尚节俭，对新成立的帝国的秩序恢复和民生安定，无疑起了极大的推进作用。在用人方面，他重才能而去虚名，用人所长，且应时而变化，也足见其帝王手段。

尤为重要的是，忽必烈创造性地施行了蒙汉杂糅的政治文化二元政策，以"内蒙外汉"的形式整合出一个游牧与农耕并存，且带有一定海洋性质的商业繁盛的帝国。汉式管理机构和官僚运作体制经过了千年的锤炼变化，是同时代最为有效的治理方式。身为蒙古的大汗，忽必烈较为成功地将黄金家族秉承的祖宗家法和蒙古贵族推崇的草原旧制，拆分并融入汉式政体之中。这套机制相对于前四汗时期的"蒙古中心"当然进步得多，客观上适应了草原游牧与汉地农耕生活方式并存的格局，有利于多元文明的共存和繁荣。在忽必烈主导下，这套制度中的诸多创举，如行省制度和直接治理边疆的政策，以及对西藏政教合一体制的引导管束，都为明清两朝的地方和边疆治理确立了典范。

不可否认的是，忽必烈并没有解决蒙汉二元体制下一些危及元朝统治根基的问题。

其一，皇位继承制度尚不完善。蒙古旧制，大汗通过忽里台大会从黄金家族内部推举产生。忽必烈本人在部分蒙古诸王和汉地世侯的支持下成功夺得汗位，也几次御驾亲征讨伐北方叛王，并在汉臣的反复建议下册立了太子，但并没有将其固定成制度法令，也始终未敢对贵族忽里台进行革新。为加强北边防御，忽必烈派皇子宗王总兵漠北，辅以重臣，驻防重兵。而这些出镇的皇子宗亲，时常在皇位更迭时举兵还朝争位。忽必烈去世后，甘麻剌和铁穆耳几乎争帝位于灵前，充分暴露出传承无序的问题将会给元帝国带来何等灾难。后来的武宗海山、泰定帝也孙铁木儿均是如此，而出镇宗王的亲信部属也趁势干预皇位继承，最终导致元朝中后期走向权臣政治。频繁的内耗加速了元帝国的败亡，而这一切早在忽必烈时期便已祸根深埋。

其二，贵族政治延续下来，人才选拔制度缺陷明显。忽必烈同他的父祖一样，依靠怯薛贵族治国理政。忽必烈本人虽然能够做到不拘一格选拔人才，但始终未能在庞大的帝国内部建立一套如科举般相对公正的人才选拔和任用体系。贵族政治容易导向家族专政擅权，从而滋生贪腐，使吏治败坏。强势的君主身故之后，随着贵族家族的不断壮大，当他们深度参与到因无序的皇权传承而引发的争夺战时，帝国的朝堂将遍布腥风血雨，永无宁日。这也是元朝中后期帝位更迭频繁且权臣政治盛行的症结所在。

其三，忽必烈本人嗜利黩武，好大喜功。从成吉思汗起兵，到元世祖时，用兵已四十余年。忽必烈即位后并未与民休息，而是又进取攻讨三十余年，整个元朝实际上长期处于战时状态。正如清代史家赵翼所言，"自古用兵，未有如是久者"。且不说他统治后期所发起的对外战争大多以失败告终，即便是常胜之师，也需要巨大的财力、人力、物力来供养。为满足战争所需，忽必烈任用的主政大臣，是阿合马、卢世荣、桑哥等精于苛敛的"理财"之臣，制定和执行的政策也多为权宜之计。以汉法治国在这段时期内实际趋于停滞，甚至有所倒退，朝政可谓"内用聚敛之臣，视民财如土苴；外兴无名之师，戕民命如草芥"。朝堂之上斗争不断，而承担大部分赋税的江南地区也开始出现动荡。这些问题，晚年的忽必烈没有解决。他给继承人留下了一个各阶层矛盾都比较紧张的复杂局势。

其四，忽必烈虽然认同汉法、汉制之利，但是身为蒙古的大汗，对君臣之间的关系，始终以蒙古本位的"家奴治国"为准绳。因此他频繁更换主政大臣，朝令夕改。这种观念更为长久深远的影响在于，由于皇帝无法认同中原"君臣制衡"的理念，士大夫尤其是江南的士绅，与帝国的疏离感和离心力始终存在，这是元朝迅速败亡的一个重要原因。然而，历史的吊诡之处在于，当明太祖朱元璋登位之后，这种视臣以奴的思想被完整地继承并发扬光大了。所谓"寰中士夫不为君用，是自外其教者，诛其身而没其家"，中国历史上的君主集权专制由此走向极致，这当然是元帝国留给明政权的不良遗产之一。

参考书目

李治安：《元代行省制度》，北京：中华书局，2011年。
李治安：《元史十八讲》，北京：中华书局，2014年。
李治安：《忽必烈传》，北京：人民出版社，2004年。
周良霄：《元史》，上海：上海人民出版社，2019年。

阿合马和桑哥

义利之争多是非

阿合马履历表

姓名	阿合马
族属	色目人
家庭出身	察必皇后家奴,生于花剌子模费纳喀忒(今乌兹别克斯坦塔什干西南锡尔河右岸)
生卒年及所处时代	?—1282;元朝前期
子女	长子忽辛,江淮行中书省平章政事;次子抹速忽,杭州路达鲁花赤;三子阿散;四子忻都。侄别都鲁丁、苦思丁、宰奴丁
生平履历	中统三年(1262),领中书左右部,兼诸路都转运使,专掌财赋
	至元元年(1264)十一月,中书左右部并入中书省,超拜中书平章政事
	至元三年(1266),设立制国用使司,以平章政事兼领使职
	至元七年(1270),罢制国用使司,立尚书省,为平章尚书省事
	至元九年(1272),尚书省并入中书省,任中书平章政事
	至元十一年(1274),中书右丞相安童弹劾阿合马擅权蠹国,后来被排挤出中书省
	至元十三年(1276),御史中丞张文谦弹劾阿合马,被排挤出御史台
	至元十九年(1282),升左丞相,三月十七日遇刺身亡

桑哥履历表

姓名	桑哥
族属	藏族噶玛洛部落,祖先或有畏兀儿血统
出身	胆巴国师的弟子,后被帝师八思巴收为译史
生卒年及所处时代	?—1291;元朝前期
亲族	弟答麻剌答思,巩昌宣慰使。妻党要束木,湖广行省平章政事。妻弟八吉由,燕南宣慰使
生平履历	约至元元年(1264),在脱思麻地区汉藏交界之地拜见帝师八思巴,被收为译史,后为八思巴侍从
	至元六年(1269),随八思巴入京进呈八思巴字。后受帝师推荐,任总制院官员
	至元十七年(1280),乌斯藏地区发生反对帝师和元朝的叛乱,以总制院使身份率领大军前往平叛
	至元二十四年(1287)闰二月,立尚书省,任尚书平章政事。十一月,进尚书右丞相,仍兼总制院使。开始更定钞法,钩考钱谷
	至元二十八年(1291)正月,众怯薛趁元世祖忽必烈在柳林狩猎之机,弹劾桑哥奸贪误国害民之罪。正月二十三,被罢去相位,接受审讯。二月二十五日,被抄家。三月,推倒其"辅政碑"。七月,伏诛

元朝最显著的特征之一，是族群构成复杂。元朝统治者将治下民众按照族群归属和征服顺序，划分为蒙古人、色目人、汉人和南人四种，也就是传说中的"四等人制"。虽然元朝的政令和法律文书并没有"四等人制"的明文，但不同的族群在入仕做官、法律地位、科举名额及待遇等多方面都存在着不平等。如成宗大德元年（1297）规定，各道廉访司必须以蒙古人为廉访使，次以色目世臣子孙补充，再次参以色目人、汉人。武宗时规定各地达鲁花赤必须由蒙古人担任，若无蒙古人，则令有根脚（即出身、根底）的色目人充任。科举恢复之后，也是分左右两榜，蒙古人、色目人为右榜，汉人、南人为左榜，在考试程式、录取名额等方面均有差别。

位居顶层的蒙古人为元朝"国姓"，被统治者称为"自家骨肉"，一般由尼鲁温蒙古人（和乞颜部同出一源）和迭列列斤蒙古人（一般的蒙古人）组成。此外，札剌亦儿、塔塔儿、蔑儿乞、斡亦剌、八剌忽、克烈等被成吉思汗征服的部落之部众，在元代也被视为蒙古人。第二层次的色目人，并不是一个单一的族群。所谓"色目"，即"各色名目"，一般是除蒙古之外的西北、西域及欧洲各族人的统称。常见的色目人有畏兀儿、钦察、唐兀、阿速、秃八、康里、乃蛮、乞失迷儿等。第三层次的汉人，在元朝又称汉儿、乞塔、札忽歹，一般指淮河以北原金朝统治范围内的汉族和契丹、女真等族。此外，较早被蒙古征服的云南、四川两省人，以及高丽人，都属于汉人。最末的南人，在元代又被称为蛮子、囊加歹、新附人，指最后被征服的原南宋统治区内各族。

从铁木真时代开始，帝国的君主多重用色目人。在政治和商贸的舞台上，不少善于理财乃至钻营的色目人能逢迎上意，在关键时刻充当各类经济改革的先锋。其中最为著名的莫过于阿合马和桑哥。

一、媵人阿合马入主中书

1. 专管财赋

阿合马出生在花剌子模的费纳喀忒，本是忽必烈的岳父（察必皇后的父亲）的家奴。后来察必做了皇后，阿合马成了皇后斡耳朵的侍从。忽必烈看重阿合马精明能干，善于计划，于是在中统三年（1262）任命他领中书左右部，兼诸路都转运使，专管财赋之事。

随后，阿合马抓住了难得的契机，权位进一步得到抬升。1262年，山东爆发了李璮之乱。叛乱平息后，秉政数年，于元朝"规模法度"颇有贡献的汉人王文统被牵连诛杀。对汉世侯和汉臣，忽必烈逐渐起了疏远和防范之心。王文统的理政方针，多以规划建制为主。此时的忽必烈以扫灭南宋、一统华夏为要务。兵马未动，粮草先行，忽必烈急需一位善于理财的官员来筹措经费。正是在这个背景下，阿合马进入忽必烈的视野，并且被委以重任，开始了呼风唤雨的二十年。

阿合马久处蒙古宫廷，极善揣摩帝王心理。他自然知晓忽必烈急于敛财的心思和富国强兵的渴望，因此不失时机地献上了"理财"法宝。他建议给河南钧州（今河南省禹州市）、徐州等有现成钢铁冶炼产业的州郡授予宣牌凭证，将铁器的冶炼和铸造官商化，并且奏请礼部尚书马月合乃兼领已括到的三千匠户，发展铁冶产业。铁器官营，预计一年就可"输铁一百三万七千斤，就铸农器二十万事，易粟输官者凡四万石"，效果可谓立竿见影。至元元年（1264）正月，阿合马发现山西太原有人煮硝盐越境贩卖。他们这种土法制的盐比官盐便宜，百姓竞相购买，官盐在市场上反而无人问津，结果当然是盐课减少。针对此种情况，阿合马认为完全禁止百姓煮盐并不现实。于是，他要求岁增盐课五千两，僧、道、军、匠等户也要分担。这一建议在半年之后就付诸实践，解州盐课猛增三分之二。

2. 盐铁取利，简在帝心

在忽必烈看来，阿合马的盐铁官营政策，对国家增加赋税、助力农业生产、提高军事实力、促进商贸活跃都很有好处，他进一步坚信阿合马具有理财之能。对能满足自己心愿的臣子，忽必烈向来慷慨。至元元年十一月，忽必烈将左右部并入中书省，又力排丞相安童的阻挠，超擢阿合马为中书平章政事。阿合马成为中书省的实际一把手。

阿合马并非蒙古贵族"大根脚"出身，也不是忽必烈金莲川幕府的核心成员。他只是以家奴的身份，提了一两条兴利的建议，便跻身于权力的核心，这自然引起了一些蒙古贵族和勋旧大臣的不满，使他陷于政治斗争的旋涡。在阿合马的心目中，他是忽必烈的家臣，唯一需要满足的，就是他的主人、元帝国的统治者对财赋的愿望，百姓的利益并不在他的考虑范围内。阿合马的身份和文化背景对其认知的限制，以及他本人的人品操守，一定程度上导致了他之后理财政策中的种种弊端。

二、搜刮百业——商人理财与朝堂争斗

1. 竭泽而渔，天下生怨

随着追击阿里不哥残余势力和平定西北诸王叛乱战事的扩大，以及对未来灭宋战争的预期，忽必烈对财政用度提出了更高的要求，对阿合马的宠信也越发深厚。至元三年（1266）正月，在阿合马的奏请下，元朝成立了制国用使司，简称"制司"。所谓"国用"，就是国家经费。顾名思义，"制国用"就是负责国家财赋的征收与出纳。该司"专总财赋"，是阿合马试图独揽财权，以消除中书省等既有中央机构和其他官员之掣肘的一次尝试。

制国用使司成立后，阿合马以平章政事的身份兼领使职，开始推行新一轮的财政改革，直接目的就是增加国用。其时，元朝财政的主要来源有各路缴纳的税粮、五户丝上缴的丝料、斡脱的包银，以及在诸种行业征收的课银。此番阿合马的财政措施，主要是利弊参半的"搜刮百业"。

从现存史料可以看出，阿合马实质上在继续推广兴地利、增国用的政策。他在制司之下设立诸路洞冶总管府，专门掌管各地金银铜铁等金属的挖掘冶炼。这些总管府独立于地方政府，只对中央负责。其管理方式，是定额、定员、定产出的商业管理模式，这套模式无疑更为高效。国家的地利和矿藏由此得到有序开发、集中调配，减少了中转的损耗，朝廷能迅速增加用度。

然而，如果说阿合马的新政中，兴地利还算是开源的措施，那么其他方面的政策，则尽是竭泽而渔的搜刮了。

为了国家赋税利益的最大化，阿合马不顾实际，将很多负担转移到寻常百姓身上。例如，他借口东京（今辽宁省辽阳市）缴纳的布匹质量低劣，要求百姓卖布买羊来完纳赋税，百姓负担由此大大加重。凡此种种，比比皆是。从商人的角度出发，阿合马追求质量、效益和利润的最大化，无可厚非；但是从治国理政的角度来说，这些举措都变相加重了百业的负担。在久经战乱的中原地区，生产力尚未恢复十足，而元朝的赋税标准本来就偏高，阿合马一味刻剥百姓以诌媚君王，激化了社会矛盾，自然成为百姓怨愤和文人儒生抨击的对象。

由于能够带来巨大的利益，忽必烈照例批准了阿合马搜刮百业的奏请。而这些奏请的实施，不可避免地在朝堂上掀起了政治斗争。

2. 专权跋扈，满朝树敌

制国用使司名义上受中书省管控，实际上是阿合马一人独断。为了财政新政顺利施行，阿合马始终想要大权独揽。为此，阿合马屡次意图架空中书右丞相安童。安童是蒙古四杰之一的木华黎的后代，母亲是察必皇后的姐姐，素有才干，深受儒术和汉法影响，对阿合马的诸般举措都持反对态度。

在与安童的斗争中，阿合马先后通过明尊暗贬的方式，越过中书省议事。他图谋括天下户口，增加赋税；铨选官吏时，既不通过吏部推荐，也不经过中书省核定奏闻，而是由自己掌控的尚书省直接任命。至元七年（1270），制国用使司改为尚书省，成为独立于中书省之外的财政管理部门。阿合马出任平章尚书省事，排挤安童以攫取权力。阿合马的一系列举动，实质上已经破坏了元朝省部之间分权司职、互相制衡的运作体系。

虽然安童及汉法派官员屡有反击，但由于阿合马能言善辩，又抓住了忽必烈急于求财的心思，最终，在这场政治斗争中，阿合马取得了胜利。至元九年（1272），忽必烈将尚书省和中书省合并，让阿合马改任中书平章政事。名义上，安童仍然是中书右丞相，在官位上高于阿合马，但在实际权力上，这位右丞相除了能够处理重刑犯的裁决和上路总管的任免外，其余一应事务，均由阿合马操纵。至此，阿合马终于登上了权力的巅峰。

然而，荣耀的背后埋伏着祸患。受宠专权二十年的阿合马，作为元世祖忽必烈任用的秉政时间最长的理财大臣，推行户口清理、专卖制度，将中统钞推广到新征服的南方区域，这些举措无疑有利于应对元廷浩繁的费用支出，并为元朝的南北沟通和商业发展注入了活力；可他一味迎合君王对于财赋的需求，以此作为自己权位不倒的根基，与传统儒家注重农桑、重义轻利的施政纲要相悖，成为舆论批判的焦点。在古代"人治"的前提下，经济改革往往与权力变迁、人事任免纠缠在一起。为巩固自己的地位，阿合马又大肆插手其他政令部门的运转，由此展开了掺杂着权位、政治、族群等多种矛盾的庙堂之争。这些都为他的身死埋下了伏笔。

三、积怨深厚——阿合马遇刺始末

1. 庙堂争权，触怒真金

阿合马在理财和揽权过程中，与主张藏富于民的儒家汉法派冲突剧烈，并始终对汉法派抱有轻视敌对的态度。至元十年（1273），他利用手中掌握的权力，对培养汉法人才的国子监大肆刁难，以致国子监的学生"廪食或不继"。大元朝最高学府的读书人居然要饿肚子，这对于注重声名的儒生来说，无疑是极大的羞辱。国子祭酒许衡无力反抗，愤而请求返乡。

到了至元十一年（1274），忍无可忍的安童再次弹劾阿合马专擅财权，蠹国殃民，忽必烈表示会追究，但最终还是偏袒了阿合马，反而把安童派往西北边境，去辅佐皇子北平王那木罕。安童离京后，朝中几乎再无可以制衡阿合马的人物。阿合马开始大行不法之事。他重利而贪财，又掌管天下铨选事务，很多人向他行贿求官。阿合马来者不拒，同时将自己的亲属子弟、亲信党羽，尽数任命为高官。

阿合马的恣意妄为，引发了群臣的不满。一些大臣试图通过御史台向皇帝进言来打击阿合马的嚣张气焰。对此，阿合马施以疯狂的报复，甚至向忽必烈上奏罢免诸道提刑按察司，以向御史台示威。在这个过程中，阿合马几乎举朝树敌。御史中丞张文谦是忽必烈金莲川幕府的心腹，虽然奏请恢复了诸道提刑按察司，但是也被逼去位。

朝堂上的斗争进一步血腥化，弹劾过阿合马的官员，大多被阿合马构陷冤杀，以至于波及太子真金。在斗争旋涡中的阿合马，为了稳固自己的地位，进一步行搜刮之能事，增加赋税而不顾民生民怨，以维持自己在忽必烈心目中"才任宰相"的地位。因为真金的存在，阿合马与台臣之间的斗争日趋白热化，甚至有人将他比为赵高、董卓。自然，阿合马对台臣的打压也越发残酷。

对于阿合马的行径，从小学习儒术的太子真金厌恶至极。有一天，真金甚至用弓箭击打阿合马的头部，划伤他的脸。阿合马朝见时，忽必烈问其故，他忌惮真金，不敢说实话，借口被马踢伤。在场的真金太子坦言是他所伤，并且当着父亲的面，再次殴打阿合马。阿合马毕竟是真金的家奴，在这种场合受到打击也只能忍气吞声，但在明争之外的数次暗斗中，真金等人始终未能占据上风。阿合马将朝堂搞得乌烟瘴气，而忽必烈不闻不问，甚至有心偏私，朝中的一些大臣开始图谋以非常手段铲除阿合马。而他们假借的正是太子真金的名义。

2. 遇刺大都，天下震动

至元十九年（1282）三月，忽必烈按照惯例前往上都巡幸，太子真金随行，阿合马留守大都。十七日，下层军官益都千户王著联合民间侠客高和尚，诈称太子返回大都做佛事，结伙八十余人，将前来迎接的阿合马锤杀于东宫之前。史载，王著"以所袖铜锤碎其脑，立毙"。

刺杀事件发生之后，闻讯的忽必烈极为震怒，下令诛杀了刺客及和阿合马一道留守大都的枢密副使张易。毕竟，阿合马平时极为小心谨慎，身边护卫随从云集，还经常变换就寝之地，以防不测。而谎称真金召见遇刺之事，若无朝中重要人物配合，实难成功。张易在这个过程中曾给矫诏的王著发兵若干，会于东宫之前，不论他是否知情，抑或是被蒙蔽，卫兵的派出都对迷惑阿合马起了很关键的作用。

据说，王著在临刑时大呼："王著为天下除害，今死矣，异日必有为我书其事者。"然而，王著不会料到，他刺杀阿合马的行为比他想象中还要快地得到了皇帝的肯定。在穷究其事的过程中，阿合马的诸般贪贿行径暴露出来，譬如截留商贾进献给忽必烈的珠宝贡献，专柄威权，欺上瞒下。自感受到欺骗的忽必烈再次震怒，居然承认："王著杀之，诚是也。"忽必烈下令将埋下去没多久的阿合马从坟墓里刨出来，毁棺戮尸，纵犬食其尸肉。阿合马的家产被抄没，妻妾被当成财产一样分配掉，子侄被斩首，其中牵涉较深者甚至被活剥。这样做或有受草原刑法影响的原因,但如此酷烈方解恨意,也足见忽必烈被家奴背叛之后的熊熊怒火。至此,在元朝庙堂之上,纵横恣肆了二十年的阿合马,终于落得个身死名灭的下场。

纵观阿合马之死,不少人认为其死于族群矛盾或是汉法与回回法的斗争,但究其实,阿合马始终是以一个精于计算的家奴的心态,活跃于帝国的权力核心,他确为谄佞之臣,但并非真正意义上的弄柄权臣。他在经商方面自有天赋,有母钱时,用母钱生利;有权柄时,则用权柄敛财。他的死亡,实为权力争斗的必然结果。

阿合马的出身和文化背景,决定了他不具备中原传统的君主、臣工、国家这三者相互依存、相互制衡的观念。如何利用臣工的身份,从社会上搜刮财富,满足帝王的欲望,以获取更大、更稳固的权位,是他的商人之道。应该说,这种高速有效的商人之道,让他为元朝的平叛和统一战争提供了强有力的后援保证,客观上有助于大一统;但这种不计后果的商人之道,用在讲究利与义的进退克制、君与民的轻重权衡、君与臣的辅佐规劝的朝堂上,自然格格不入,乃至与它们有无法化解的矛盾冲突。从这个角度讲,阿合马是自取灭亡,其经历也反映出一个族群和文化多元的帝国,在施政时,外来的新技术手段和旧秩序规范间的冲突。而在这中间,利用帝王的心思呼风唤雨者和意图制衡帝王者各司其职,争斗不断。这个无解的历史命题,是在元朝特殊的情境下产生的新矛盾。这个新矛盾,随着另一个色目人桑哥的上台秉政,得到进一步的凸显。

四、译史出身的桑哥

1. 帝师举荐,崭露头角

阿合马虽然被杀,但是忽必烈征服四海的雄心壮志并未熄灭,开疆拓土的战争需要雄厚的财力支持。而阿合马的遇刺，又致使忽必烈对汉人的防范之心进一步加重，权力中枢的官职，授予汉人的，可以说少之又少、慎之又慎。营利收财赋，对蒙古贵族来说，向来不是他们的专长。这种情况下，另外一个色目人桑哥，因为善于理财被忽必烈发掘，迅速进入权力中心。

桑哥，出生年月不详，卒于1291年。桑哥的族属，《史集》和《汉藏史集》分别记为畏兀儿人和吐蕃（今西藏自治区）人，学者推测他出身的噶玛洛部落是一个兼具藏人、畏兀儿人的部族，受两种文化的影响。噶玛洛部落是吐蕃赞普赤松德赞时代（755—797）为防御回鹘人（即畏兀儿的先民），派到脱思麻地区（今青海省东部、甘肃省东南部和四川省西北部）驻军的后裔。在蒙古人兴起之前，此处一直是吐蕃人和回鹘人杂居之处。较之于阿合马，桑哥本人具有较高的文化水准，精通蒙古语、汉语、畏兀儿语和藏语等多种语言。他是胆巴国师的弟子，后来在脱思麻地区汉藏交界之地拜见帝师八思巴，主动表示愿为上师效力，做了八思巴的译史。八思巴后来在忽必烈的支持下，仿蒙古怯薛创立了拉章制度，桑哥遂成为八思巴信任和倚重的一名拉章——速古儿赤（掌服饰者）。

1269年，八思巴与胆巴并众拉章返回大都城，向忽必烈进献新创制的八思巴字。大约就是在这一年，桑哥和忽必烈有了交集，桑哥的机敏强干和善于应对给忽必烈留下了深刻的印象。1271年，八思巴离开大都出居临洮，桑哥并未跟随，而是留在了大都，出任总制院的官职。总制院专管佛教及西藏事务，是宣政院的前身。桑哥在其中任职，一方面相当于担任八思巴留在汉地的代言人；另一方面实际处理一些佛教和西藏地方事务，已经具备了一定的权位。

事实证明，桑哥在这个职位上是极为称职的。至元十七年（1280），乌斯藏地区的贵族贡噶桑布发起了针对八思巴改革的军事叛乱，八思巴向忽必烈告急求援。忽必烈派遣已经是总制院使的桑哥统领大军入藏平叛。叛乱平定后，为了震服有不臣之心的藏地旧贵族，桑哥在八思巴的支持下,在乌斯藏各险要地区留驻兵马,做监察警备、保护驿站、护卫使臣之用。总计有数千元军留驻西藏,这也是中国历史上中央政权首次在西藏地区驻扎兵马,维护稳定和统一。

平叛的成功,让忽必烈深信桑哥是国之干臣,给予他的宠信日渐深厚,桑哥权势日益显赫。桑哥举荐的官员,忽必烈也多委以重任。如名噪一时的卢世荣改革,其一开始正是发端于桑哥的支持。

2. 大权独揽,理财主政

至元二十一年(1284),在桑哥的力荐之下,白身而无任何官职的卢世荣,被任命为中书右丞主持政务,开始了短暂甚至可以说是短命的改革。从桑哥举荐卢世荣的理由可以看出,两人的理财观念大体相通。否则,当时只是总制院使的桑哥不会冒举朝之大不韪举荐卢世荣。此次改革的总体纲领是"救钞法,增课额,上可裕国,下不损民",即挽救日渐败坏的中统钞,增加国家课税。

卢世荣改革的细则大体如下:罢黜阿合马时期国家严密掌控山川池泽的苛政,与百姓共享其利,听任百姓生产贸易,以增加商税;减轻驿站制度对沿途百姓造成的沉重负担,由国家承担其中的大部分开销;加强国家对盐政的把控,使私盐之利归于国家;酿酒之利,也由国家专门掌控。

不难看出,这些理财政策,要旨是官营或者官商合营以取利,推行的前提则是"裁抑权势所侵",即将诸行业中权势所侵占的份额收归国家。这无疑是一套得罪诸多既得利益者的改革,其过程艰辛且漫长,恐怕不是追求快速得利的忽必烈所能接受的。

果不其然,主持政务不过三个月,卢世荣便在群臣的弹劾之下,失去了忽必烈的信任和支持。至元二十二年(1285)四月,卢世荣被下狱问罪,十一月即被处死。不过,卢世荣的倒台,并没有影响忽必烈对桑哥的信任。当忽必烈听闻桑哥将寺庙的香油拿出去放贷生息后,不仅未责怪,反而对桑哥的主张大为赞赏,已有意任命他为理财、理政之臣。

至元二十三年（1286）七月，忽必烈给予桑哥推荐中书省各级官员的特权，信任进用之心，可见一斑。这时候，由程钜夫从江南求得的贤士叶李恰好在京，他在南宋时曾以白衣身份弹劾过贾似道，此举受到忽必烈的特别重视。叶李也推荐桑哥，忽必烈越发坚信桑哥可用。至元二十四年（1287），忽必烈决意重设尚书省，以桑哥为尚书平章政事。中书六部改制为尚书六部，地方的行中书省改为行尚书省，统一由尚书省管领。地方行省事务，中书省只负责与尚书省议定行省长官的任命。其他一应事务，均由尚书省从便奏闻。可以说，尚书省的权力彻底凌驾于其他部门之上。十一月，桑哥晋升为尚书省右丞相，开始了大权独揽的时代。

五、毁誉参半——定钞法和行钩考

1. 行定钞法，拯救时弊

桑哥掌管尚书省之初，即开始推行财政改革。他的改革方略，大抵遵循着卢世荣的思路而行：救钞法，增国课，同时"裁抑权势所侵"，以钩考的方式，追缴各衙门、各省份的亏空和欠款。

"蒙古帝国"发行纸钞，始于窝阔台时期。当时主持财务的耶律楚材，有鉴于金章宗时滥发钞票，致使"民力困竭，国用匮乏"，对发钞的数量非常审慎和保守。这一传统一直延续到忽必烈即位前期。当时发行中统宝钞，以各地贮银为钞本，发行数量大体据银本多寡而定，钞值在相当长的时间内都很稳定。无论公私贵贱，"爱之如重宝，行之如流水"，足见其信用和购买力。

到忽必烈锐意平定南宋之时，由于用度耗费巨大，理财大臣阿合马抛弃保守的发钞制度，转而开始"止知多行印造，更（便）于支发供给"，将滥发钞票视为敛财手段，直接导致了银本位币制的崩溃。中统钞的发行数量,在至元十年(1273)以前,每年最多不过十万锭,到了至元十三年(1276),暴增至142万锭。官府为了在新征服的南宋区域内推行钞法,大量印发无本之钞,虽然在短时期内占有了原南宋旧境的巨大财富,但引发了物价贵而钞价虚的通货膨胀,阻滞了商业的发展,也对民生造成了极大的困扰。此外,阿合马还将原本在各路平准库存放,以便进行钞票兑换的金银"胎本",几乎全数运入大都,使流通于地方的纸币变成了无法兑换的废钞,大失人心。到至元十九年阿合马遇刺之时,"钞虚"已经成为一个严重的社会问题,且有继续恶化的趋势。变钞,成为一个屡次受到探讨争论的焦点问题。

至元二十四年二月,忽必烈颁布圣旨,宣布发行至元宝钞,与中统钞并行。三月,在桑哥等人的筹划下,尚书省出台了《至元宝钞通行条画》。规定至元宝钞1贯当中统钞5贯,新旧并行,公私通用。白银1两官价至元钞2贯,赤金每两20贯,不许民间私自买卖。因此,这次钞法更定的措施主要有两条:一是发行价值高的新钞,二是禁止民间买卖金银。

这些举措,本质上仍旧是掠夺民间财富,但在挽救纸钞的信誉和购买力、助力南北贸易和促进商业发展方面,还是有积极意义的。因此,桑哥的钞法改革,对拯救时弊起了一定的作用。然而,根本的问题在于,元朝财政支出数目巨大,如果不能增加财政收入或者缩减支出,纸钞滥发的故事重演,只不过是早晚之事。与卢世荣秉持相同见解的桑哥,认为国家财赋大多为权豪势要贪墨,因此须"裁抑权势所侵",以钩考的方式进行追缴。

2. 钩考过度,形同苛政

桑哥的钩考检校,从中央开始,至于地方,几乎所有的权力机构都被囊括在内。他首先拿中书省开刀,钩考到亏欠钞4770锭,昏钞(即烂钞)1345锭,由此以失职之罪将中书参政杨居宽和郭佑处死。到了至元二十五年(1288),为方便推进全国性的钩考,桑哥特意奏立了征理司,以追责各行省欺盗亏欠的钱谷。一时间，除了西藏和云南不在钩考之列外，其余行省，都掀起了大张旗鼓地追讨之风。对于此，桑哥得意地对忽必烈说："国家经费既广，岁入恒不偿所出，以往岁计之，不足者余百万锭。自尚书省钩考天下财谷，赖陛下福，以所征补之，未尝敛及百姓。"

然而桑哥"未尝敛及百姓"的自负只是一句空话。他所推行的钩考法，并未考虑到各行省承担的赋税是否合理，仍旧是在阿合马乃至此前所有遗留苛政的基础之上对亏欠赋税的追缴。此次追缴中，为了讨得忽必烈的欢心，桑哥多任用贪婪暴虐之人充当钩考使者。行省的长官为了保全官位和免于责罚，将欠款亏空悉数转嫁到百姓头上。尤其是在江南地区，追征逋欠甚急。为了应对钩考，百姓被逼转卖家产、卖儿鬻女上缴前税，甚至出现了牢狱之中人满为患的骇人景象。官逼民反，在钩考期间，江南百姓因走投无路而群聚为盗之事多达数百起，足见桑哥的钩考苛政为害之剧。

在钩考的同时，桑哥又推行了加税的政策。相较于之前，盐茶酒醋的课税都大为增加：盐课每引从中统钞30贯增为50贯，茶课每引从5贯增加到10贯，酒醋税课江南增加10万锭，腹里增加20万锭。至于商税，江南增加了25万锭，腹里地区则增加了20万锭。江南地区，每年运入大都的粮食，也由三五十万石增加到百万石。

桑哥的新政更定钞法，有刺激商业、兴盛贸易的作用，然而他同时施行的钩考和加税，由于不切实际和操之过急，实质上阻碍甚至破坏了各地方，尤其是江南地区的生产发展。桑哥新政的扰民，引发了御史言官的弹劾，如程钜夫直言桑哥"惟以殖货为心"，是德不配位的宰相，又以"剥割生民为务"，是致使"江南盗贼窃发"的罪魁祸首。

六、恶名遍天下——怯薛反击与桑哥之死

1. 行事粗暴，触怒显贵

面对汹涌如潮的弹劾，桑哥采用了和阿合马类似的反击手段，即暴力打击和诛杀。桑哥行事作风粗暴。他在钩考过程中，屡次责打甚至处死相关官员。责打诛杀的官吏，上及中书省参政，下至御史台言官和地方路府长官。桑哥的暴虐之名，令在朝官员胆战心惊，而真金太子早在至元二十二年就因忽必烈的猜忌惊惧而亡，朝中再也无人能制衡桑哥。尽管御史弹劾不断，忽必烈对桑哥仍旧信任有加，尤其是在他提出了数条有助于加强帝王权威、抑制蒙古贵族勋旧的建议之后。当时桑哥权势熏天，一些阿谀谄佞之徒建议为桑哥立辅政碑歌功颂德。忽必烈听闻后说："他们想立就立吧，告诉桑哥，也让他高兴。"

至元二十五年四月，桑哥上奏"扈从之臣，种地极多，宜依军站例，除四顷之外，验亩征租"。所谓的扈从之臣，即指怯薛。言下之意，怯薛权贵们拥有太多的土地，却不缴纳租税，从今往后，除四顷免税田之外，其余都要按照亩数缴纳地租。对桑哥的建议，忽必烈欣然准奏。

到了十二月，桑哥又上奏："有分地之臣，例以贫乏为辞，希觊赐与。财非天坠地出，皆取于民，苟不慎其出入，恐国用不足。"他希望忽必烈能谨慎对待索要赏赐的蒙古贵族。对此，忽必烈命令桑哥全权负责对索要赏赐者的勘察和辨别。同时，桑哥更是建议要明确诸王和帝王之间的名位区别。例如，诸王所用的印章，往往为"宝"印，桑哥认为宝印当为皇帝专属，诸道宗王只宜用"王印"。同时，安西王相府之印也该收回。皇子忙哥剌，已经有一子嗣封安西王，另一子又受封秦王，一藩有二王，于制不合，应该罢秦王之封。忽必烈依允了桑哥的建议。

桑哥的以上几条建议，其实是深刻触动了元朝立国以来的弊端。忽

必烈建立元朝之后，怯薛特权、贵族赏赐，以及黄金家族诸王的高贵地位，这些铁木真遗留的祖宗之法，与这个庞大的世界帝国的分权制衡在运作中冲突不断。由于祖制之顽固，这种矛盾难以根除。桑哥触及此处，危害了蒙古贵族的根本利益。双方矛盾愈演愈烈，蒙古权贵多欲除桑哥而后快，其改革也就难免失败。

2.怯薛反击，事败身死

至元二十八年（1291）正月，忽必烈前往柳林春猎，随从的怯薛们纷纷对桑哥发起了弹劾，罪名从阻塞言路、打击御史、蒙蔽皇帝，直至结党营私、以刑名爵位为货肆意贩卖等。忽必烈遂免除了桑哥的一切官职，命御史台对其罪责逐一查证。调查表明，桑哥的罪名十有八九可以坐实。尤其令忽必烈愤怒的是，桑哥和阿合马如出一辙，犯了贪墨的大忌。《史集》记载，有一天，忽必烈向桑哥要几颗珍珠，他回答说没有。这时候，有一个叫木八剌沙的达木罕人向忽必烈告密："桑哥家中有一大堆珍珠和珍饰，我亲眼见过，只要您把他留住，我就去他家里拿了来。"忽必烈同意了，不一会儿，木八剌沙从桑哥家里拿来两个箱子。打开一看，都是无与伦比的珍珠和贵重物品。忽必烈非常生气，说："怎么样，你有这么多珍珠，我向你要两三颗你却不给！"桑哥羞愧地说："大食达官贵人们可以作证，这都是他们给我的。他们每个人都是某个地区的长官。"忽必烈反问："为什么他们不把这些珍宝也献给我呢？你把一些粗毛衣带给我，而把金钱和无比贵重的物品归了自己。"桑哥还想辩解，忽必烈下令让人用秽物堵上了他的嘴。再三责骂之后，桑哥及其党羽均落入法网。之前立的"辅政碑"，也被下令推倒。七月，桑哥被诏令诛杀。

桑哥的改革和事败身死，历来充满争议。客观地说，桑哥提出的改革方向与设想，无疑充满了远见，他对时局的弊端了然于胸。较之阿合马，桑哥具有较高的文化水平，也积极吸收归附不久的南人士大夫加入改革队伍。然而，桑哥具有和阿合马类似的处境。他们深受自身族群文化格局的限制,在一个多元化帝国的朝堂之上,不能多角度、全方位地看待问题,以至于行事颇为偏激。同时,这些人唯以谄佞君王为务,自身也不能遵纪守法,往往贪腐暴虐、任人唯亲,热衷于权力争夺,注定难以稳定时局,更多时候,反而成为加速形势恶化的关键因素,为天下人所唾骂。大多数活跃于元朝权力中枢的色目人,并没有在地方任职历练过,他们或者是家臣,或者是近侍,对于帝国各地方的刑名、钱粮、赋税等实际情况,以及权力运作中的具体细节知之甚少,因而一旦秉政,所做出的决策与现实的执行,难免失之毫厘,谬以千里。更为重要的是,南宋平定后,忽必烈并没有如中原传统的开国君主一般休养生息,而是继续让整个元朝处于战时状态之中。"内用聚敛之臣"的最直接动因是应对连年不绝的战争,故而阿合马、卢世荣、桑哥等理财大臣的经济改革,从一开始就充满了权宜色彩。过分趋利的政策,无疑在很早的阶段就给元朝的财政混乱和经济崩溃埋下了祸根。

不过,在世祖朝,纵使阿合马和桑哥曾拥有过熏天的权势,他们仍旧处在最高统治者忽必烈的强势掌控之中。忽必烈利用他们搜刮、聚敛财富,满足自己开疆拓土、穷兵黩武的欲望,在因聚敛过度导致矛盾激化、朝野骚然之时,又诛杀他们以谢天下,内可抚慰群臣,外可安定局面。他们只是忽必烈嗜利黩武的工具,并没有独霸庙堂、威胁皇权的可能,这与元朝中后期的权臣有本质的区别。

参考书目

李治安:《忽必烈传》,北京:人民出版社,2004年。

白寿彝总主编、陈得芝主编:《中国通史》第八卷,上海:上海人民出版社,1997年。

朱清与张瑄

海运畅通接南北

朱清履历表

姓名	朱清
字号	字澄叔
籍贯及出生地	扬州路崇明州（今上海市崇明区），南人
生卒年及所处时代	1237—1303；南宋末至元成宗时期
生平履历	南宋嘉熙元年（1237），出生。母亲与亲戚十余家聚居姚刘沙（今上海市崇明区），打鱼为生
	南宋末，少年无赖，曾受雇于富家杨氏，一夕杀主人并盗其妻子财货去，后又聚众贩私盐，兼事剽掠
	约南宋咸淳八年（1272），36岁，为巡盐吏所获，系平江军狱。时任浙西提点刑狱洪起畏释之，宋朝以吏部侍郎左迁七资最下一等告身授之，编入防海民义。出狱后仍事剽掠，成为海盗
	元至元十二年（1275），39岁，率众降元，得授管军千户
	至元十三年（1276），40岁，随元军灭南宋，克上海，入吴淞江。宋降，浮海载送南宋帑藏图籍入大都
	至元十六年（1279），43岁，从张弘范参与崖山海战，得真授千户，佩金符
	至元十七年（1280），44岁，奉江淮行省左丞相阿塔海命诏谕海中群盗，以平陈吊眼功进沿海招讨使
	至元十八年（1281），45岁，与次子朱虎单舸深入海贼巢穴，斩杀崔顺，降服其部，进管军总管
	至元二十年（1283），47岁，从阿塔海征日本，至八角岛无功而返
	至元二十一年（1284），48岁，助镇南王征占城，次年班师
	至元二十二年（1285），49岁，创行海道运粮，行海道运粮万户府事
	至元二十四年（1287），51岁，因海运功除江东道宣慰使，仍领漕事
	至元二十七年（1290），54岁，以运辽阳高丽粮饷和征乃颜、哈丹军功，加骠骑卫上将军，赐银印
	元贞二年（1296）七月，60岁，以河南行省参知政事除之，换文阶资善大夫

生平履历	大德四年(1300),64岁,迁河南行省左丞
	大德七年(1303),67岁,被江南僧石祖进告发,为江浙行省平章政事脱脱所系,自杀身亡

张瑄履历表

姓名	张瑄
别名	张曾二
籍贯	平江路嘉定州(今上海市嘉定区),南人
生卒年及所处时代	？—1303；南宋末至元成宗时期
生平履历	宋末,从母乞食,为乡里"恶少年"。遇朱清,结为兄弟
	约南宋咸淳八年(1272),因贩卖私盐入平江军狱。洪起畏释之,同朱清等一起被编入防海民义。出狱后仍事剽掠,为海盗
	元至元十二年(1275),降元,得授管军千户
	至元十三年(1276),随元军灭南宋,克上海,入吴淞江。宋降,浮海载送南宋帑藏图籍入大都
	至元十六年(1279),从张弘范参与崖山海战
	至元二十年(1283),以招讨使身份从阿塔海征日本,至八角岛无功而返
	至元二十一年(1284),助镇南王征占城,次年班师
	至元二十二年(1285),创行海道运粮,为海运千户
	至元二十四年(1287),进万户
	至元二十九年(1292),任江浙行省参知政事,领海道
	元贞二年(1296)七月,任江西行省参知政事
	大德七年(1303),被江南僧石祖进告发,为江浙行省平章政事脱脱所系,与子文虎及朱清子朱虎弃市

1260年,忽必烈即汗位于开平,在经过与幼弟阿里不哥的战争并取得胜利后,他决定将统治的重心由北方草原转移到中原汉地。在一批汉族谋士的推动下,至元八年(1271),忽必烈建国号为"大元"。1272年,忽必烈将中都改名为大都,作为这个疆域万里的庞大帝国的政治中心。自此,以大都为辐射中心,元朝统治集团指挥了混一南北的平宋战争。

随着局势稳定,大都城迅速发展为"数不清房屋和居民数目"(马可·波罗语)的繁盛之城,超过50万的人口生活在这座巨型都市之中。如何获得维持这座大城市运转所需的粮食,成为重中之重。自唐中期开始,经济重心南移已成历史趋势,无论是农业还是商业,在经过两宋的发展之后,南方都已明显超过了北方。北方地区经过宋金鏖战、蒙金交兵,生产遭到极大破坏,显然已无法满足大都、上都等地的钱粮赋税供给。如至元十一年(1274)平宋前夕,北方户数为190余万户,而金朝泰和七年(1207),北方却有700余万户。如此庞大的户数锐减背后,是战争导致的大萧条。南宋平定后,如何将江南的粮赋运入大都,是摆在忽必烈君臣面前的一道难题。

也就在这个时候,海盗出身的朱清、张瑄二人,因熟悉海道脱颖而出,为忽必烈所宠信,权势声望显赫一时。而海运也迅速成为南北之间贯通交流最快捷、有效的新型方式,影响之深刻,甚至左右了元朝政权的稳固。

一、豪杰起于草莽——朱清、张瑄的发迹

1. 贩卖私盐,亦商亦盗

朱清,字澄叔,崇明人,生于南宋嘉熙元年(1237),原为寻常船户百姓,靠打鱼谋生。由于生计艰难,加之本人不甘庸碌,朱清铤而走险,纠

集乡里的少年无赖,干起了名为打鱼、实为贩卖私盐的勾当。在贩卖私盐之外,朱清还兼事杀人越货。一次,朱清贩盐到松江府(今上海市),结识了嘉定人张瑄。

张瑄幼年丧父,一度跟随母亲乞讨为生。母亲死后,身长力大、脾气暴躁且勇于斗殴的张瑄成了当地十足的恶霸无赖。朱清赏识张瑄一身好气力,而张瑄钦佩朱清的豪爽,两人一拍即合,结拜为兄弟,合伙贩盐。朱、张二人贩卖私盐异常活跃,引起了南宋官府的注意。不久,朱、张与麾下尽皆落网。按照宋朝律法,贩卖私盐是死罪,朱清和张瑄被关押在平江府大牢中,只等秋后处决。

负责审理该案的是浙西提点刑狱洪起畏。他见朱、张相貌不凡,且有感于国家正处于危难之际,急需壮士豪杰效命疆场,于是以"今中原大乱,汝辈皆健儿,当为国家立恢复之功"为由,对朱、张进行劝导,同时上奏宋廷,请求豁免他们的罪责,并把他们编入防海民义,成为提刑节制的水军。为了活命,朱、张二人假意答应了洪起畏的招安。一出狱,他们就立即逃到海上,成为不折不扣的海盗。

2. 往来劫掠,投降元廷

为对抗官府的抓捕,朱、张二人又联合起东南沿海的海盗,聚众多达千人,有船五百余艘。劫掠的范围,南自通海(今江苏省南通市、上海市崇明岛一带),北至胶莱(今山东省胶州湾至莱州湾),堪称当时最大的海盗集团。劫掠之余,朱、张还与一些走私商人合作,将粮米物资贩卖到辽阳乃至高丽地区。可以说,彼时的朱清、张瑄已经以崇明岛(当时叫姚刘沙)为基地,建立起一个独立于黄海、流窜贸易于渤海的势力集团。

1275年,元朝大举南伐,意图毕其功于一役,平定南宋。元军攻下镇江后,主持伐宋的统帅伯颜制定了三路进军临安的方略。其中海上一路,由董文炳率领左翼水军,从江阴出长江,沿海南下,进攻临安。在这一片海域纵横的朱、张势力,进入董文炳的视野之中。由于朱、张二人深谙此地的航道虚实，董文炳派遣招讨使前往谕降。朱清和张瑄接受了招安，被封为千户，率所部加入元军，参与进军临安的军事行动。

1276年春，朱、张攻下了上海县（今属上海市），进入吴淞江。很快，临安的南宋君臣开城投降。鉴于朱、张深谙航海，伯颜令二人将南宋皇室献出的图籍帑藏等物以海运的方式运往大都，献纳给忽必烈。此行让忽必烈对海运及朱、张二人劈波斩浪的能力印象深刻。1279年，南宋残余势力和追击的元朝军队在崖山展开最后一战。崖山之战是一场规模庞大的海战，朱、张跟随张弘范参与了这场战斗，并建立了功勋。战后，朱清获得了佩金符的奖赏，很快被提拔为沿海招讨使。在平定了福建陈吊眼的叛乱后，朱清又与儿子朱虎单舸深入屡次寇犯山东的海贼崔顺巢穴，斩杀崔顺，收服余众。此举让忽必烈大为赞赏。朱清得以加官为管军总管，张瑄则继任招讨使。自此，二人成为忽必烈极为倚重的水军心腹将领，多次运送军粮。

二、从近海到远洋——大放异彩的朱、张海运

1. 南粮北运，居功至伟

南宋平定后，元廷已开始通过原有的大运河将东南钱粮转运到大都，再由大都分散到上都和蒙古草原。然而，由于宋辽金时期特殊的政治地理格局，大运河的运输效力已大打折扣，不复隋唐之盛。如河北、河南段的大运河，由于宋、金长期在河北、河南、山东等处交战，受损严重，且难以修复，部分河道已淤塞至无法航行。淮河的一些河段被南宋拦堰成塘，用以防止金国铁骑的进犯，阻断了原有航路。南北混一之时，内陆运河狭窄浅隘，运量较大的船只已难以通过，且每隔百里，甚至五十里，就有堰坝阻拦，不得不绕行。如此蜿蜒而行，到达山东东阿后，由于当时会通河尚未开凿，还需通过陆路车马转运三百余里后，才

能继续漕运。

单船运粮数量少而路程长,运输方式复杂且过程中耗费巨大,内河漕运的弊端显而易见。疏浚旧有河道,使运河航路恢复畅通,也在元朝政府的谋划之中,但开挖新河道并非一日可成。而元廷急需东南的数百万斛粮食,以养活北方的军队和数十万臣僚百姓,稳固新兴王朝的统治根基。由此,海运势在必行。如此重要之事,自然只有忽必烈信得过且精通航海的能臣才可以胜任,朱清、张瑄无疑是当时的最佳人选。

1282年,朱清和张瑄向丞相伯颜建议,采取海上航运的方式,将江南的粮米运往直沽(今属天津市),再由直沽转运大都,不过此时忽必烈正锐意向东征伐日本,向南攻打占城,海运之议暂时搁置。1283年,元朝对日本的第二次征伐无果而终,加之由内河转陆路的漕运耗费巨大,在伯颜的力主和忽必烈的支持下,朱清、张瑄的海运建议得以施行。

这一年,在上海总管罗璧的主持下,由朱清、张瑄实际负责,督造了60艘适合近海航行的平底沙船,运载着46000多石粮食,从崇明岛出发,一路向北,驶向直沽。此次运粮仍旧为近海航行,大抵是沿着海岸线,从崇明岛到海门县(今属江苏省南通市),再到今天的连云港,而后驶向胶东半岛,至荣成,经过刘公岛、沙门岛诸岛屿后,抵达今日天津的杨村码头,即完成海路运输。此次近海航运虽然路途遥远,水程长达1300余海里,且因风信失时,到次年才到达,但运粮损耗额较内河和陆路运输极大降低,说明近海运粮颇为可行。

1285年,朱、张二人又押解粮食10万石,由海路运往直沽,抵达时耗损的粮食不到一万石,忽必烈信心大增,由海路向大都运粮逐渐常规化,这一年也因此被视为元朝海漕的正式开端。朱清因此升任江东道宣慰使,同时被授予镇国上将军的勋位,专掌海运之事,张瑄也加封了万户,协助朱清运粮。在忽必烈时代,元朝海运粮食的数量节节攀升,到至元二十七年(1290),已接近160万石,当年的损耗不过8万余石。海道运粮成本之减省,可见一斑。

《经世大典》载1285—1294年岁运粮数（保留整数）

年份	该运粮额（石）	实至粮额（石）	事故粮（石）
至元二十二年（1285）	100000	90771	9228
至元二十三年（1286）	578530	433905	144614
至元二十四年（1287）	300000	297546	2453
至元二十五年（1288）	400000	397655	2344
至元二十六年（1289）	935000	919943	15057
至元二十七年（1290）	1595000	1513856	81143
至元二十八年（1291）	1527250	1281615	245635
至元二十九年（1292）	1407400	1361513	45886
至元三十年（1293）	908000	887591	20408
至元三十一年（1294）	514533	503534	10999

2. 开辟航道，把持漕运

粮食的运量问题得到解决，到至元二十九年（1292），为进一步减少海运所耗费的时间，朱清、张瑄尝试摆脱紧沿海岸线的近海航行。二人意图驶入大洋，找到一条更快捷的航路。尽管有多年的航海经验和丰富的海洋知识，朱、张仍旧颇费了一番周折，最后在长兴（今属浙江）李福四的"押运指引"下，才终于找到一条利用洋流和季风北上南返的航路，即船队从刘家港（今属江苏省太仓市）出发，至崇明州三沙镇放洋，向东驶入黑水大洋，从成山西转至刘公岛，又抵达沙门岛等岛屿，最终进入渤海湾，驶入直沽港。如此航行，从刘家港开拔到抵达直沽，少则半月，多则一个月。在直沽交卸完毕后，五月返航，开始准备第二次的夏粮运输，大概到八月再回航。如此，则春夏两季均可利用南风运粮。在此基础上，1293年，千户殷明略又开辟了直入黑水大洋，全程远海航行的航道，顺风十日便能抵达直沽。至此，元朝海运告别了路程和耗时较长的近海航行，进入快捷便利的远海航运时代。

海运的巨大成功，使朱、张二人及其家族成为忽必烈极为倚重的"后勤部长"。平定东北叛王乃颜，朱清负责督运送往辽阳的粮饷；追剿反王哈丹，朱、张二人将军粮送往高丽。至元二十四年（1287），元朝再次发兵攻打安南，负责粮草供给运输的则是张瑄之子张文虎与朱清之子朱济。可以说，在世祖朝后期的军事征伐中，朱、张家族在后勤保障方面居功至伟。正是在海运的推动下，江浙地区的财力、物力大规模地为中央政权所调用，并分配到各项政治、军事活动中。江南地区迅速融入元帝国的权力运转之中，成为极为重要的财赋基地。

才尽其用、有功必赏向来是忽必烈的用人准则，朱清、张瑄因其卓著的勋绩官运亨通。对于海运方略，凡是朱、张所请，忽必烈几乎全部批准。为集中事权，朱、张请求将负责海运的四个万户府合并为两个都漕运万户府，由他二人分别执掌。忽必烈力排众议，慨然允诺。要知道，元朝官制中，凡重要部门的一把手均由有根脚的蒙古人或色目人担当，但是承担着供给元帝国命脉的海道都漕运万户府，却是由朱清、张瑄两个南人领衔管理的，这在元朝极为罕见。

虽然"河漕视陆运之费，省什三四；海运视陆运之费，省什七八"，成本已大为降低，但海运本身也需要一定的财力、物力支持。为确保海运不受掣肘，忽必烈又赋予了朱、张极大的财政权。至元二十八年（1291），忽必烈赐给朱清、张瑄掌管的海道都漕运万户府"钞版"，听凭二人"自印宝钞，给兵饷运直"。元代的宝钞是由交钞提举司发行的法定货币，流通于全国，且可与白银进行兑换，通用于各类公私贸易。朱清、张瑄得到自印钞票的权力后，一大批适合远洋航行的钻风船被迅速制造出来。同时，朱、张家族也开始了对海运始发地太仓的经营。在元朝重商重利政策的刺激下，海运与海上贸易迅速结合在一起。太仓与大都、江南与北方之间的关系，通过海运这条新的纽带，联系得更加紧密，融合更加快速。

三、海上贸易遍南北——从太仓港到大都城

1. 经营太仓，贸易四海

至元二十二年（1285），忽必烈为增加国用，听从卢世荣的建议，实行"官本船"制度，即由官府出资、出船，招募舶商入海贸易，所获利润，官府和商人七三分成。这项政策对驻扎在太仓港的朱、张家族而言，无疑是重大的好消息。其一，朱、张二人把持着海运事权，麾下有大量海船；其二，朱、张二人往来于南北之间，以漕运而兼带货贸，可谓一举两得；其三，也就是最重要的一点，他们可以自行印制宝钞，资本雄厚。虽然后来卢世荣被杀，"官本船"叫停，元朝鼓励和支持发展海外贸易的倾向并无改变。

朱、张两大家族以太仓为基础，开始了锐意经营。至元二十四年，朱清开浚娄江，加宽了太仓港的航道。此次开浚，使内河航运和外海航运畅通无碍地交汇于太仓港。开浚之后的码头据说可停泊运粮万斛的大船，其他"待潮之舟"，不可胜计。太仓港航运之繁忙，可见一斑。

太仓港由粮运港口变为综合性的贸易港口后，在朱、张家族及善于贸易的江南商人的推动下，此地变为当时赫赫有名的"六国码头"。来自日本、高丽、琉球、占城、阇婆、渤泥、暹罗、真腊、波斯、印度的商贸船队往来其间，互通有无，繁华无限。对于当时的太仓贸易，元人有诗云："鸡鸣闹市森开张，珠犀翠象列道旁。"可见奇珍异宝，应有尽有。在太仓港口，"吴艎越舰万斛骧，大帆云落如山崩"，船队出入，不曾停歇，气势雄壮。其中数量最多的，便是竞相逐利做官船生意的商人，所谓"左驱勾陈右挽抢，天子锡命祀南邦"。活跃的贸易给元朝带来的，则是"抚绥覆育德泽深"。

一时间，来自高丽的人参、麝香、茯苓等珍贵药材云集太仓，而中国

的瓷器、茶叶、书籍等也泛海而去，进入朝鲜半岛。日本的僧人和商人带来了精致的倭刀和珍贵的黄金，并将铜钱、茶具、书画等带回日本岛。至于来自东南亚地区的象牙、犀角、翡翠、宝石、沉香等奢侈物品，来自西亚的波斯地毯、波斯布匹，更是不可胜数。这些漂洋过海而来的异域珍奇，抵达太仓后，旋复启程，通过朱、张等人的海上漕运船队送入大都，满足了元皇室和贵族对奢侈品的需要。以至于逗留大都的马可·波罗感慨道"世界上没有城市能够有如此稀罕和贵重的货物运进来"。在海路贸易的推动下，南北辐辏、东西交通的大都商业异常发达，迅速成长为一个庞大的消费型城市。到元中期，仅大都一地所课的商税，就高达十万余锭，远远高于很多行省。

2. 恩宠优渥，一时无两

如果说贸易和海运带来的奇珍异宝满足了上层统治者的需要，那么，由海道运入大都的稻米和棉布，则彻底改变了大都及周边地区寻常百姓的生活方式。北麦南稻是中国粮食生产的传统格局，也是居民饮食的基本结构。宋代文人笔下的北食，几乎全是麦面制品，南食则以稻米为主。而这种格局到元朝海运兴盛后，发生了巨大的改变。元人诗中，大都城中各阶层"日籴太仓粟"，每天买入太仓运过来的稻米作为主食，并非夸大之言。

多达数百万石的稻米运入大都城后，元朝政府将其分为如下几个用途：宫廷所需——这当然是品质优良的贡米；下发给各级官吏作为俸米；调配给拱卫大都的军队及官府工匠作为口粮；用来满足居民所需，在米铺中低价出售；用来救济贫困人口，作为"红贴粮"；为满足好酒宴饮的蒙古人而划入醴源仓，作为酿酒粮。除上述之外，每年还要拨送数十万石至上都。终元一朝，整个大都"内自王宫戚里之卫士百执事，外至都邑之兵戍编户，上自公卿大夫士，下至府史胥徒，岁以海漕之迟疾、丰俭、顺阻为忧喜，休戚之分"。

据学者统计,大都城每年仅百姓生活所消耗的粮食就需要130余万石,而政府通过海运能提供的低价铺粮和救贫粮,维持在70余万石,已满足了一半以上的消耗。如此庞大的数目,足见稻米已成为大都城的日常主食,由此亦可见元朝海运所取得的巨大成功。整个元朝时代,大都的安危稳定完全系于粮食产地江南地区是否丰稔,以及海运是否通畅。这也是忽必烈倍加宠信优待朱清、张瑄二人,恩泽及其亲族的最根本原因。

3. 棉纺革新,衣被天下

另一种随海运而兴的产品是棉布。

随着航运的发展,棉布在太仓地区迅速流行,并且北传至大都,南传及闽粤,又由内河进入内陆腹地,迅速取代了麻布的地位,从而改写了中国服饰的历史。

太仓所处的长江三角洲地区种植棉花由来已久,最早可追溯到三国东吴时。当时棉花的栽植技术,主要由海南岛经海路传播到三吴地区。唐代,棉纺织在江浙一带已流行开来。元朝混一之后,曾于至元二十六年(1289)在南方设立了五个"木棉提举司",以管理棉花的种植,每年向中央输送棉布十万匹。不过,此时江南的棉纺织技术较为落后,使用的还是单锭手摇纺车,往往要三四个人一起织纱,才能满足一架织布机所需。如此功率低而出布慢,织一匹布要耗费极大的人力、物力,严重阻碍了棉布的大规模商贸化进程。直到一位人称黄道婆的松江妇女乘坐海船从崖州(即今海南岛)返回太仓,情况才发生变化。

黄道婆本是松江乌泥泾人,年少时流落崖州。为了谋生,她向当地人学习了先进的棉纺织技术。到1295年,黄道婆搭乘海船返回故乡。乌泥泾是乐于逐利的张瑄家族的大本营,可能是在他的推动下,黄道婆将崖州高效的纺织技术传授给了当地的织工、织户,同时改进了纺织工具,如制造了去棉籽的搅车,让棉花更细密的弹棉椎弓,以及让纺织棉布更加快速、棉布质量更好的三锭脚踏纺纱车等。这些工具的出现和推广，让松江棉布的产量和质量都有了极大的飞跃。

相较于麻织品，棉布的舒适性更强，而价格又比丝绸等织物低廉。纺织技术提高后，棉布的产量更是麻织品和丝织品难以比拟的。黄道婆还推广了给棉布绘花样和增色彩的技术，松江棉布的美观性也得到提升。综合了上述优点的棉布，迅速成为松江地区出口的大宗商品。

经过改良的乌泥泾棉布名扬天下，有数千人家依靠纺织棉布为生。这些棉布通过朱、张家族的海船贸易遍及南北。棉花这种经济作物也成为农业种植的主流。

种棉、纺棉、贩棉这一产业链条在朱、张驻扎的太仓地区形成之后，影响深远，贯穿明清。明代松江郡的"百万之赋"背后，是织户"晨抱棉纱入市，易木棉花以归，机杼轧轧，有通宵不寐者"；清代浙西诸郡"纺绩成布，衣被天下，而民间赋税，公私之费，亦赖以济，故种植之广与粳稻等"。可以说，棉纺织业是发端于松江、太仓，兴盛于江浙的最为成功的商品经济模式。黄道婆因其传技与革新为当时和后世百姓崇奉。其中，有推广和贸易之功的张瑄家族也功不可没。

关于黄道婆和张瑄家族的关系，有一种说法是黄道婆是张瑄未发达之前的童养媳，但这并无任何史料支撑，仅属猜测。只是，祭祀黄道婆的祠庙，确实是由张瑄的曾孙张守中复建的，位置就在张瑄墓的南边。张瑄父子被诛后，虽然不久得到平反，但在民间尚存争议，而黄道婆是公认的乡贤。张家子孙将祭祀她的庙宇建在张瑄墓地对面，恐怕也是为了提醒世人，不要忘记他的先祖在支持黄道婆推广纺棉技术和发展棉布贸易中起到的关键性作用。毕竟，先进的海南岛纺织技术，是在与张瑄掌握的海上贸易资源结合之后，才创造了"衣被天下"的奇迹。

四、宠渥多败亡——朱、张家族的倾覆祸根

1. 权财自主,朝廷忌惮

元朝历史中,政治集团之间互相斗争倾轧,以至于家破人亡者屡见不鲜。朱清、张瑄二人,在元世祖忽必烈的宠信下,通过海运得到权势,又因航海贸易聚敛财富。家族势力在迅速膨胀的同时,也埋下了败亡的祸根。

在忽必烈的默许下,朱清、张瑄对所掌控的漕府拥有独立的人事任免权。利用忽必烈赏赐的金银牌和"许其便宜除授"的承诺,朱、张二人所任用选拔的漕府官员,几乎全是同乡旧党。如麾下的五名万户中,海运副万户虞应文是朱清的女婿;运粮千户,要么是朱、张家族的子弟,要么是当年跟随他们多年的海盗头目。朱清之子朱虎,官都水监,散阶昭勇大将军;张瑄之子张文虎,行户部尚书、海道都漕运府事;朱清之子朱明达,海运上千户;朱清养子朱日新,宣武将军、江州路总管。其他如松江嘉定所千户杨茂春,海运千户范文虎、柏良弼、黄成等,几乎都是二人的乡党和旧部。

拥有独立人事权和发钞权的漕府,引起了很多官员的忌恨。同时,事关国家命脉的海运,掌握在海盗降将形成的独立小集团手中,也让一些权臣不安。权相桑哥主持政务时,就试图削弱朱、张二人对海运的权力和影响。他另立了两个海道运粮万户府,用彻彻都和孛兰奚为长官。不过此二人并没有什么海运的经验,随着桑哥倒台,在朱、张二人的力谏下,这两个新成立的万户府不久即被裁撤。漕运之事,仍旧掌握在朱、张二人手中。

为扩大漕府职权和在江浙行省的权势,朱、张二人也曾主动出击。如至元二十九年(1292),朝臣以为天下大定,可裁撤行枢密院,时任江

浙行省参知政事的张瑄附议。此举惹怒了汉世侯张柔之孙、张弘范之子张珪。张珪认为，纵使行院当罢，也不该由张瑄来说，因为"浙省控制甚重，而行院得制其军事"。

2. 聚敛不法，祸根深埋

忽必烈的宽容与朱、张二人身上难以革除的草莽气息，让他们的行径越发骄横不法。朱、张任用故旧宗亲，将漕府打造成铁板一块的私人势力，却没有用法度对之进行管理和约束。海道运粮军人常行不法之事，据地方官上告，他们时常"聚众百十余人，各持兵刃，劫掠良民，打夺财物"，"不时聚众下船，侵害良民，劫掠人口财物，即便上船开洋去讫"。漕府部属风纪败坏，由此引发的恶性事件为朱、张二人在朝堂上树立了不少敌人。

利用发钞权和官船贸易所获得的巨大利润，朱、张家族迅速成为江南富甲一方的豪强。时人说他们"田园宅馆遍天下，库藏仓庾相望"。热衷于炫耀财富和奢侈生活的朱、张，在太仓私占土地，建设府邸。如朱家填塘建宅，并且在府外兴建店铺街道，其产业规模，几乎有太仓城一半的大小。而张瑄的贪横更加引人侧目。如他看中了江南富民王氏的产业，便诱惑王家宗族子弟向他借高利贷，逐步谋夺其家产。他们将王家子弟骗上海船，以捆绑扔下海相要挟，连王家最后三十顷的养老田都不放过。为了与同里富豪曹梦炎争斗，张文虎在疏浚河道中公报私仇，直接将河道开到了曹家门院。双方的官司一直闹到了朝廷上，最后皇帝不得不下旨让两家和解。

掌管漕运而事权独专，贸易天下而财富盈家，纵横地方而任性使气，让很多人开始向忽必烈上告朱、张家族有不臣之心。至元末年，有姚演向朝廷告发朱、张欲行不轨，但忽必烈并未听信，反而对当时的丞相完泽说朱、张二人有大功劳于国家，再次保护了他们。

忽必烈缘何对朱、张家族一再庇护？其原因在于，这位一统天下的雄主,锐意于四海征伐,数次征日本无果,南征爪哇等国的战事也并不顺利。忽必烈深知,要想完成这些跨海征伐的大业,后勤运输,乃至海战交锋,都必须依赖精通海运的朱、张家族。帝王的雄心和帝国扩张的战略,构成了朱、张成为政坛不倒翁的大背景。

五、人亡政不息——影响深远的朱、张海运

1. 受到清算

1294年,随着忽必烈的离世和新皇元成宗的即位,朱清、张瑄的处境开始发生变化。成宗是忽必烈的孙子,即位后面临的是国家因对外战争损耗过多、财用不足的困境,因此对征战海外、开疆拓土,并无太多的愿望。朱、张家族于帝国战略地位上的重要性自然大大降低。况且朱、张二人并非成宗心腹之人,却掌握着维系大都政治运作命脉的海运,已是身处危墙之下。

到了大德五年(1301),在经过与窝阔台汗国的海都和察合台汗国的都哇交战之后,元成宗虽然保住了元朝在蒙古汗国体系中的宗主国地位,但是自身也元气大伤。成宗本人是一个沿袭了蒙古传统的乐于赏赐的皇帝,匮乏的财用,促使成宗开始对官员的贪腐进行追究,以贿赂交通大臣、交换利益的朱、张家族被扫入法网,其实是早晚之事。

大德七年(1303),江南僧人石祖进告发朱清、张瑄十件不法之事。元廷未经任何调查,即下令将朱、张二人及其亲族押解到大都。这其实已经表明了统治者的态度——对于朱、张的处理,不求公正翔实,但求迅捷快速。朱清得知自己竟然被以谋逆罪名关进监狱,在狱中愤而自杀。他自认是世祖旧臣,所得宠信非他人可及,所谓谋反,不过是新晋宰臣图谋其家产的借口而已。朱清死后,元廷迅速完成了审判。张瑄及其子张

文虎被斩首弃市，朱、张两家子弟流放，家产全部没收。至此，元朝海运的朱张时代宣告结束。

不因人废政是元朝政治的一大特色。朱清、张瑄虽被处死，海运漕务却并未受到波及。元朝政府只是收回了漕府的最高人事权，转而任命一些中央的官员专职掌控海运，同时取消了忽必烈赐予的发钞特权，海运的消耗由漕府核算申报，再由中央调配。朱张时代的海运能臣干将也未受到牵连。海运五万户中，黄真、刘必显、殷明略、徐兴祖，甚至朱清的女婿虞应文，依旧承担着重要的职责。而元廷每年通过海运送达大都的粮食，仍旧在一百五十万石以上。海运之繁盛并未减损。

或许是感于朱清、张瑄对元朝安定的极大功勋，成宗驾崩后，元武宗即位不久，就对朱清和张瑄进行了平反。朱、张二人的部分子弟重新被任命为海运千户，执掌海运之事。另一部分亲族，则在经历了此次灾祸后，锐意于文学，逐渐成为江南的豪商士族。

2. 海运命脉，得昌失亡

纵观整个元朝，由朱清、张瑄二人开创，之后发扬光大的海运和海上贸易，对政权稳定起着关键性的输血作用。江南的钱粮财赋源源不断地流入大都，又随着权力的调配，维系着整个帝国的运转。到元中期，由海道运入大都的粮食已超过三百万石。大都的民心安稳，政府职能的发挥，完全取决于随海运而来的江南财赋是否及时到位。到了元末，随着起义战争的爆发，两浙落入张士诚、方国珍之手，江南和大都之间的海运输送纽带被斩断。江南乱后二十年，元朝就走向覆亡，其中除了政治腐败的原因外，缺少钱粮经济的支撑也是极为重要的原因。

对南北的交通、商贸而言，元朝从大都至崖州一月可达，南北交流之频繁、联系之紧密远过于唐宋。对江南地方的社会转型而言，在当时农商并重的政策导向下，江浙地区出现了大批诸如棉纺织业的商品经济生产模式和群体。一些新兴的商人也借此跃入上层社会，开始影响并主导江南地区的城市生活。

更为关键的是,元朝是开放的帝国,对于海上贸易承担的职责极为重视,往往商贸、外交、文化交流杂糅并举。元朝东西方之间的海上丝绸之路繁荣兴盛,其交流范围,向东至于日本、高丽,向南至于爪哇、真腊,向西则远至伊利汗国疆域涵盖的西亚区域。这种交流,让整个元帝国始终与世界连为一体。而这种对外的开放和活跃态势,随着元明鼎革逐渐萎缩,终至于保守,不能不说是一种历史的遗憾。

参考书目

陈波:《元明时代的滨海民众与东亚海域交流》,南京大学博士学位论文,2009年。

汪放、郑闰:《太仓港史话》,苏州:古吴轩出版社,2008年。

申万里:《理想、尊严与生存挣扎:元代江南士人与社会综合研究》,北京:中华书局,2012年。

虞集和元明善

南北终究是一家

虞集履历表

姓名	虞集
字号	字伯生,号邵庵先生,追封仁寿郡公,谥号文靖
籍贯	元江西行省抚州路崇仁县。祖籍四川仁寿,生于湖南衡州(今衡阳市)。南人
家庭出身	官宦、道学世家。五世祖为南宋丞相虞允文。曾祖虞刚简为宋利州路提刑,在蜀中力倡道学。祖父虞珏为宋连州知州,以文学知名。父虞汲在宋为黄冈尉,入元为翰林国史院编修官。母杨氏,南宋国子祭酒杨文仲女
生卒年及所处时代	1272—1348;元中后期,主要活动于成宗至顺帝朝
配偶	赵氏,为宋宗室后裔;徐氏;刘氏;郭氏;马氏
子女	子:安民,江西行省吉安路安福州知州;延年,湖广行省南宁路武缘县博合寨巡检;翁归,江西行省宣使;高门。女:栾栾,适谭绂
生平履历	南宋咸淳八年(1272),出生于衡州
	南宋德祐二年(1276),5岁,随父母避于漳州。1280年还长沙,已通经史大义
	元至元二十二年(1285),14岁,居江西崇仁,已善属文,受知于吴澄,从其游
	大德六年(1302),31岁,被荐为大都路儒学教授
	大德十一年(1307),36岁,擢国子助教,丁母忧
	至大四年(1311),40岁,转国子博士
	延祐元年(1314),43岁,改太常博士
	延祐四年(1317),46岁,迁集贤院修撰。次年除翰林待制兼国史院编修官,丁父忧
	泰定元年(1324),53岁,升国子司业
	泰定三年(1326),55岁,进秘书少监
	泰定四年(1327),56岁,拜翰林直学士、知制诰同修国史。次年兼国子祭酒

续表

生平履历	天历三年(1330),59岁,拜奎章阁侍书学士,依前翰林直学士知制诰同修国史,兼经筵官、国子祭酒。同年五月改元至顺,为廷试读卷官,任《经世大典》总裁官
	至顺三年(1332),61岁,拜翰林侍讲学士。元顺帝即位后告病归家
	至正八年(1348),卒,享年77岁

元明善履历表

姓名	元明善
字号	字复初,追封清河郡公,谥文敏
籍贯	元中书省大名路清河县(今河北省邢台市清河县),汉人
家庭出身	北魏拓跋鲜卑后裔。父元贡,芦沥盐场同管勾
生卒年及所处时代	1269—1322;元中期,主要活动于仁宗、英宗朝
配偶	李氏,清河郡夫人
子女	长子元晦,河南江北行省峡州路同知,早卒。次子元㻞
生平履历	至元六年(1269),出生
	至元二十五年(1288),20岁,游吴中,以古文闻名江淮间。为浙东道肃政廉访先后荐为安丰、建康路学正
	约至元二十七年(1290),22岁,被行枢密院辟为掾史,为董士选所重
	元贞元年(1295),27岁,董士选拜江西行省左丞,元明善入其幕,参与平定赣州叛乱。升江南行御史台掾史,授枢密院照磨,转中书省左司掾
	至大元年(1308),40岁,仁宗为太子,元明善拜太子文学
	约皇庆元年(1312),44岁,仁宗即位后,改翰林待制,升翰林直学士、侍讲学士
	延祐二年(1315),47岁,始试天下进士,充考试官,及廷试,为读卷官。改礼部尚书,擢参议中书省事,旋为翰林侍读学士,拜湖广行省参知政事
	延祐七年(1320),52岁,英宗即位后,入为集贤侍读学士,升翰林学士
	至治二年(1322),卒,享年54岁

元帝国疆域辽阔，治下族群众多，统治的复杂性远超此前的大一统王朝。在元帝国内部，有发端于蒙古高原的草原文化，有繁荣于北方汉地的中原文化，有兴盛于南宋故地的江南文化，以及青藏地区自成一系的吐蕃文化，更有众多色目人带来的诸般异域文化。对这些文化，元帝国的统治者，采取"各从本俗""兼容并蓄"的态度，并不强制干涉它们之间的交流和融合。在保证众族群服从蒙古统治、为帝国所用的前提下，统治者对这些文化在庙堂政治中的地位和作用，又有区别对待。

元朝统治者以族群差异和归附时间的先后，将治下民众划分为蒙古、色目、汉人、南人四种，在统治方式上遵循蒙古本位，以"国族"蒙古人为主体，最重"根脚"出身，由此形成贵族政治。同时，元朝交参任用色目人和北方汉人作为蒙古官员的辅助，以达到平衡理财需求和地方治理的目的。至于江南的南人，由于加入统治集团的时间最晚，其地位最为边缘。一直到元中期，由于辽、宋、金时代南北对峙长达三百余年，北方汉人与江南南人的隔阂仍然较深。这种隔阂在元朝大一统的环境中，最终趋于消融。到了元后期，各族士人以汉文化为纽带积极交往，最终形成了中国历史上前所未有的多族士人圈。

一、南北殊途生隔阂——虞集与元明善的纠葛

1. 百年对峙，南北隔阂

《元史》记载了下面这样一个故事。

南人虞集和北人元明善，在著名汉世侯后裔董士选任职建康（今江苏南京）和江西时，因被董氏看重得以进入幕府。虞、元二人，虽然学问主张有所不同，但在互相讨教切磋中，彼此极为欣赏，相得甚欢。在董士选的举荐下，二人都到京师为官。结果在大都，北人和南人围绕着权位争

斗不息，虞集和元明善之间的关系一落千丈，由相交走向了相恶。

二人的矛盾愈演愈烈，对虞集和元明善有举荐之功的董士选打算居中调停。不久，元廷任命董士选主政江浙。离开大都赴任时，虞、元二人前来送行。此时元明善在中书省任职，虞集为大都路儒学教授。董士选认为二人将来"必皆光显"，但元明善是中原汉人，"仕必当道"，虞集则是南人，恐怕要遭受元明善的倾轧摧折，于是委婉规劝元明善"慎勿如是"，放下和虞集的隔阂，言归于好。

有感于董士选的良苦用心，元明善承认自己和虞集确有嫌隙，但喝了董公的酒便已化解，并保证从此之后将不会再生枝节。后来，元明善替玄教大宗师吴全节撰写文章，通过吴全节邀请虞集前来指点。二人相会后，元明善问虞集自己的文章如何。虞集坦言，去掉百余字，便可名传天下。元明善遂"泚笔属集"，请虞集修改。果然，经虞集之手删减之后，元明善的文章更加精当。以此为契机，二人和好如初。

虞、元二人的这段交往故事，发生于元成宗大德年间。此时元帝国一统天下已有三十余年，但北人和南人之间仍旧存在着文化认知的隔阂与政治地位的不平等。

在文化层面，自1127年靖康之变后，南宋偏安江南，淮河以北的中原、河北地区成为金王朝的统治区域。南北之间呈敌对态势，文化上的交流几乎断绝。金王朝统治下的北方文化和南宋治理下的南方文化呈现出不同的发展格局。金朝主流的文化和文学气息，继承了北宋苏学风格。苏学即苏轼的学问之道，杂糅儒、释、道等不同流派，学问浩博而少有拘束。虞集分析说："中州隔绝，困于戎马，风声气习，多有得于苏氏之遗，其为文亦蔓衍而浩博矣。"而在江南，却是程朱理学逐渐兴起并大行其道。理学家主张正心而合天理，尤其讲究道统，把儒家之外的其他学说视为异端进而加以批判的态度，越往后越鲜明。在文学表达层面，理学主张素雅，止于所止，并不追求汪洋恣肆的效果。

2. 学问殊途，对立成风

学问上的殊途，成为南北士人交流之时的一大障碍。以元明善和虞集二人为例，元明善是河北大名人，生于1269年，自幼饱受苏学熏陶。弱冠时游历吴中，便以古文名震江南，可以说是北方士人的典型代表。虞集于1272年生于湖南衡州，其母为南宋国子祭酒杨文仲之女。他自幼随母学习经史，后师从南方理学名家吴澄，是南方士人中的佼佼者。二人最初在建康、江西同为董士选幕僚时，已显示出南北士人因学问的差异而互生的隔阂。

当时，元明善批评虞集："治诸经，惟朱子所定者耳，自汉以来先儒所尝尽心者，考之殊未博。"言下之意，是虞集治学唯以朱熹为宗，不免太过偏狭，并不是博学闻道的正确方式。虞集则以"凡为文辞，得所欲言而止，必如明善云'若雷霆之震惊，鬼神之灵变'然后可，非性情之正也"进行反击，认为元明善为文、为诗刻意追求夺人耳目，不是真性情的表达，既然违背了诚心正意的宗旨，就会失之于伪饰。

学问宗旨上的对立，不仅是虞、元二人交恶的一大文化因素，也是南北士人互相轻视的重要原因。儒学与政治之间的联系向来紧密，其宗旨、内容的盛衰兴废，与统治者的意志不无关联。由大蒙古国到元时期，统治者上层最先接触到的儒学为北方传统儒学。从铁木真、窝阔台时期的耶律楚材到忽必烈时期的王鹗、李治等，他们所主张和推崇的，是注重经权之变、讲究随时势而变的务实儒学。也是因此，他们才能够被追求务实致用的蒙古统治者接受。而重心性、学问偏玄奥的南宋理学，自然很难为蒙古贵族所理解。南北之间的文化对立因宋金对峙而生。在大一统的元帝国成形过程中，南北之间的学问交流得以恢复。理学的影响逐渐贯通南北，且呈现出新的特点，成为元帝国文化的主要脉络。

二、理学遍及生新义——南北文化隔阂的消弭

1. 理学北传，对立渐消

元世祖忽必烈是第一个主动学习汉地儒学的黄金家族成员。对于三纲五常、古今之变、齐家治国这些有助于巩固统治的道德、政治伦理，他能够很快认同。忽必烈曾示谕臣下："孔子言三纲五常。人能自治，而后能治人；能齐家，而后能治国。"足见他对孔孟之道的赞同。他的金莲川幕府中聚集了一大批汉人儒士，如张德辉、王鹗、赵璧、窦默等人。在这些人的努力下，蒙哥汗当政时儒学面临的"何如巫医"的不利局面，在忽必烈统领的漠南汉地得到改变。

1252年，被士人视为大蒙古国儒学保护神的忽必烈接受了元好问等人倡议的"儒教大宗师"称号。需要指出的是，忽必烈本人对儒学并非毫无保留地尊崇，他喜好的是务实和能够迅速应用的儒学。能否治国经世，是忽必烈选择儒学人才的首要标准。上有所好而下必趋之，张文谦、姚枢、赵璧、廉希宪等一批精于权变的儒臣得到重用。反之，讲究心性，意欲以天道制衡君王的理学家许衡，则并不甚得忽必烈欣赏。

忽必烈的这种态度，不可避免地导致元帝国一统华夏后，南方理学无法在庙堂之上获得超然独尊的地位。不过政治上的失意，并不意味着理学的发展陷入阻滞。随着蒙古的征服战争，"南北道绝，载籍不相通"的敌对隔阂状态发生了变化。1235年，蒙古为报复南宋"端平入洛"败坏盟约，大举伐宋，赵复被俘，理学开始传入北方。

赵复，人称江汉先生，湖北安陆人。他被俘送到燕京后，受到杨惟中、姚枢等北方儒士的礼遇。后者不仅解除了他的俘虏身份，还专门在燕京建立太极书院，供他教授程朱理学。北方知有程朱之学，就是从赵复开始的。跟随他学习的弟子有百余人，后来北方理学的领袖许衡、郝经、

刘因等人，都曾受到赵复的启发。

理学北传之后，为了迎合政治和时局的需要，北方理学家对程朱理学进行了部分改造。最为典型的，莫过于许衡对理学理论的世俗化阐发。许衡认为"道不远人"，理学并非"高远难行之事"，而是"众人之所能知能行者"，且贴近民生和务实的"日用常行"、"盐米细事"与"君臣父子"都属于道。在此基础上，许衡将义和利统一起来，提出了"治生"的主张。他认为，"为学者，治生最为先务，苟生理不足，则于为学之道有所妨"，突破了程朱"行天道，去人欲"的道德桎梏，为士人们积极主动奔走庙堂、追求仕宦提供了理论支柱。

如果说许衡拓展了理学在视野上的格局，那么另外一个北方理学家刘因，则为理学的学问之道注入新的活力。虽然许衡对理学的传播居功至伟，但其"得朱子数书于南北未通之日"，自己原本的学问根基不深，教授的学生也以文化水平较低的蒙古、色目贵族子弟为主，故其学尽管"一世靡然而从之"，却"数传而易衰"。许衡之学为学简易，不尚博洽，亦不重文辞，其后学则多流于浅陋。针对当时人们过分推崇四书，在学问之道上过度简约而玄奥的弊端，刘因主张以六经为根本治学，认为尊崇理学的读书人应回归文学、德行、言语、政事一应俱全的"真儒"之道，六经是即事言道的"惠世之书"，读书人当先博而后约。

此外，有感于理学发展到宋末元初过分割裂学问和现实之间的关系，刘因和郝经一样，坚持"古无经史之分"。刘因认为："《诗》《书》《春秋》皆史也，因圣人删定笔削，立大经大典，即为经也。"这种主张的大意，是要革除理学中空谈心性以至于玄奥诘屈的弊端，认为真正治经、治学，当是从现实中求取大道。无经史之分的观点，经过元人的系统阐发，对明清两代的学术产生了深远影响。明王阳明经、史"事同道同"的议论，李贽经史互为表里的学说，乃至清章学诚"六经皆史"的宏论，均可溯源于此。

关于元代读书人的地位，出自南宋遗民之口的"九儒十丐"说影响巨大，致使很多人误以为有元一代，儒学和儒生的地位十分低下，仅次于乞丐，并以此为汉文化传承断绝等无稽之谈增添"佐证"。然而事实是，从宋至元，虽然理学在政治上的特权地位有所削弱，但是在学问主张上并未萎缩，反而增添了务实的格局和活力。

2. 教育复兴，科举助力

从耶律楚材尝试"以儒治国"，忽必烈的金莲川幕府集团推崇汉法、以中国之道治中国时起，儒学乃至理学，在政治伦理教化层面的地位，就呈现出逐步提升的态势。

至元八年（1271）三月，忽必烈诏令成立国子学，以理学宗师许衡为集贤大学士兼国子祭酒，这标志着理学成为元朝的官学。国子学授业，从朱熹《小学》一书入门，教弟子推道及身的践行理论，次及"四书"，影响深远。在国子学中受教的多为蒙古、色目贵族子弟，他们中有不少人凭借"大根脚"出身成为庙堂高官后，仍以受业国子学、师从许衡为荣。理学在元朝贵族阶层得到的认可程度可见一斑。

除此之外，还有一大批北方士人进入朝廷担任要职。其中最为典型的是东平士人，他们几乎垄断了中统、至元年间的翰林院官职。虞集曾感慨："礼乐之器，文艺之学，人才所归，未有过于东鲁者矣。"这说的便是东平士人在元朝早期朝堂上人数众多、势力庞大、影响广泛。世祖朝施于朝廷的典诰、行于军旅的文檄、讲于郊庙的故实，几乎全部出自东平士人之手，他们可谓"赫然有耀于邦家"。

皇庆二年（1313），在李孟等人的倡议下，元仁宗恢复了科举取士，批准了中书省"明经内四书、五经，以程子、朱晦庵注解为主"的奏闻，程朱理学的官学地位最终得到稳固。尽管元朝的科举受到忽必烈时期成形的"蒙汉二元"体制影响，在人才选拔、官吏任用等方面的重要性远不及唐宋，但程朱理学被钦定为科举的至高标准，也算最终弥合了南北之间的文化隔阂。无论是北方地区饱含"风沙气"的文学风格，还是南方地区充满"啁哳之音"的诗文气息，都因科举的利诱，变为与程朱理学主张相契合的平易雅正的馆阁文风。与科举制度相伴而生的社交关系，即座主与门生之关系，以及同年网络，不仅弥合了南北汉族士人之间的学养、品位差异，也促使众多蒙古、色目子弟研习儒学，对元朝文化的发展影响巨大。

对馆阁文风的成形，虞集出力甚多。他本人曾多次担任乡试、会试乃至殿试的主考官，以明理、敷畅、去陈言、无自高衡量科场文章，为平易雅正的馆阁文风树立了标准。这种科举馆阁文风，在元代成形后影响至深，明代的"醇正典雅"，清代的"清真雅正"，都以元代"平易雅正"的文风为开端并演进发展。

三、"四等人制"生弊端——失衡的族群政治

1. 南北分职

随着扩张的脚步，蒙古统治者对被征服地区的族群，按照纳入麾下的先后顺序，进行等级职能划分。到忽必烈时代，南宋平定后，元帝国的疆域版图趋于稳定，由此形成了带有一定民族压迫色彩的"四等人制"。以四等人的划分为基础，元王朝在政治上实行种族分职制度。

所谓种族分职，是指"官有常职，位有常员，其长则蒙古人为之，而汉人、南人贰焉"。至元二年（1265），元朝颁布了"以蒙古人充各路达鲁花赤，汉人充总管，回回人充同知，永为定制"的诏令。混一后，江南诸路的正官和首领官也多为汉人，较少任用南人。到元中后期，一小部分汉化较深的蒙古人陆续担任路总管，色目人则时常代替蒙古人充任达鲁花赤，但直到元末，地方官府中仍旧保持着种族分职和民族分化的特点。

"四等人制"是少数民族入主中原后实行贵族政治的集中表现。在该制度下,"大根脚"的蒙古贵族极易得官且手握权柄。与蒙古上层亲近的色目人,进入仕途的通道也较为顺畅。而汉人和南人之间仕宦的竞争最为激烈。相较于汉人,晚进入蒙古统治体系四十余年的南人仕进之路更为艰难。这一点,在元明善和虞集二人的仕宦生涯中可以得到印证。

比照四等人的规定,元明善是汉人而虞集为南人。两人相会于董士选的幕府时,都已二十多岁。彼时的虞集只是董士选欣赏的家庭教师,而元明善已先后做过两届学正,被辟为行枢密院的掾史,董士选"待之若宾友,不敢以曹属御之",后来董氏调任江西行省左丞,又将其辟为行省掾史。这一方面固然是由于元明善才能出众,但另一方面,也与元明善身为汉人,易于得到同为汉人的世侯后代董士选的提拔不无关系。

由于得到充分的信任,元明善能够在董士选幕下大展身手,参与平定赣州刘贵的叛乱,并协助董士选妥善化解反叛株连之事,安定地方。凭借着这些功绩,他不久便被擢升为江南行御史台掾史,继而又转任枢密院照磨,转中书省左司掾史。可以说,从出任学官,到地方任职,再到步入中央核心权力机构,元明善在成宗年间的仕途一帆风顺。反观此时的虞集,大德初年来到大都,直至大德六年(1302)才被举荐为大都路儒学教授,又过了五年,方转任国子助教,升迁之缓慢可想而知。

武宗即位后,元明善被当时的太子(实为皇太弟)、后来的仁宗赏识,拔擢为太子文学。仁宗即位后,元明善改授翰林待制,参与了成宗、顺宗实录的修撰,不久升任翰林直学士。元仁宗对元明善的诏问对答极为欣赏,以至于有"二帝三王之道,非卿莫闻也"的赞叹。后来,元明善又奉旨出赈山东、河南两地的灾荒,拯救了数万灾民。回朝后,因修《武宗实录》有功,升任翰林侍讲学士,还参与了恢复科举的议定。元明善无疑是试图以儒治国的元仁宗极为倚重的心腹之臣。他在延祐复科后的会试中充任考官,又在廷试中担任读卷官。至此,元明善在士林中的声望达到顶点。随后,仁宗任命他为礼部尚书,擢参议中书省事,他由此进入元朝核心权力机关。不久，元明善又入翰林为侍读学士，旋即官拜湖广行省参知政事，成为主政地方的大员。

2. 仕途坎坷，多有忧惧

与元明善一路超擢相比，在至大四年（1311）才升任国子博士的虞集，因赞同吴澄"问学必本于德性"的主张受到谤议，不得不离开国子监。至延祐元年（1314），才任太常博士。虽然在延祐复科中，虞集得以主持大都乡试，但始终不曾有大的升迁。终元仁宗一朝，虞集所领的职位不过是翰林待制兼国史院编修官，远不能与出入省闼、参决政事的元明善相比。甚至连仁宗都曾感慨："儒者皆用矣，惟虞伯生未显擢尔。"

至英宗朝，元明善得到的恩宠进一步提升，升任翰林学士，负责《仁宗实录》的纂修，更有在英宗亲祀太庙时代为署名的眷遇。至治二年（1322），元明善卒于翰林学士任上。至泰定年间，他被追赠资善大夫、河南行省左丞，同时追封清河郡公，谥文敏。从地方任职到步入中央，北方士人元明善的仕宦之途，除一度卷入张瑄案被诬免职外，可谓官运亨通，一生得意。

在元明善去世两年后，直到泰定元年（1324），虞集才获得了人生中第一个比较重要的职务，担任礼部会试的考官。也就在此时，虞集开始以"一道德、同风俗"的目标选拔人才，由此直接影响了元代科举文风。同年，虞集升国子司业，后迁秘书少监，为皇帝讲授经筵。在泰定朝，虞集的仕途渐渐开阔，到1327年，拜翰林直学士、奉议大夫知制诰同修国史，后又兼国子祭酒，成为元朝官方承认的理学文宗。此时，他已56岁。

与元明善不同的是，虞集显赫的声名为他招致很多祸端。泰定帝死后，因帝位争夺爆发了两都之战，最终拥立文宗的大都方胜出。此后，又发生了文宗毒杀兄长明宗并再次即位之事。鉴于虞集的士林声望和宏才博识，文宗两次登位皆令其撰写即位诏书。从此，虞集被牢牢捆绑在文宗的车驾之上。元文宗给予虞集极高的礼遇。天历二年（1329）奎章阁学士院成立后,文宗于次年拜虞集为从二品的侍书学士,随侍左右,并让他担任至顺元年(1330)廷试的读卷官。然而此时的元朝政局已进入权臣政治的混乱时期,与虞集一同位列朝班的燕铁木儿把持军、政、监察大权,与其说政由帝出,不如说国家大小事务,皆由燕铁木儿一手操办。

在权臣政治的倾轧之下,虞集不免惶恐忧惧。史载虞集入宫承诏归家后,经常"悒悒不乐",其中除了恐惧之外,更多的恐怕还是抱负志向难以伸展的愁苦。虞集不甘心只在朝堂之上做一个述旨的词臣。在泰定帝时,他就屡次建言"宽远民,因地利";文宗即位后,他也就如何以仁术治理地方上过书,并希望自己能做一郡的长官,施展才能。然而,随着权臣主政时代的来临,在四等人分职框架之下,朝中对南人的防范心态渐重。虞集多次被同僚排挤中伤,受到的坑害诬蔑,可谓无所不用其极。有一次文宗要封乳母夫为营都王,命虞集草制,两个传旨的近臣谬言将封其为营国公。虞集当然以"国公"的制书完稿,直到丞相来索稿始悟为同列所害。虞集的五世祖是南宋名相虞允文。有一次他受命记一古寺,稍微述及前代遗迹,便有人借机对文宗进谗言,说虞集在美饰南宋。类似的事还有很多,所幸文宗始终信任虞集,并迁怒臣下:"一虞伯生,汝辈不容耶?"即便如此,有名无实的文宗也始终将虞集视为一个文学之臣。虞集想如元明善一般理政治民、施行仁术的愿望终究未能实现。

至文宗驾崩,顺帝继承帝位,虞集由于牵扯到当年替文宗起草诏书,言顺帝非明宗和世㻋之子的事件中,不得已辞官回乡避祸。至正八年(1348),虞集病卒于家中。虞集的一生,从元世祖忽必烈时,至元顺帝中期,几乎见证了元帝国由兴盛走向衰败的全过程。他在元政权中的仕途并不坦荡,到最后也是声名显赫却无权柄。即便如此,他也是南人中少有的能够成功立足于朝堂的人物之一了。

相比北方汉人,南方士人与庙堂之间江湖远隔,上升的孔道更为艰险。元初江西士人程钜夫多次自称"疏远之臣",既是自谦,也反映了南人与元朝统治阶层的真实距离。南方士人无法真正进入庙堂掌握权力的背后,是元帝国的核心阶层对江南社会越发模糊和扭曲的认知:只以其为钱粮赋税的重要来源,而刻意忽视江南社会在政治权利上的诉求。由此而生的隔阂,到了元末,终于演变为政治上的离心离德。失掉了江南支持的元帝国,覆亡自然不过在早晚之间。

四、花实叶茂自繁盛——多元融合下的士人群体

1. 践行儒学的色目人

纵观整个元朝,在中央朝廷,元世祖忽必烈"内蒙外汉"的治理思想根深蒂固。秉承着蒙古本位和四等人种族分职原则的官吏选拔任命制度,使包括理学在内的汉法,始终在权变的"用"和"名"之间飘荡摇摆,从未取得过独尊的主导地位。但是在元朝地方社会,由于遵循"各从本俗"的治理思维,汉法和汉文化不仅没有衰亡禁绝,反而开始吸纳不同的族群阶层。最终,一个大一统体系下以汉文化为衔接纽带的多族士人圈在元朝得以形成。

以元明善的交际圈为例,他的挚交好友马祖常是汪古部人,属于四等人中的色目人,其家先世本为西域信奉基督教聂思脱里教派的贵族。他的曾祖月合乃曾跟随忽必烈伐宋和亲征阿里不哥,后官居礼部尚书。月合乃的儒学造诣非常高,马祖常甚至认为他"过于邹鲁之士"。马祖常本人也极其热衷研习儒学。延祐元年首行科举,他是乡贡第一,第二年会试更得一科榜首,并在殿试中摘得右榜第二(第一需为蒙古人)的好成绩。马祖常入朝为官后,以践行儒家礼法为己任,先后弹劾权臣铁木迭儿及其党羽。在推行文教方面,他是公认的经筵老成讲官,主持过大都乡贡进士的考试,担任过廷试的读卷官。在礼部尚书任上,马祖常以务求实学的标准主持贡举,选拔士人,深得人望。

马祖常对于儒学，尤其推崇《孝经》《论语》，提倡忠孝人伦，自觉维护纲常名教，乃至要求从重论处浙江因贫改嫁的寡妇。他为文尚秦汉古风，磅礴大气，诗风圆密清丽，是元朝中后期的诗文大家，以至于元文宗曾赞许其为"中原硕儒"。马祖常"自先世皆事华学"，是名副其实的"衣冠闻族"。

以马祖常为代表的色目人的汉化并非个例。很多色目人进入中原之后，为汉文化的博大精深所吸引，从汉文化的爱好者，变为浸透至于根骨的儒士名流。这种变化在铁木真时代萌发，到元世祖忽必烈时期已渐成潮流，从成宗至于顺帝朝，又得到进一步的壮大发展。他们通过同乡、姻亲、师生、座师门生与同年、同僚等社会网络，借助诗文唱酬、书画雅集、编书赠序等文化活动，与汉族士人积极交流互动，终于促成了多族士人圈的成形。虽然各族人士因固有的文化差异在汉化的速度方面快慢不一，但各族之中均有汉化士人出现。且从世祖朝开始，蒙古、色目士人的人数日渐增多，造诣日益深厚，从最初研习儒学发展为专擅文学艺术，涵盖的族群不断扩展，并由早期的贵族阶层延伸至中下阶层，对汉文化的理解也不再停留于表面，而是已经形成了与汉族士人共同的信仰和价值观念。

如忽必烈的怯薛侍从廉希宪是畏兀儿人。廉希宪好读儒家经典，尤好《孟子》，被忽必烈呼为"廉孟子"。对于儒学，廉希宪是言行合一的代表。他在世祖朝始终居于高位，其行止举动，均以致君行道为准绳。在行省荆湖时，他以安民抚民为务，大兴学校，亲临讲授，德政声名远播。在朝堂之上，本着尚义抑利的原则屡次批评阿合马的敛财政治，希冀能够重振儒术斯文。廉希宪行事以廉，当时的风气，派往江南的官员，大多向南宋故官、富室索取大量的"撒花银"，他从荆湖归朝时却"囊橐萧然，琴书自随而已"。其君子风骨，丝毫不逊色于唐宋名臣。

2. 道德文章，不分华夷

　　色目人之外，一些蒙古人也受汉文化的熏陶而成为多族士人圈中的一分子。如活跃于元朝中后期的泰不华，出生于浙江台州，原汉文名达普化，字兼善，少时受教于集贤待制周仁荣，为至治元年（1321）的右榜状元。其人诗、书、理学和小学兼通，被誉为才艺最为全面的蒙古士人。其文学造诣被广泛赞许、推崇，结交往来的贤达隐士更是遍及南北。他在1352年死于方国珍军之手，死前已下定"书生报国"的决心。泰不华死后，江南名士杨维桢、郑元祐、危素、刘基等纷纷撰文悼念。

　　在围绕汉文化聚集而成的多族士人圈里，蒙古人和色目人并不只是求学的一方。他们中的一些人文化造诣深厚，成为汉族士人的授业之师。如哈剌鲁人伯颜宗道，是元朝中后期河南地区的学问大师。他的儒学功底深厚博大，吸引了一大批求学者。史载伯颜宗道"子、史与其注文，皆哩识无遗"，前来听他讲学的人，围绕他的书斋建成房间，"环所居百余间，檐角相触，骈集如市"，盛况如此。

　　又如，在文学艺术造诣上，色目人康里巎巎为元代著名的书法大家，曾随赵孟頫游学，请教书道。他与元诗四大家之一的杨载曾为同门，后又"得杨公之学而益显"，杨载之子杨迪则为康里巎巎之兄康里回回的门生。康里巎巎的书法艺术，经由门下的汉族弟子危素、饶介等人的传承，成为元末明初书法的主流。再如，色目人高克恭，酷爱山水，精于书画，是典型的风流名士。高克恭与赵孟頫齐名，是当时北方画坛的领袖。画竹之法独步天下，山水主一代之风尚。元人有诗云："近代丹青谁自豪，南有赵魏北有高。"高克恭在江南做官时与李仲芳、柳贯、虞集等名士交流切磋，经常与赵孟頫挥毫合作，尤称至交。他们之间的往来，也印证了以汉文化为纽带结成的多族士人圈，早已突破了以族群为界限的"华夷之辨"的束缚，主要以是否有共同推崇并乐于发扬的文化作为准入标准。这种宽容博大的气象，是汉文化在元朝蓬勃发展的有力证明。

在这个多族士人圈中，对中原文化传统的认同，促成了整个元代知识阶层对斯文的传承、对名教纲常的维护。在对历史的褒贬中，圣君尧舜取代了灭国四十的铁木真，成为无论蒙古、色目士人，还是南北汉族士人共同认可的清明政治的标准。有元一朝，唐太宗及其贞观之治被视为贤君政治的典范，受到无以复加的尊崇。能够致君尧舜的张良、诸葛亮、狄仁杰等贤臣，也被广泛宣扬推崇。反之，桀纣等暴君则遭到各种贬斥。

虽然这个多族士人圈并未能有力地影响到元朝的上层政治，也无力扭转汉法渐颓的时政局势，但是各族群士人交流密切、互动频繁，从元初至于元末，逐渐呈现出人格信仰、道德价值观和行为准则越发倾向于同品同趣的发展方向。诚如萧启庆先生所言，"蒙古、色目士人往往以仲尼之徒自居而以儒生伦理为行为规范，而汉族士人亦视蒙古、色目士人为己类"。以遵行儒家的大道为最高标准的士人意识，凌驾于以血统种群区分彼此的族群意识，流行于元朝，最终促成了多族士人在明代的彻底融合。少数民族士人改从华俗，尊崇诗书礼乐，"择其是者而从"，可以说是整个元朝文化发展的主要脉络。这也正是批驳"崖山之后无中国"之类偏激之语的有力证据。

参考书目

姚从吾：《姚从吾先生全集》（七），台北：正中书局，1982年。

吴志坚：《元代科举与士人文风研究》，南京大学博士学位论文，2009年。

萧启庆：《九州四海风雅同：元代多族士人圈的形成与发展》，台北：联经出版事业股份有限公司，2012年。

陈高华、张帆、刘晓：《元代文化史》，广州：广东教育出版社，2009年。

杨维桢

谪仙大隐隐于市

杨维桢履历表

姓名	杨维桢
字号	字廉夫,初号梅花道人,又号铁崖、铁心道人、铁雅、铁笛道人、铁冠长老、东维子等,总共用过近三十个号
籍贯	元江浙行省绍兴路诸暨州。南人
家庭出身	江南布衣。曾祖父杨文修为乡村医生,父祖辈无功名
生卒年及所处时代	1296—1370;元朝中晚期至明初
配偶	妻钱氏,诸暨钱行父女。继娶郑氏、陈氏
子女	子杭;女婿,同县傅伯原
生平履历	元元贞二年(1296),出生
	延祐二年(1315),20岁,游学四明等地,购黄震《黄氏日钞》等书
	延祐七年(1320),25岁,父筑书楼于铁崖山中,精研《春秋》,五年不下楼
	泰定三年(1326),31岁,八月,以《春秋》中乡试
	泰定四年(1327),32岁,三月,登进士第。授承事郎、天台县尹兼劝农事
	天历元年(1328),33岁,春,自京返乡,赴天台就职
	至顺元年(1330),35岁,夏,出访农家,慕田园之乐。天台有豪强号"八雕",狡黠势盛,杨维桢治之以法。免官
	元统二年(1334),39岁,转钱清盐场司令,在任上为民请命减盐赋
	后至元五年(1339),44岁,父母先后去世,返乡丁忧。授徒于绍兴
	至正元年(1341),46岁,赴杭州为江浙儒学提举黄溍代笔。冬,携妻儿至钱塘
	至正四年(1344),49岁,撰《三史正统辨》

续表

生平履历	至正五年（1345），50岁，湖州冶师缑长弓为其铸铁笛，自号铁笛道人，名噪吴下
	至正十年（1350），55岁，七月，吕良佐创应奎文会，杨维桢为主评。被荐为杭州四务提举，十二月赴任
	至正十六年（1356），61岁，七月，转建德路推官
	至正十八年（1358），63岁，胡大海陷建德，避地富春山。升江西等处儒学提举，未上
	明洪武二年（1369），74岁，十二月，应召赴京（南京）修礼乐书
	洪武三年（1370），75岁，五月，卒于云间

历代王朝鼎革之后，随着权力归属的转移和权力阶层的整合，旧的势力退出历史舞台，新的力量登上政治庙堂。随之带来的人才选拔和官僚任用制度的改革，往往关系着新的"四民阶层"在社会地位及在地方上的话语权的变动。

元帝国一统华夏之后，一改两宋唯儒是宗、取士选官崇尚科举的遗风。从铁木真到窝阔台时代，儒生只被看作同僧人、道士一般平等的寻常编户，受到免役优待，但并无其他政治特权。到忽必烈时代，虽然实行了汉法，但其本质在于因汉地之宜而施之以政。整个国政，对外锐意开疆拓土，进行征服战争，对内注重财赋税收，充实国库。儒家保守的对外主张以及讲求节用安民的财政理念，与帝王心思相左甚多。加之蒙古、色目贵族和汉地世侯已在庙堂之上占据稳固地位，享受着实在的利益，他们对寒门儒士大规模登上政治舞台分享权力，大多持反对态度。同时，科举制在宋、金推行之后，自身的流弊也日甚一日，忽必烈甚至还听闻过"金以儒亡"的说法，而南宋时文之弊也屡遭抨击。科举制被忽必烈贴上了"虚诞"的标签。因此，从大蒙古国到世祖朝，虽然屡有议及，耶律楚材甚至还促行了"戊戌选试"，但始终没有恢复科举这种自唐宋以来"得人为盛"的人才选拔制度。

元仁宗皇庆二年（1313），针对吏治混乱等腐败问题，元廷终于决定重开科举。延祐元年（1314）八月，全国举行乡试，合格者入大都会试。会试优异者，则可参加御试（也称廷试、殿试）。一时间，"朝为田舍郎，暮登天子堂"的科举风潮似乎重现于世，隐忍困顿数十载的士人也重新燃起了希望，以致出现了年逾古稀的前朝遗老犹跃跃欲试的场面。

然而问题在于，相较两宋取士，元朝科举的选拔人数可谓稀少。据学者推算，元中后期50余年间取士不过1400人，其中还包括国子监生员会试中选者。由科举入仕的人数，仅仅占相应时期文职官员总数的4%。这个比例只有唐代和北宋的十分之一。员额既稀，前途也并不光明。与唐宋时期由科举入仕者有望任居通显甚至位极人臣相比，元朝进士出身的官员在官僚构成中居于绝对劣势。进士官至省、部宰臣的仅二十多人,做到行省宰臣及路总管的也才二三十人。绝大部分进士"例不过七品官,浮湛常调,远者或二十年,近者犹十余年,然后改官。其改官而历华要者十不能四五,淹于常调,不改官以没身者十八九"。起点既低,转官亦不易。因此,延祐以后的科举制度,对元朝原本的用人格局并没有什么触动,沦为粉饰太平的工具。且元朝科举具有明显的优待"国族"、压制汉人尤其是南人的特点,参与其中的南人士子不免更加失望。

在江南,许多士人因无法步入仕途施展抱负,改变人生轨迹,转而践行大隐隐于世的理念。他们逐渐适应了元代异常发达的城市商业,并和身份、话语权迅速提升的商贾阶层密切往来,遂使引领潮流、制造时尚的名士风流大放异彩。杨维桢无疑是个中翘楚。

一、万卷楼上读书人——寻常人家的进取之路

1. 辛苦求学,希冀功名

杨维桢,字廉夫,浙江诸暨人,生于元成宗元贞二年(1296),卒于明太祖洪武三年(1370)。杨维桢一生的经历,正好见证了元帝国的起承转灭,以及江南文士在元廷摇摆的科举、官吏政策中的命运变迁。

杨维桢的家庭,是江南典型的布衣之家。在其"善治生而好施"的父祖三代苦心经营之下,到杨维桢出生之时,这个力农之余,兼营医术和风水堪舆的家族,虽然称不上大富大贵,但也算是家资殷实,能够承担杨维桢兄弟读书求学的耗费。

自科举兴起之后,农而裕则学,学而优则仕,成为传统社会四民突破现有阶层、向上攀升的主流渠道。古人蒙学的年纪多在四五岁。大约在1300年,杨维桢进入家庭私塾蒙学。其时元廷尚未恢复科举,业儒前途并

不明朗，但年幼的杨维桢在父亲严厉的督促下，开始了求学之路。

元朝灭宋后，并没有禁绝江南汉文化的发展。相反，在至元二十八年（1291）时，元廷下令在江南地方设立学校，希望达成"一乡一社皆有学"的目标。学校所教授的内容，除了蒙古语、算术等实用科目之外，主体仍旧是传统的四书五经。这些学校的老师，大多是当地的"老成之士"，有不少前朝遗留的饱学儒生。这些学官、学职，虽然品级卑微，但终究为当时无法晋身的普通儒士提供了一条较为体面的谋生途径。

到1313年，经历了成宗末皇位争夺战的元仁宗，不甘于上层贵族内外勾结、专权擅政的掣肘，且有感于自世祖以来以史治国造成的腐败和混乱，决意抑吏用儒，重开科举。最终，元廷决定每三年进行一次科举，分乡试、会试、御试三道。

2. 泰定乡试，得偿所愿

乡试是地方一级的考试，在元朝，全国共取士300名，其中蒙古、色目、汉人和南人各75人。会试由中书省操办，采用三中取一的办法，共录取100人，蒙古人、色目人、汉人、南人各25名。御试名义上由皇帝主持，凡应考者皆不被黜落。元代科举较为特殊的，是分左、右两榜，四等人分卷录取。蒙古以右为尊，故蒙古人、色目人为右榜，汉人、南人为左榜。考试的内容也因族属有所区别。考虑到南北汉人儒生的庞大数量，蒙古人和色目人无疑再一次享受了特权，且他们的科考题目也相对简单。

对于考试题目，元朝政府也做了规定。经义、经问、经疑只在四书五经内出题，评判优劣几乎全以程朱理学的注释为准。如四书和《诗经》，取用的是朱熹的注解，《周易》则以朱熹、二程的学说为宗，《尚书》以朱熹门人蔡攸之的主张为准，《春秋》以二程门下胡安国的阐发为标杆。可以说，通过元代科举的推崇，程朱理学在思想文化领域中奠定了主导地位，由此贯穿明清两代，对世俗和学术均产生了深远的影响。

杨父不惜重金，先后聘请名儒为杨维桢兄弟教授课业。杨维桢到25

岁时已学问初成，达到了元朝规定的参加乡试的最低年龄。乡里想推荐他应举，却被杨父以"经不明，不得举"婉拒。杨父在铁崖山建起书楼，号"万卷楼"，令杨维桢读书其上，磨炼其学问品性。杨维桢"读书楼上，去梯，辘轳传食，若是者五年"，终于学问大成。

泰定三年（1326），杨维桢参加了江浙行省的乡试，果然以深谙《春秋》一举得中，获得了前往大都参加会试的资格。次年，杨维桢在会试和御试中大展身手，中李黼榜二甲进士。当年进士仅有85人，分配给南人的名额更少，杨维桢便是其中之一。杨维桢被授予承事郎、天台县尹兼劝农事，自此实现了黔首到缙绅人家的巨大跨越。

"春风得意马蹄疾，一日看尽长安花"。金榜题名的杨维桢开始了悠游返乡的旅程。或许是登第的兴奋仍在，又或许是年轻的杨维桢离朝堂太远，缺乏足够敏感的政治嗅觉。在他笔下，从大都到吴越，尽是"民物熙然"的天下太平之象。他并没有看到这繁华背后的水旱蝗灾频发与社会动荡。

杨维桢无法预料的是，仅仅一年之后泰定帝即驾崩，中书左丞相倒剌沙与掌握兵权的燕铁木儿集团各自拥立皇子为帝，发动战争。天灾人祸纷至沓来，元帝国已有分崩离析之患。此时，尚身处下层的杨维桢并不可能知晓，频繁发作的自然灾害，朝堂内部的争权夺利，趋利用吏的深积弊端，将会给他即将展开的仕途和人生带来何等的挑战。

二、当儒家之志遭遇重吏之风

1. 为官天台，欲行德政

1328年，信心满满的杨维桢前往天台上任。他的志向是"招徕道上氓，卖刀买黄犊"。"卖刀买犊"的典故出自西汉循吏龚遂。龚遂任渤海太守之时,一见到佩刀持剑的人,就劝其"卖剑买牛,卖刀买犊"。杨维桢以龚遂为偶像,足见他想通过道德宣教、宽刑缓赋,让老百姓明礼守法、勤力农桑,以达到儒家希冀的圣贤之治。然而,天台任上的杨维桢,很快就意识到圣贤书与现实之间的巨大落差。

历代王朝地方行政事务的处理,总难以逃脱中央派遣的"官"与根植于地方的"吏"的冲突和博弈。两宋重视名教道德,在实际政务的运作中,对吏无论是在升迁还是社会地位上,都采取严格抑制、防范的措施,以防止他们在地方坐大。元朝入主中原之初,则注重地方钱粮赋税的催办,务实和举利并重,派往地方的主政大员,多为有根脚的蒙古人、色目人。郡县守令"往往荷毡被毳之人","司县或三员或四员,而有俱不识一字者"。由于对汉地文化、风俗在认知上存在隔膜,亦缺乏相关治理经验,甚至语言不通,这些蒙古、色目官员对于地方政务可谓一窍不通,只能依赖于旧有之吏员。最终造成的结果,是一县之政往往掌于胥吏之手。客观说来,地方胥吏对当地的钱谷、转输、期会、工作、计最、刑赏、道里、名物等具体事务更为熟稔,对元朝政令在地方的贯彻执行不可或缺。有鉴于此,元廷大开由吏入仕的铨选制度。相较于科举求官,吏的升迁速度很快,以至于吏学成为当时最热门的学问之一。

吏进则官退。地方上拥有名位的吏员,本身基本上或是乡里之豪强,或是豪强门下的代言人。这些人在乡里盘根错节,互为援引,行不法之事,架空地方长官。

2.得罪八雕,免官回乡

杨维桢任职的天台县,有豪强俗吏名为"八雕"者,"凭陵气势,执官中短长,先以饵钩其欲,然后扼吭,使不得吐一语",其实就是利用手中掌控的资源和关系网,或威胁或贿赂主政官员,以达到把持当地官府的目的。元朝也曾多次颁布限制和惩办此类胥吏与豪民的法令,但收效甚微。对此种行径,谋求以儒家教化治民行政的杨维桢,自然是看不惯的,更不屑与之同流合污。他发挥自己的文学之才,将这些豪民的恶劣事迹编成乐府歌诗,用红笔书于其门首粉壁。将农村游手好闲之人及奸豪猾吏的事迹书于粉壁,的确是官方提倡的做法,但杨维桢的父亲听说之后"不乐",希望他用德行而非威势压服治下民众,其中或许也包含着对他仕途前景的担忧。果然,杨维桢在与当地黠吏和豪民的斗争中取得局部胜利之后,很快就一败涂地。

1331年,在天台为官三年的杨维桢,在"八雕"同党持续不断的反击之下被免除官职。儒家济世安民抱负的碰壁,使杨维桢颇为痛恨吏治的腐败。很多年后,他仍旧深有感触:"然吾亦有感于今之吏者,揣摩狙伺,深诋巧文,力制长牧,气压豪氓,称为能吏,苟偷刻薄,恃以为治具,而欲望其国理民安,是亦却行而求前矣。"在杨维桢看来,国家一味倚重胥吏是历史的退步,帝国存在着政令粗暴、百姓不安的隐患。

三、钱清盐场的义利纠纷

1. 任职盐场,愤懑感怀

从天台免官回乡的杨维桢,在经过一段时间的闭门读书、诗歌自娱后,到1334年,又被任命为钱清盐场(位于今浙江省绍兴市,属两浙都转运盐使司)司令,掌管该盐场的一应事务。相较于之前的七品县尹,盐场司令为从七品的小官,这实为贬谪;其职责,则是催办盐场中食盐的生产与转卖,是名副其实的吏职。三年前,杨维桢因吏而免官,如今却要亲身担此"贱役",命运似乎和他开了一个残酷的玩笑。

整个元朝的商税中,盐税是名副其实的暴利,以致有"国之所资,其利最广者莫如盐"的说法。对品行不端的贪腐之人来说,盐场司令是可以中饱私囊的美差、肥差,而对立志高洁的杨维桢而言,这无疑意味着目睹义与利的严重矛盾却又无力解困的内心煎熬。

元朝的盐赋,以两浙盐司为例,从至元到延祐年间,岁课之盐从最初的1760万斤暴增至2亿斤,增加了十多倍。即使经过至顺元年(1330)的减额,到杨维桢任钱清盐场司令之时,两浙盐司的岁额也还有1.92亿斤。即便如此,朝廷对盐利的索取仍不满足,为求暴利而罔顾民生。元朝为了防止私盐买卖,保证国家岁入,主要采用两种销售方式。一种是商运商销的"行盐法",另一种是官运官销的"食盐法"。食盐法即计口桩配,实为强行摊派,主要在盐场附近和沿海地区实行,杨维桢所在的钱清盐场即属此类。官府利用制盐成本和出场价之间的巨额差价大肆敛财,往往价格畸高而质量低下,盐里掺灰和缺斤短两的事情时有发生。

在实行食盐法的地区,官府强令百姓每家按照户口购买食盐。元朝吏治腐败,桩配的份额时有提高,益都路在大德年间甚至出现过一口人一年分配50斤食盐的荒诞之事。且食盐的支取只收现金,不接受丝绢麻布,百姓不得不去街市倒换交钞,然后到盐局买盐。贫苦民户不得不借高利贷来完成食盐配额,买入后再低价卖出,以求尽快回收钞款,偿还债务。如此一来,百姓因购盐而破产之事屡见不鲜。

2. 不甘合污,十年不调

盐政败坏、盐商无良、盐工艰苦、百姓因盐困顿,这些现实中唯利是图导致的弊政,与杨维桢秉承的"藏富于民""使民休养生息"的儒家主张无不对立。在钱清盐场,目睹了盐工们的困苦艰难之后,杨维桢用乐府诗歌的方式,记录了所见的不公。"苦海熬干是何日",极言盐工辛苦熬盐不得歇息;"杨花满头作盐舞",说盐工劳作的衰老困苦;"当官脱裤受黄荆",则描述了盐工们受到的苛责之严重。与盐工、盐户的困苦形成强烈反差的,则是食盐专卖制度下,大盐商有恃无恐地违法乱纪、牟取私利的种种行径,以及朝廷对于盐利的索求无度。盐商们依靠结交、贿赂官府权贵,获得盐引,往来贩卖,富甲一方,正所谓"盐商本是贱家子,独与皇家埒富豪;亭丁焦头烧海榷,盐商洗手筹运握",如此坐享其成,杨维桢已是不满,再加上他们勾结上官,在官盐中夹带私盐,公然破坏朝廷法纪,更是与杨维桢的政治理想全然相悖。因而,尽管杨维桢职微言轻,他仍屡次向江浙行省陈说盐赋病民之状,甚至不惜以弃官相要挟。最终,钱清盐场的岁额,得以减少三千引(120万斤),在一定程度上缓解了当地盐工与百姓的困境。

可以说,杨维桢这个盐场司令,是当时盐官中的一个异类。毕竟,按照元朝的法度,盐官们政绩的唯一判断标准,便是能否督促盐工生产出额定的食盐。如果不能达标,则要面对"禄夺爵贬"的惩罚。为了自己的前程,大多数盐官会"牛羊其民""苛诛趣办",以完成指标,获得晋身之资。杨维桢这种出自儒家士大夫"仁政爱民"政治理想的减额抗争之举,与同僚格格不入,又忤逆了上意,为他"不调铨曹者十年"埋下了伏笔。

1339年,因父母先后去世,杨维桢回到诸暨老家丁忧。1341年,丁忧结束的杨维桢举家迁居钱塘(今浙江杭州),开始了游历浙西的生涯。尽管此时距离他高中进士、意气风发步入仕途才不过短短十多年,但在经历了天台折翼和钱清困顿后,杨维桢"已有子贡倦而愿息之心",有了归隐之意。不过,他对元廷还只是失望,并未绝望,仍旧期望能够重入官场,整顿世风。

四、自号铁笛——进退皆忧的精神困境

1. 结交富商,悠游江浙

定居钱塘后,没有了俸禄的支撑,一家人如何生活下去,是很现实的问题。此时的杨维桢开始与浙西富豪商人结交往来,依靠教授学问换取酬金,间或卖文为生。这也是当时没有仕宦收入和殷实家境的读书人常见的谋生方式。江南的富室大家养士之风颇为兴盛。除了在家中养士、接待

来访士人以外，许多富家还设立私塾，延请饱学之士教育家族子弟，一些地方官学和民间义塾也纷纷聘请当地知名士人前去讲学。积累了巨额财富的地方豪绅，乐于与文人士大夫相交，或附庸风雅、彰显气度，或资助落魄以得美誉。拥有进士功名且文采斐然的杨维桢，无疑是江浙富豪们争相延致的对象。他先后在湖州、苏州的巨富之家授学，后长期活动于松江。杨维桢与前述海运千户殷明略之孙殷奎有师徒之谊，更是世袭海道运粮千户的昆山顾家的座上常客。这些满腹经纶，但在元朝官僚体制中不得重用的失意士人，竟意外地在浙西的繁华市井中悠游自得、名利兼收。

元顺帝至正年间，在元朝官修辽、宋、金三史之际，杨维桢对史臣以辽、宋、金各为正统的做法表示反对，撰写了《三史正统辨》一文。该文二千六百余言，以儒家立意为宗旨，宏论了道统、法统的流转继承，认为元承宋统，而非辽、金之绪。由于正史的"正统"直接关系到南士的存在意义，当时对这个问题的争论异常激烈，其中不乏以宋为正统者，但杨维桢的《三史正统辨》文采斐然，论证清晰，很快从诸论中脱颖而出，成为替南宋、南人张目的范文。此论在江南士人中引起极大震动，后之提杨维桢者，无不特书其辨元承宋统的功绩。陶宗仪在编《南村辍耕录》时将其全文抄录，并称赞此文"可谓一洗天下纷纭之论，公万世而为心者也"。他本人因此声名大噪，成为清流名士之楷模。

然而，杨维桢据以立论的依据，主要是朱熹的《通鉴纲目》，充斥着浓重的华夷之辨色彩，显然不符合元朝统一多民族国家的现实需要。杨维桢的学术、政治主张，自然不会得到元朝当权者的响应。而他本人的精神境界，在与如昆山富豪兼文人顾瑛等人的交往中，也逐渐趋于隐逸，其行止开始从通达士人向风流名士转变。

2. 玉山盛会，自许谪仙

1348年，杨维桢参与了顾瑛在昆山自家园池举办的雅集盛会，与会者几乎都是江南浙西地区的名流贤达。此会初名桃源雅集，后以"玉山雅集"

（顾瑛园林名为玉山佳处）留名青史，与东晋兰亭雅集、北宋西园雅集并称为三大雅集。这次聚会结束后，当时的著名画家张渥，用白描体绘成了一幅《雅集图》。画中，杨维桢身着奇冠异服，一副世外高人的打扮。"冠鹿皮"示人以儒；"衣紫绮"示人以士大夫的身份；"坐案而探卷"示人以闲逸好学；自号"铁笛道人"，表达自己悠游物外的精神境界，还有一位手捧招牌铁笛的名妓翡翠屏随侍身旁，这些无不向世人展示着杨维桢的旷达风流。与会的其他雅集成员，或执玉麈，或舒卷而作画，或曲肱而枕石，或冠黄冠，俨然是对魏晋风度进行了一次跨越时空的重现。

此后，杨维桢还经常"脱乌巾，冠铁叶冠，服褐毛宽博，手持铁笛一枝，自称铁笛道人"，或"戴华阳巾，被羽衣，泛画舫于龙潭凤洲中，横铁笛吹之"。他还为铁笛安排了一段传奇的身世，说铁笛的材料得之于太湖的莫邪古剑。无论是鹿皮冠、铁冠和华阳巾，还是紫绮、羽衣和褐毛宽博，通过服饰装扮和铁笛横吹的表演，杨维桢呈现出一种高洁隐士甚至得道仙人的形象，时人"疑其为谪仙人"。

可以说，杨维桢等人的形象，展示了一大批有志于学而仕宦不成，隐于世又不甘默默无闻的士人进退皆忧、肆意纵情的精神困境。这个特殊的隐士群体在元末的江南尤为活跃。他们穿梭于市井之中，以奇言异行、奇装异服自我标榜。有别于传统隐士的是，这些人并不主张隐于岩穴不问世事。事实上，他们往往凭借着自身在士林和文学界的地位，影响乃至左右着诗词歌赋等文学潮流的动向。对于世俗生活，他们也并不拒绝。很多时候，他们甚至会通过夸张的言行，将自己在世俗生活中的怪诞行为放大，并吹捧引导，使之成为潮流，如杨维桢身着奇装异服，带着姬妾乘船表演之时，豪门巨室争相迎致。而在文学主张方面，他们又极为严肃且正统，宗古而法韩（愈）、柳（宗元）。以杨维桢为例，他在晚年，一方面将通俗而市井化的竹枝词、香奁诗推向了高峰；另一方面，创作古乐府诗歌，又力求以诗文正人心，不背离《诗经》《楚辞》言必有物的宗旨。一个看似割裂、对立却又统一的文人群体，在元朝特殊的情境之下应运而生,开始活跃于江浙的都市。

对于仕宦,杨维桢始终是眼冷心热,牵挂不已。至正十年(1350),隐逸近十年的杨维桢,在他人的推荐下,得到了杭州四务提举的官职。四务提举是杭州的典市之官,负责税务的催办,从官职而言,仍旧是吏的成分大于官。对于这个官职,已经55岁的杨维桢当然不甚满意,认为自己"不受知于当世",但仍然选择了前去赴任。

五、典市杭州尘满襟,天下大乱别宦海

1. 再度出仕,催办税务

元朝的都市赋税中,杭州的贡献远远超过其他城市。杭州城聚集了五方之民,往来贩卖的货物,生产的工艺,缴纳的赋税,实他郡所不及。在马可·波罗眼中,这是"世界上最繁华、最有钱的城市"。杭州富足,朝廷对此地极为倚重,而杨维桢负责催办此地税务,其职责的繁重冗杂自不一般。

杨维桢曾自述过在杭州当税务官的难处与不易。杭州额定赋税之巨超过京师,且没有用于常平调节的母钱,又没有其他官司辅助帮办,但不论自然、社会、商业环境如何,监临官都"日钩季校",额定赋税稍有不足就要追究办课者的责任。为了杜绝漏税现象,官方密立关卡钩拦,具体负责的却是城市里的无赖、游徼之人。这些人没有廪禄,因此在征税过程中难免以公徇私。而漏税的多为地方豪势之家,若不幸被税务官截获,他们会立即上下打点,不出一两天,就通过上级官司的干预全身而退。如果遇到阻力,就勾结衙校,甚至直接武力抢夺。有一些不畏强暴之人,想要以法律制裁这类豪强,却往往为其所制。所以这个系统被认为是墨海,是火狱,在其中做官的人,往往不能保全操守。

脱下鹿皮冠、紫绮衣的杨维桢,为了催办税务,在杭州集市中往来

奔波,全然没有了当时登临高阁、傲然山水的姿态。在宋濂等人后来的描述中,此时的杨维桢,"日夜爬梳不暇,骑驴谒大府,尘土满衣襟间,有识者多怜之"。

2. 天下大乱,仕途终结

就在杨维桢前往杭州上任的第二年(1351),以颍州为中心,爆发了反元的红巾军起义,天下顿时大乱。应对战争所需要的钱粮赋税远甚于昔日。在这种情境下,杨维桢这个杭州税务官所承担的职责,不免要加重许多。1353年,泰州盐枭张士诚聚众起兵,先后攻取了常熟、湖州、松江、常州等地,隔断了江浙与大都之间的粮道。

至正十六年(1356)七月,张士诚的兵锋及于杭州,江浙行省左丞相达识帖睦迩闻风而逃。杨维桢作诗讥讽,不久转为建德路(今属浙江杭州)推官。然而两年之后,建德路亦为朱元璋麾下的胡大海攻陷。杨维桢被迫出逃,避祸于富春山。这一年,元朝升杨维桢为江西等处儒学提举。这个官职还是比较符合他的身份的。但此时的江南,早已被朱元璋、陈友谅、张士诚、方国珍等割裂,战乱四起,杨维桢已无法前往赴任。他在元朝的仕宦生涯,从此宣告结束。

脱离宦海之后,杨维桢重回松江,与之前结交的顾瑛等江南名士重聚。在之后的生涯中,他以锐意经营的真名士和超凡脱俗的谪仙人形象誉满江南。

六、四方平定巾背后的隐喻

1. 钻研声色,迎合市井

杨维桢返回松江后,顾瑛等人给予他极高的礼遇。衣食无忧而娱游欢宴,杨维桢似乎变得狂狷起来。他在松江筑台,过着"无日无宾,无宾不沉醉"的生活。其间,他以妓鞋行酒,大推竹枝词和香奁诗,甚至带领着自己的家庭乐舞团四处表演。这些不合于时的怪异举动,给他带来了巨大的争议。

据陶宗仪《南村辍耕录》记载:"杨铁崖耽好声色,每于筵间见歌儿舞女有缠足纤小者,则脱其鞋,载盏以行酒,谓之金莲杯。"后来的传说中,妓鞋行酒是杨维桢和好友倪瓒翻脸不再往来的导火线,也招致了"可笑狂生杨铁笛,风流何用饮鞋杯"的批评。从提倡道统的江南文宗,到耽好声色的杨铁崖,如此巨大的反差,自然很难为传统士人所接受。

至于竹枝词和香奁诗,则是杨维桢新乐府运动中的一环。在1358年,他便重提重视书写真性情的古乐府诗。在杨维桢眼中,慷慨激昂、雄浑悲壮是真性情,情爱缱绻、声色犬马同样也是真性情的一部分。或者可以说,在世俗中玩味消遣的铁笛道人,是将当时兴起的市民文学中奔放直爽的男女情爱,纳入了自己的诗歌体系,其中既有改造的意愿,又有迎合的意味。

晚年的杨维桢极好音律舞乐,为此他广罗侍儿歌伎,组建了家庭乐舞表演团。其表演的节目,除苏浙地方戏曲外,还有"十六天魔"这种因为包含了香艳的内容而为正统士人所抨击的舞蹈。天魔舞源于"菩萨"拒绝"天魔"以色相引诱的传说,是藏传佛教依托在元帝国的国教地位,流传进中原腹地的一种舞蹈。由于此前藏传佛教传至江南之时有一些过激行为,加之这种异域风情的舞蹈与儒家崇尚的中和雅正风格全然不同,传统士人往往对其报以抵触甚至妖魔化的情绪。身为江南文宗,为士林所期许的杨维桢,居然在大庭广众之下排演此种舞蹈,被礼法之士批评也在情理之中。然而,不可忽视的是,这反映出,由于元帝国宽容的宗教政策和开放的对外环境,江浙地区的城市,尤其是承担对外贸易的杭州、松江、苏州等地,各种文化荟萃交融,形成的市民文化也相应地好奇异而多奇趣。从这个角度而言,杨维桢只是迎合了寻常市井百姓的猎奇趣味,由此可见元朝文化政策在促进多民族文化交流方面的客观效果。

从用行舍藏、独善其身的志士，到放浪形骸、体悟天地的隐士，中国历来的名士、高士们，总不免用奇、狂、怪来做自我与他者之间的区分。只不过在魏晋、唐宋时，这种趋向体现为隐于山水，远离世俗，达到内心的清静无为。到了元朝，在科举竞争激烈、入仕孔道窄小的情况下，两浙的士人虽未放弃对圣人之学的追求，但也明白，宋朝时备受关注的"政"与"学"之间的联系已不再紧密。自元初以来，遗民群体引领起来的隐逸风气，既指一种没有进入仕途的状态，也逐渐成为一种彰显身份和品位的传统。"高士"被认为是值得尊敬的，某些时候还能获得被朝廷征召的机会。江浙本是东南粮仓，在生计有保障的基础上，很容易在仕途之外另辟一条实现人生价值的道路。

商业的繁荣，造就了一批腰缠万贯的富商巨贾，他们在获得了金钱上的成功之后，想要寻求更多，由此出现了种种附庸风雅的行为。他们主动与文人诗词唱和，举办排场阔绰的文艺沙龙，赞助画家，让子弟接受先进的教育，一切都朝着"文化"的方向发展。一种面向世俗，且更加安逸的隐士文化由此而成形。因缘际会之下，杨维桢成为其间最为典型的案例。

2. 元明鼎革，世风改易

杨维桢悠游市井，纵情逸乐的生活一直持续到1368年。这一年，朱元璋一统江南，在应天称帝，建立明朝，改元洪武。洪武二年（1369），明太祖朱元璋"召诸儒纂礼乐书"。以杨维桢的名声地位，自然在征召之列。对于此次征召，杨维桢似有不做贰臣之意，再三推辞不得已后，恳请明太祖允许自己只行礼乐编纂之事而不做官。朱元璋答应了杨维桢的请求。杨维桢离京时，相交数十年的好友宋濂写下"不受君王五色诏，白衣宣至白衣还"的诗句。杨维桢名士风流、高士质洁的名声，自此更为世人传颂。

但在后来的附会演绎中，杨维桢与朱元璋的会面，被添加了带有更多隐喻和期许色彩的细节。"我邑杨维祯（桢），元进士也，官至江西提（儒）学提举，阻兵隐于松江，见太祖高皇帝于当涂，太祖异其冠服，对曰：'四方平定巾，海晏河清服也。'太祖喜，遂颁行之。今各州县里长老人所戴及大夫士所服细褶衣是也。"也有传说说杨维桢面见朱元璋时，所戴头巾最初四方平直，明太祖认为"四方平定必须民安"，乃将巾冠前面用手一按，变成一个倒着的"民"字样，遂为明代儒生及处士所戴之巾。

无论是四方平定巾，还是"民"字样的儒生之巾，这段对新朝开国皇帝与江南文宗之间会面的演绎，隐约透露出接下来那个时代秩序变更的若干信息。出身淮泗、自幼贫苦的朱家皇帝，对浙西文人的梦幻风雅似乎不以为然。

洪武三年，75岁的杨维桢在松江去世。一个新的太平盛世已经开启，但是江南的士人们大概并不知晓，在新政权缔造者朱元璋的认知中，元朝之亡，皆因元顺帝君臣"耽于逸乐"，元朝亡于"纵弛"。这种纵弛，既包括法度宽松、政令不严，自然也包括元季士人群体宽于律己的放纵恣意。

杨维桢去世之前，和他一起浮沉于世、极尽风流的相知故交陆续凋零，他的亡故在一定程度上宣告了一个时代的终结。明朝统治开始后，对社会各领域的控制越来越严密，如杨维桢这般隐世逸乐者的活动舞台被彻底摧毁。与之有相似气质的文人，一直到明朝中晚期才逐渐长成。而他们成就的，已经是另一个时代的传奇了。

参考书目

萧启庆：《元代的族群文化与科举》，台北：联经出版事业股份有限公司，2008年。

姚大力：《蒙元制度与政治文化》，北京：北京大学出版社，2011年。

马可·波罗

有客西来录光华

马可·波罗履历表

姓名	马可·波罗
出生地	意大利威尼斯
家庭出身	父亲尼柯罗·波罗，叔叔马菲奥·波罗
生卒年及所处时代	1254—1324；元世祖时期
生平履历	元宪宗四年（1254），出生
	至元八年（1271），18岁，随父、叔到元朝复命，1275年抵达上都
	至元十二年到至元二十八年（1275—1291），客居元朝十七年，到访过陕西、四川、云南、河南、江浙等行省数十个城市
	至元二十八年（1291），38岁，从泉州出发，随伊利汗阿鲁浑的请婚使者护送阔阔真公主去波斯
	元贞元年（1295），42岁，回到威尼斯
	元贞二年（1296），43岁，在威尼斯对热那亚的海战中被俘入狱，向狱友鲁思梯切诺讲述东方见闻
	大德二年（1298），45岁，出狱还家
	泰定元年（1324），71岁，去世

一般认为,中国与西方之间的大规模经济、文化交流,始自西汉张骞出使西域,凿空开辟陆上丝绸之路。双方交流往来的程度,与中原王朝分裂、统一的格局密切相关:分裂时陷于阻滞,大一统时频繁而多元。唐代安史之乱后,陆上丝绸之路逐渐走向衰落。随后,北方多政权并立对峙,这条路线更是日益沉寂。

直到元代,随着一个世界性帝国的建立,东西交通的陆路重获畅通。加之元帝国具有开放性特质,统治阶层追求利益,鼓励商贸,起于汉、兴于唐的丝绸之路,终于在元朝趋于鼎盛。众多异域人士来到中国,其中既有秉承宗教意志的僧侣,也有肩负政治使命的使臣,更有追逐货贸厚利的商人,他们成为东西方之间物质和精神交流融合的桥梁。其中最为著名者,莫过于威尼斯商人马可·波罗。据其自述而成的《马可·波罗游记》(即《寰宇记》)一书,详述了马可·波罗在元朝的十七年中所见闻的诸多宫廷政事与市井繁华。游记将东方的神秘、富庶、开放展现给欧洲读者,由此引发了西方探险家对东方的无尽向往,甚至成为15世纪大航海时代来临的一个重要诱因,影响极为深远。

一、东方风暴与鞑靼怒火——大蒙古国与东西交流

1. 铁蹄纵横,撼动欧洲

自唐以后,在东方,大一统的中原王朝重新陷入分裂割据。而在西方,欧洲基督教文明和雄踞中亚、西亚的阿拉伯文明则对抗了百余年。东西方之间通过陆路直接交流的方式,因紧张对抗的国际局势而趋于中断。

因为缺少直接的交流,当时的欧洲对亚欧大陆另一端的东方充满神秘和诡异的幻想。在罗马人心目中,那些最为名贵的丝绸,是从神秘的树叶上爬梳下来的。在基督教的预言里,高加索山甚至是传说中封印魔鬼

和开启世界末日的地方,更不用说高加索山以东数千公里之遥的蒙古高原了。

这些光怪陆离的幻想,随着成吉思汗的西征逐渐瓦解。1219年,成吉思汗统领大军发动了对花剌子模的军事征伐。这场耗时六年的战争之后,"蒙古帝国"开始接管这个具有关键意义的桥梁地带。随着"蒙古帝国"扫灭西夏,灭亡金朝,忽必烈建元灭宋,压服高丽王朝,黄金家族控制了整个东亚和绝大部分的中亚、西亚地区,欧洲和东方终于开启了直接交流的时代。

亚欧大陆东端和西端交往和互相认知的开始并不美好平静。在基督教中,长期流传着"长老约翰"统治东方基督教国家的故事:据说他将在合适的时机,对与阿拉伯对抗的西方基督教伸出援手。1217年,罗马教廷准备发动第五次十字军东征,为了鼓舞出征士气,该故事再次被大肆宣扬。此次东征一直持续到1221年。而恰巧在1220年,蒙古军队大举攻入花剌子模。消息传到欧洲后,蒙古对花剌子模的战争被视为"长老约翰"的援助,罗马教廷欣喜异常。

然而,幻想很快被残酷的现实击破。虽然铁木真扫平花剌子模后,率领大军返回了草原,但蒙古向西征伐的步伐并未停止。1223年,速不台的军队闪击了格鲁吉亚和俄罗斯诸公国。蒙古军的威力通过匈牙利国王的求救信传到了欧洲。蒙古军队作为拯救者约翰的形象开始瓦解,并逐渐被戴上恶魔使者的帽子。

1235—1242年,继承了黄金家族最西边领地的术赤之子拔都,为拓展自己的领地、增加自己的财富,发起第二次西征。这次西征的矛头直指欧洲内陆。此时,"长老约翰"的传说依然存在,只不过增添了鞑靼国王谋杀约翰、篡夺王位的情节。这明显是成吉思汗与信奉基督教的克烈部王罕,关系由依附转变为斗争的过程流传到欧洲后,受到的演绎和曲解。欧洲开始正视蒙古的威胁,匈牙利国王贝拉四世派出朱利安使团,意图与拔都会面。使团虽然没有见到拔都,但看到了蒙古军队强大的摧毁力。他们回返教廷后，蒙古军队开始被宣传为来自东方地狱执行毁灭的恐怖风暴。

1240年，拔都的军队攻克了当时俄罗斯公国的政治与宗教首都基辅。拔都秉持着铁木真战端一开则对敌人斩尽杀绝的政策，在基辅进行了清洗式的屠城。恐慌开始在欧洲大规模蔓延。次年3月，一路蒙古军队攻陷了喀尔巴阡山通道，进入匈牙利地区，而另一路则在波兰境内所向披靡。这两路蒙古军最终在多瑙河畔会师。4月，他们在速不台的指挥下，与前来抵御的骑士军团爆发了里格尼茨之战。

里格尼茨之战让欧洲人意识到，自己传统而陈旧的骑士战术已无力抵御蒙古军队先进快速的闪击包抄战。中世纪的堡垒，也不可能抵挡投石车甚至火药这些威力惊人的攻城器械。此役算得上一场单方面的屠杀，骑士团全军覆没。不久，拔都亲自率军，在萨耀河全歼了匈牙利的十万大军。放眼东欧，已经没有什么力量能够抵挡蒙古铁蹄。1242年5月，拔都大军几乎征服了整个奥地利地区。

这是东方影响甚至决定西方命运的时刻。对于能否抵御拔都，罗马教廷充满了悲观和绝望的情绪。不过，幸运的是，窝阔台在1241年12月病逝。汗位空悬，窝阔台之妻脱列哥那把持政务。此时，拔都的领地已超过黄金家族中的任何一系。收到窝阔台病逝的消息后，为支持蒙哥角逐汗位，同时也保证自己在新征服区域的控制权，这位西征的统帅决定撤军。此次撤军后，拔都不再进犯欧洲腹地，而是经营起自己创立的钦察汗国来。

2. 教廷遣使，互相观察

蒙古军队撤离后，罗马教廷和西欧诸国的末日恐慌情绪稍得缓解。欧洲与黄金家族掌控的世界帝国毗邻，已是无法回避的现实。如何与家门口的蒙古人打交道，成为整个欧洲最大的议题。最终，新上任的教皇英诺森四世决定派遣使团展开宗教外交，一方面窥探蒙古人的真正实力，另一方面还怀有点化这些"野蛮人"，令其皈依基督教的意图。

1245年，第一批使者从里昂启程，次年在伏尔加河畔见到了拔都，拔都却将他们送往和林。这是欧洲人第一次深入"蒙古帝国"的腹地，还有幸见证了贵由汗在昔剌斡耳朵附近的登基大典。由于使团成员都是虔诚的宗教徒，他们对"蒙古帝国"的见闻描述，较多关注当地人的宗教信仰和神话传说。他们肩负的传教意图，被贵由汗强势拒绝。1246年冬，使者们失望而归。其中有一位叫柏朗嘉宾的方济各会传教士，返回欧洲后将出使蒙古的见闻整理成一份报告，这就是著名的《柏朗嘉宾蒙古行纪》。

1253年，另一批著名的传教士踏上了前往"蒙古帝国"的旅途。其中有一位叫鲁布鲁克的法兰西方济各会修士，回国后也撰写出一部游记，记录他在和林的所见所闻。此时大蒙古国的统治者为蒙哥汗，他的母亲唆鲁禾帖尼信奉聂思脱里教。该教派早就被东罗马教廷斥为异端，但在草原上广为流传。对这一行修士，蒙哥汗的态度还算温和。只是鲁布鲁克本人虽然信仰虔诚，却是一个蹩脚的传教士。他类似恐吓的传教方式在主张宗教平等、信仰自由的蒙哥眼中，并不十分高明，因而他在蒙古并未收获多少信徒。蒙哥汗还让他给法王带去口信，要求对方依照长生天的意志投诚。

鲁布鲁克不失为一个优秀的观察者，和此前的同行们不同，他抛开了一些宗教和文明的优越自负，开始记录一个较为真实的"蒙古帝国"。例如，他眼中的和林是一座世界性城市，商人和宗教人士往来云集，并非恐怖的中心，而是财富流转的枢纽；再如，他亲身参与的宗教辩论中，信仰不同的教派可以畅所欲言，其中只有辩论，没有流血和杀戮。鲁布鲁克细致观察了他所能接触到的各个阶层和族群，留下了丰富且相对客观的记录文字。1254年，在蒙哥汗的三弟旭烈兀决定向两河流域和叙利亚用兵时，鲁布鲁克踏上了返乡的路途。

尽管欧洲和蒙古帝国往来频繁，但由于黄金家族的对外扩张还未结束,中亚和西亚地区战争频发,双方的交流大多为政治、宗教使团往来,而真正大规模的民间交往,则要到旭烈兀西征结束,蒙古四大汗国完全成形,整个欧亚大陆趋于稳定后方可实现。

二、马可·波罗眼中强大、富庶、开放的元帝国

1. 跋涉万里,跻身斡脱

马可·波罗于1254年出生在意大利威尼斯的一个商人家庭。1271年,18岁的马可·波罗跟随父亲和叔叔,从威尼斯出发,踏上前往东方的遥远旅途。此时,亚欧大陆发生了巨大变化。忽必烈在这一年正式建"大元"国号,政治中心从开平南迁至大都。他锐意攻伐南宋,意图一统华夏。而在欧洲,格列高利十世当选为罗马教廷的新教皇。至于中亚、西亚地区,拔都建立的钦察汗国对欧洲地区的扩张势头已经停止,转而与旭烈兀打造的伊利汗国展开博弈。

格列高利十世的施政计划中,最重要的目标是调和西欧各王国间的矛盾,以此在与东正教的对抗中取得优势。对与蒙古诸汗国的关系,罗马教廷决定采取和平交流的策略。据马可·波罗自述,教廷答应了忽必烈索取"圣油"的请求,马可·波罗一家加入护送"圣油"的使者团队,由此得以前往东方。他们从威尼斯乘船越过地中海,抵达巴格达后,准备从忽里模子(即霍尔木兹)转乘海船,经海路前往中国。

然而,两位教皇使臣中途畏难,将教皇诏书和国书托付给马可·波罗一家后即行折返。马可·波罗一行在忽里模子遭遇变故,不得不放弃海路,转而选择古丝绸之路,穿越巴达哈桑和帕米尔高原进入元朝。历经千难万险后,他们到达了可失哈耳(今新疆维吾尔自治区喀什地区),而后沿着古丝绸之路的南道,经和田、罗布泊沙漠,进入河西走廊,经

沙州（今甘肃省敦煌市）、肃州（今甘肃省酒泉市）、甘州（今甘肃省张掖市）、凉州（今甘肃省武威市）等地到达宁夏，继而向北进入蒙古草原，终于在1275年抵达上都。

见马可·波罗一行护送"圣油"到来，忽必烈大为欣喜，亲自接待。年少聪颖的马可·波罗得到忽必烈的赏识。从游记中表露出的对帝国商业的敏锐观察程度来看，他极有可能是以宫廷斡脱的身份留居元朝的。

在元代，斡脱是以官本谋利的特殊商人，其历史可追溯至成吉思汗时期。随着蒙古大军攻伐四海，斡脱也将生意做到了天南地北。这些人享有使用驿站、货物免税、免徭役等特权，是中国历史上极为少见的特殊官商群体。1267年，忽必烈设立诸位斡脱总管府，对斡脱进行专门化管理，以满足对南宋和西北用兵的庞大开支。马可·波罗抵达元朝后，很可能成为宫廷斡脱中的一员。也正因为有这一层特殊身份，马可·波罗得以往来元朝宫廷和各地之间，见识了整个元帝国的强大、富庶和开放。

2. 记录政事，生动翔实

尽管马可·波罗有可能还被恩赐了宫廷外围怯薛的身份，但他与忽必烈之间的关系并不如他后来在游记中所述的那样亲密，也不可能参与元帝国的重大政务。不过，站在旁观者的角度，马可·波罗颇为细致地描述了许多元朝的制度、文化，也翔实记录了一些庙堂之上影响深远的政治事件。

例如，对元帝国通达四方的站赤（驿传）制度，以及使上情下达、下情上禀更加快捷的急递铺，游记都详加记载。驿站设置的间距一般是"二十五迈耳（mile音译）或三十迈耳"，且都设置在通往各省的交通要道上。为保证驿站的供给，"大可汗也移民到那里住，并叫他们耕种，作站中所需的事务"。急递铺有专门"替大可汗送信的"信差。这些信差彼此换班，让"大可汗在一昼夜间，能得到十天路程以外各地方的消息"。马可·波罗对急递铺的铺兵有细致的描摹，"他们穿着宽带子，周围挂着铃铛"，以方便疾走时发出声响，及早提示下一站的铺兵接力递送文书。这与汉文史书《经世大典》的记载完全吻合。

如果说，对驿传与急递铺制度的记录，体现了马可·波罗对元帝国控制地方能力和政令之通畅的印象，那么1287年他目睹的大可汗乘象辇统率大军平定乃颜叛乱，则是他对忽必烈身为一代雄主的雷霆手段与元朝军事实力之强大的见证。

1287年，忽必烈御驾亲征，与东道诸王之长乃颜的叛军作战。对这场战争，马可·波罗做了颇为生动真实的记载，如忽必烈收到乃颜叛乱的消息后，花了22天的时间秘密调集军队，部署平叛事宜，这与《元史》的记载大体吻合。又如，忽必烈乘坐象辇指挥战斗，对此马可·波罗说，"大可汗在四个象背上所负的小楼中，站在小山上，左右围以弓弩手。旌旗飘扬在他的上面，旗上有日月形象，高插空中，所以各方面都能看见"。这一场景，《元史·脱脱传》同样有所记载："世祖屯兵于山巅，旌旗蔽野。"拉施特《史集》里也说，忽必烈"尽管关节酸痛，年老力衰，仍然坐在象背的轿子上出发了"。

马可·波罗特别提及："乃颜是一个受过洗礼的基督教徒，在这次战争中，他仍带着基督的十字架在他旗帜上面。"乃颜的军队中，确有许多基督徒。据《史集》记载，成吉思汗曾将三千户蒙古军队分封给自己的侄儿按只吉歹，其中有一部分是信奉聂思脱里教的乃蛮人。而按只吉歹之子哈丹积极参与了乃颜叛乱，故马可·波罗所言大体可信。

这场战争以忽必烈的胜利告终。他以处死蒙古贵族的方式杀掉乃颜，即马可·波罗所说的"被捆扎在地毯里，放在地上乱滚和到处击打，然后死去"，其目的在于遵循蒙古"不允许皇帝宗系的血洒在地上，或叫太阳和空气看见"的传统。

此外，虽然未能参与，但马可·波罗饶有兴趣地记述了忽必烈令伯颜平定江南的详细过程。其中南宋灭亡前夕流传的"伯颜百只眼"预言，正与"江南若破，百雁来过"的童谣暗合。马可·波罗或许还亲历了王著刺杀阿合马事件,他将此理解为汉人谋叛,对起事者杀光"所有带胡须的人"的谣言尤为上心。在他的认知中,汉人天生无须,而他自己就是个带胡须的,难免心惊。

3. 帝国富庶,历历在目

在政治军事之外,令马可·波罗赞叹不已的则是元朝的昌盛繁荣。其中,他对大都、杭州、泉州三个地方的记载尤具代表性。

大都在马可·波罗心目中,是天下财富的终极荟萃之地,"世界上没有城市能够有如此希罕和贵重的货物运进来"。马可·波罗也敏感地认识到,大都的繁荣,很大程度上依赖于其政治中心的地位,"因为大可汗和他朝中的妻妾、贵官和很多的人民、兵士,以及所有来觐大可汗的人,都住在这里"。忽必烈的宫殿富丽堂皇,"宫殿和各房屋的内墙上都用金或银盖着,在那上面画着美丽的图画如妇女、勇士、龙、野兽、鸟、潜水鸟以及其他等等","这宫殿的宽大和美观是迥然非常,在这世界上没有一个有必要的技能的人,能够计划和建筑比这宫再好的"。当时的大都,无疑是一座汇集了全天下的财富,能够彰显元帝国开阔气象的消费型城市。

至于杭州,马可·波罗认为是商人心目中的"天城","是世界上最繁华、最有钱的城市"。他记述杭州城里有"方衢十处,各边皆长有半迈耳",言其为一座商贸城市:"每星期三次,有四五千人集在每一方衢,来赶市场,带来他们所要吃的食物。"每一个市场汇集四五千人,十处市场的赶集之人则多达四五万人。马可·波罗描绘贸易的繁盛:"每次市场集会的日子,所有我们方才讲过的方衢,皆充满了人民和商人。商人用车子和船载运食物来此。所有东西一齐卖完了。"马可·波罗举例说明,杭州城里每天消耗的胡椒多达43车,每车重223磅,以方便读者想象城内食料、肉类、香料等商品的数量之巨。

马可·波罗还观察到,杭州城内大人物和他们的妻妾,以及各类店铺的老板,都不用亲自劳作,"他们生活娇养清洁,俨如王者,他们的妇女也皆是极其娇嫩，如仙女一样"。这是繁盛商贸为商人们带来巨额财富后，其奢侈生活的真实写照。马可·波罗也看到，在杭州，儒家礼仪并没有随着元朝的建立而消亡：居民互相友爱，邻里之间和睦相处，亲如一家。"他们人对于妇女极其恭敬，一个男子汉对于已嫁的妇女有失言的事情，就要被人家瞧不起，看作无赖了。"此外，马可·波罗还注意到这座城市的防火措施，以及元朝在此地严密的军事防范机制，这些均与汉文史料的记载相符。

马可·波罗视杭州为大都乃至整个元帝国的支柱，盐课和商税是他"从来没有听到的巨量税额"。他从异域商人的角度，见证了元朝和大都对江南财赋的高度依赖。

而在泉州，马可·波罗看到了元朝逐利开放政策下海上贸易的繁荣。"他也是四邻蛮子国商人所群聚的一个商埠，一言以蔽之，在这个商埠，商品宝石、珍珠的贸易之盛，的确是可惊的。"在马可·波罗眼中，泉州是"世界两大港之一"，规模远非欧洲诸国所能比拟，"假如有一只载胡椒的船去到亚力山大港或到奉基督教诸国之别地者，比例起来，必有一百只船来到这刺桐港（即泉州）"。他也发现元廷采用的市舶抽分税法为帝国带来了可观的财富。

1291年，马可·波罗在元朝生活了十七年后，终于搭乘远嫁伊利汗国的阔阔真公主的船队，踏上了归国的旅途。1295年，马可·波罗回到故乡威尼斯。归乡后，他以自己在元朝所得的赏赐和财富为资本经营生意，迅速成为威尼斯富豪。次年，威尼斯和热那亚爆发战争，马可·波罗积极参战，并在一条战舰上担任舰长，却不幸被俘。在狱中，马可·波罗将自己在元朝的见闻讲述给狱友鲁思梯切诺。比萨人鲁思梯切诺是一位擅长写骑士传奇的小说家，他依据马可·波罗的口述写成了《马可·波罗游记》一书。

游记一经现世，即在欧洲引起极大轰动。这在当时是第一部脱离神鬼幻想和宗教情结，从地理、政治、风俗、物产、商贸、交通及文化等角度，全方位地向欧洲介绍东方的富庶和文明的游记。游记最狂热的读者和粉丝，莫过于寻求财富和商机的探险家们。马可·波罗见闻的无穷财富和开放商贸，让后来扬帆出海的哥伦布、达·伽马等为之痴迷。正如英国桂冠诗人约翰·梅斯菲尔德所说，马可·波罗在欧洲人的心目中创造了亚洲。他的游记，在后来的大航海时代，成为欧洲寻找东方财富的灯塔。

三、求全与苛责——关于马可·波罗是否来华的争辩

1. 追问质疑，失之偏颇

由于游记系马可·波罗在热那亚监狱中口述、由小说家笔录而成，经过了一定的非口述者本意的文学加工，加之传世过程中又有诸多版本的流传演变，其中部分内容难免流于夸张。且马可·波罗自称与忽必烈关系亲密，是其心腹宠臣，但是在浩如烟海的汉文文献中，却找不到马可·波罗的任何踪迹，因而在学术界，对马可·波罗是否来过中国，以及其游记的真实性，一直存有怀疑。

在这些怀疑者中，观念最成系统且影响最广泛的，当属英国学者吴芳思（Frances Wood）。她所著的《马可·波罗到过中国吗？》一书，认为《马可·波罗游记》中对诸多具有明显中国文化特色的事物没有记载，因此马可·波罗并没有来过中国，所谓的游记不过是依据当时的各种导游材料，逐渐添加成形的小说作品。

然而，学者们假设的马可·波罗参考过的导游手册至今尚未被发现。吴芳思所怀疑的一些象征中国的事物未曾被马可·波罗记录下来一事，恰恰证明了他来过中国且真实呈现了当时元代社会的世象。

譬如，吴芳思认为，马可·波罗一行在进入元朝时没有看到地上"蜿蜒数千英里"的长城，这很可疑。然而真相在于，宋、辽、金对峙时期，作

为汉地和游牧民族分界线的长城，基本处于半游牧半农耕性质的西夏、辽及后续的金王朝境内，长城业已丧失防御功能。这些王朝的统治者并无修葺长城的必要，旧有的土质长城大多处于废弃状态。那些王朝对北方高原蒙古诸部落所采取的防御措施是掘地为壕堑，以确定边界和限制游牧骑兵。如蒙古未统一之前，依附于金王朝的汪古部便承担着守护界壕的职责。

到了元代，军事上不以消极防御为主要方针，元廷对于修筑城墙等防御性建筑尚且轻视，更不用说重修一条在他们看来了无用途的地面长城了。我们现在看到的万里长城，是明王朝在和北方鞑靼、瓦剌等部落的军事对抗中重新修筑的。如此，在忽必烈时代来华的马可·波罗，自然无法对长城有深刻的印象。

再如，游记中，马可·波罗没有提及对欧洲人而言分外神秘有趣的饮食用具——筷子。就马可·波罗的身份来说，他是忽必烈的斡脱和宫廷外围侍从，结交对象大多为蒙古、色目贵族，他们饮食多使刀具而鲜用筷子。柏朗嘉宾注意到，蒙古人经常吃肉，他们的餐具主要是刀叉。而在成吉思汗统治中期出使蒙古大营的高丽使者也发现，"蒙古之俗，好以锘刀刺肉"，割肉而食在北方地区甚至成为竞相效仿的饮食风尚，所谓"北人茶饭重开割，其所佩小篦刀，用镔铁、定铁造之，价贵于金，实为犀利，王公贵人皆佩之"。这种情况下，马可·波罗对筷子的忽略便无可厚非了。

由此，我们可以进一步回答马可·波罗为何会忽视茶叶。虽然饮茶习俗风靡大江南北，但就当时的蒙古上层贵族而言，他们还是以马奶子、葡萄酒、米酒、蜜酒和舍里别（用果木之汁煎制而成的）为主要饮料。蒙古人好宴饮，国家大事都在宴会上讨论决定，这种习惯在忽必烈时演变为盛大的"质孙宴"（也称诈马宴）。马可·波罗对这些宴饮中的礼仪习俗多有描述，且与传世史料互相印证，其中细节绝非道听途说者所能描摹。虽然忽必烈从1268年已开始榷茶，但很难说当时的蒙古人和色目人已普遍饮茶。一般认为，进入14世纪以后，蒙古人才逐渐饮茶成习，而这时马可·波罗早已离开了元朝。

2.《永乐大典》，见证归途

所有对马可·波罗是否来华的质疑，始终建立在他的游记不能全方位地准确描述元朝的基础上。这其实是一种不必要的求全苛责。马可·波罗来元朝时，他的身份并非旅游者，也不是历史学家，未能全面兼顾情有可原。他以商人身份来到元朝，在与忽必烈接触后，承担了宫廷斡脱和外围怯薛的职责。他所关注的，自然是如纸币、物产、货贸之流，以及或许和他的生意相关的盐业、税务方面的事务。

至于为何卷帙浩繁的汉文史籍中没有留下马可·波罗的名字，其实也不难理解。虽然马可·波罗在西方闻名遐迩，但在元朝，他不过是数万来华异域商人的一分子，是忽必烈众多侍从中的普通一员。他自称担任过扬州总管一职，不过是夸大吹嘘。这样一个并无官职和功绩的西域人，在元朝史册中留下浓重痕迹的可能性微乎其微。

已故著名历史学家杨志玖先生曾在《永乐大典》中发现了一条至元二十七年（1290）的重要公文，其中提及，忽必烈派遣三名使臣"兀鲁、阿必失呵、火者"取道马八儿，侍奉一位公主前往伊利汗国与阿鲁浑大王成婚。无独有偶，马可·波罗也自称是跟随成亲使团取道海路前往波斯的，他记录的三位使者的名字，与《永乐大典》中的记载完全吻合。至此，马可·波罗离开元朝的行程、方式、时间得到确认。归途既然已经得到印证，那么其来过元朝并长时间停留一事，其实也就毋庸置疑了。

四、东来西往不断绝——融合并举的多元发展

1. 天文算法,大放光华

如果说柏朗嘉宾、鲁布鲁克,乃至马可·波罗,都只是元帝国的过客和见闻述录者,那么还有更多的异域来客选择定居于此,成为帝国多元文明的参与者和创造者。天文学家扎马鲁丁便是其中的典型代表。

扎马鲁丁一般被认为来自波斯大不里士附近的马拉加城(今属伊朗),大约在忽必烈即汗位前来到中国,后进入元朝宫廷。蒙古人尊崇长生天,对精通占卜和星象的人才多有优待。扎马鲁丁正是以精通西域星学受到拔擢。至元八年(1271),元朝在上都建回回司天台,扎马鲁丁任提点,负责以西域天文技术观察天象。

1273年,元廷设立更高级别的秘书监,以掌管皇家收藏的历代图书典籍和阴阳禁书,并负责与此相关的撰述事务。由于司天台事关皇家机密,扎马鲁丁遂以回回司天台提点的身份兼任了秘书监的二长官之一。1287年,他又升任集贤大学士行秘书监事,超擢为从二品大员。集贤院由大学士主管,掌"提调学校,征求隐逸、召集贤良,凡国子监、玄门道教、阴阳祭祀、占卜祭遁之事",为元朝管理文化事务的最高机构。扎马鲁丁能担任此职务,足见忽必烈对他的信任。

扎马鲁丁不遗余力地将自己所知的西域天文学、数学、星占学方面的图籍、器物引入中国。例如,欧几里得的《几何原本》、托勒密的《天文学大成》,以及相当数量的阿拉伯地图,都在扎马鲁丁的主导推动下,开始应用于元朝的天文星象观测。为了让异域天文学和传统中国星象观测学更好地融合,以提升天文观测计算技术,扎马鲁丁制造了七种在当时颇为先进的天文仪器。

其一为"咱秃哈剌吉",汉译"浑天仪"。相较于中原传统的赤道式

浑天仪,扎马鲁丁制造的这种源自古希腊的托勒密式黄道浑天仪,增加了两个环,佐以铜方钉,实际构成了照准器,在测量天体移动变迁方面更为精准。

其二为"咱秃朔八台",汉译为"测验周天星曜之器"。其本源为古希腊的托勒密长尺,通过观测,或用三角学方法计算,可以得到任意方向天体的天顶距。

其三为"鲁哈麻亦渺凹只",汉译"春秋分晷影堂",实为一种定节气的仪器,通过观测日光确定太阳位置,以求得准确的春分和秋分时刻。

其四为"鲁哈麻亦木思塔余",汉译"冬夏至晷影堂",与"春秋分晷影堂"类似,也是通过对日光的观测,读出太阳的地平高度或赤纬,以测出冬、夏至的准确时刻。

其五为"苦来亦撒麻",汉译"浑天图",当是一种天球仪,与中国传统的浑象差别不大,但其上绘制的是阿拉伯天文学中的星座。

其六为"苦来亦阿儿子",汉译"地理志"。这应当是最早传入中国的地球仪,以木制圆球按照三七分的比例确定陆地和海洋的范围,且以经纬格进行区划。元末的浙江人叶子奇在其所著《草木子》中以瓜喻地,谓"北极,瓜之蒂也;南极,瓜之攒花处也;赤道,瓜之腰围也。指南针,所以通二极之气也",似乎是将扎马鲁丁所引入的地球仪学说与传统的太极阴阳文化结合了起来。

其七为"兀速都儿剌不定",汉译"昼夜时刻之器"。这是在阿拉伯和欧洲风行一时的星盘,其工作原理是通过窥管观测太阳和恒星的位置变化,从而确定时刻。

这七件西域仪器,从结构、形制和功能上来说,都与中国传统的天文仪器多有不同,加上与之配合运用的相关数学方法,如欧几里得几何学、平面三角学、球面三角学等知识尚未普及,这些安装在司天台的特点鲜明的仪器,对中国传统天文学的发展影响有限。即便如此,仍旧有部分汉人，如著名科学家郭守敬受到扎马鲁丁的启发，改进和精确了简仪、立运仪等天文观测装置。

而扎马鲁丁影响最大的功绩，则是在秘书监任职时，发起和推动了《大元大一统志》的修撰。至元二十三年（1286），他上奏忽必烈，希望能够绘制一幅对国家疆域区划和地域分布均有详细介绍的地图。相比于其他朝代的修志，扎马鲁丁以地图为本来编写志书，以路为行政单位，不仅翔实地表现出各路的自然地貌，更清晰勾勒了交通道路，细数了物产资源和重要建筑，这已是较为现代的地图编制方法了。更为难得的是，扎马鲁丁还将他带来的地图与原有的汉文地图相综合，绘制出中国历史上第一幅以地球寰宇概念为背景，囊括多方多国，形制较为精准的地图。

在交流不绝、互证互补的形势下，元朝的天文学发展远超唐宋。中国古代最精密的历法《授时历》，便是通过大量的科学观测和数学计算，结合前代历法编成的。值得注意的是，务实的忽必烈将此历法视为农业生产的重要参考，下令在《授时历经》中专门列举气候，按照每月两个节气，将对应的物候一一列出，以方便百业生产。

2. 往来交融，异彩纷呈

多元文化融合并举并不止于天文学和地理学。在其他领域，也有不少异域能人大放异彩，如来自尼泊尔的阿尼哥，在建筑工艺上冠绝一时。他在至元十二年（1275）出任诸色人匠总管府总管。阿尼哥在元朝的四十余年间，主导的大规模工程建设，有佛塔三座，大型寺庙九座，祠祀两座，道宫一座。其中留存至今最为著名者，便是北京妙应寺的白塔（元代名为大圣寿万安寺塔）。

在医学领域，叙利亚人爱薛精通医药，他在元世祖时期掌管广惠司，大力推进阿拉伯医药学在元朝的应用和发展。来自异域的药理、药学非独盛行于元朝宫廷，在民间也得到广泛普及和认同。元人有诗云：

"西城贾胡年八十,一生技能人不及。神农百草旧知名,久居江南是乡邑。朝来街北暮街东,闻掷铜铃竞来集。居人相见眼终青,不似当时答术丁。师心已解工名术,疗病何烦说《难经》。"这首诗形象描述了一位久居江南的色目医生因医术精湛而受到当地人信服与爱戴的情形。

元代东方和西方之间的交流,从陌生、妖魔化的恐惧对抗,到彼此熟知、往来汲取,是多领域和多层次的。元朝的统治者们对异域文明所采取的开放性态度和兼容政策,并没有随着元朝国势由盛转衰而变为保守封闭。在欧亚大陆的东西两端,无论是陆上交通,还是海上航路,行人往来始终不曾断绝。

马可·波罗在中国十七年,见证了元帝国鼎盛时期的辉煌气象。到1336年,元朝主动向罗马教廷派出了一个使团。在给教皇的信中,元顺帝命令教皇为其祈福、接待信仰基督的阿速人使臣,并要求使团返程时带回西方良马及珍奇之物。元朝使团于1338年抵达法国阿维尼翁,受到教皇的隆重接待。同年12月,教皇派出使团,携致元顺帝和钦察汗月即别的国书及诸多礼物,取道钦察汗国、察合台汗国东行,于至正二年(1342)七月抵达上都。使臣进献的礼物中有一匹"曲项昂首,神俊超逸"的骏马,元顺帝大为惊喜,称之为"天马",下令文臣赋诗作画。"拂郎国进天马"事件轰动一时。使团在大都留居三年,到1346年方从泉州乘船返回欧洲。使团成员马黎诺里依据其亲身经历写成的《东游回忆录》一书,则是欧洲人对崩塌前夕的元帝国最后的见闻著录,倒也在冥冥之中完成了和《马可·波罗游记》的首尾呼应。

参考书目

〔意〕马可·波罗:《马哥孛罗游记》,张星烺译,台北:台湾商务印书馆,1972年。

杨志玖:《马可·波罗与中外关系》,北京:中华书局,2015年。

李治安:《元史十八讲》,北京:中华书局,2014年。

佟锁住和潘生

悲欢离合是浮生

佟锁住履历表

姓名	佟锁住,蒙古语名字察罕
籍贯	元江西行省吉安路太和州(今江西泰和县),南人
家庭出身	普通农户之子
所处时代	约1300—?;元朝中期
生平履历	约大德四年(1300),出生
	约大德十年(1306),约7岁,被一骑马者北掳至中书省兴和路(今属内蒙古自治区乌兰察布市),卖给一刘姓老板,为酒店杂役。几个月后,复被转卖至蒙古草原腹地
	约大德十一年到延祐元年(1307—1314),约8—15岁,得名"察罕",为牧羊人
	约延祐二年(1315),约16岁,某一日,因所牧之羊为群牛踩踏致死,为逃避责罚设计南逃。路遇朝廷使臣,获助马匹,成功返回兴和,告发酒店老板贩卖人口。被安置为兴和路驿站驿卒
	延祐四年(1317),约17岁,遇张养浩,陈述生平遭遇,获助南返江西老家

潘生履历表

姓名	潘生
籍贯	元江浙行省杭州路富阳县,南人
家庭出身	自幼丧父,与二位弟弟供养母亲;务农为业,兼泥瓦匠、篾匠等职
所处时代	元朝中期
生平履历	约大德十一年(1307),江南大饥,赴钱塘(今属杭州),受雇于一回鹘人
	约至大二年(1309),被转卖给辽东一军户,以代主家戍虎北口(在今山西省太原市西北汾水北)。恰逢元廷颁发诏书,禁转掠江淮饥民,遂从辽东返家。路遇同样被卖身为奴的通州(今江苏南通)女子。二人结伴同行,一路风餐露宿,成功返回江南。潘生护送女子回家,婉拒女子父母的结亲请求,决意回杭州探亲
	约至大三年(1310),返回杭州富阳。其母已死三年,两弟亦亡。终老乡间

元帝国发端于北方,在其肇兴阶段,和许多草原游牧部落一样,有抢夺外部人口为奴的风俗。拥有奴隶数量的多寡,历来是衡量一个部落强大与否的重要标准,如汉时匈奴往往寇边,"得人以为奴婢";隋唐时突厥兴盛于北方,屡次进犯,使"华民多没于虏"。历代中原王朝大多会派遣使者用金帛财物赎回这些无辜百姓。史载唐太宗李世民大破突厥后,一次赎回的男女奴隶竟然多达八万。

契丹人耶律阿保机建立辽朝后,虽践行汉法,但仍旧保留了游牧民族掳掠人口为奴的习俗。辽军往往在秋冬之际以"打草谷"为名,纵兵到北宋边境四处掳掠。还专门设立投下州管理劫掠的人口,以作为辽国财力、物力的重要支撑。女真人建立的金朝政权,虽封建化程度颇高,但仍旧沿袭了掠俘蓄奴的习俗。宋金交战,金主以俘获赐将士,更常用俘掠的宋人与西夏交换马匹,以十人易一马。同时还掠卖高丽、蒙古人为奴,一人二金。成规模的"跨国奴隶贸易"蔚然成风。

到蒙古时代,对奴隶和牲畜的争夺,往往是部落之间发动战争的直接诱因,同时也是促使士兵勇猛作战的有效嘉奖方式。蒙古以战争中获得的俘虏为驱口,驱口就是奴隶。据陶宗仪《南村辍耕录》记载,被俘男女被配为夫妇,所生子孙永为奴婢,世世不可逃。

元朝和四大汗国构成的帝国疆域辽阔、族群众多,奴隶贩卖不仅限于中原和江南地区。在元朝和四大汗国之间,也存在着彼此往来的人口贸易。在泉州,有前往波斯、阿拉伯、印度做生意的蒙古、色目商人,他们时常将中国的人口贩运至中亚、南亚地区,同时又将黑人、波斯妇女贩卖回中国为奴为婢。据叶子奇《草木子》:"北人女使,必得高丽女孩童;家僮,必得黑厮。不如此,谓之不成仕宦。"可见,北方达官显贵以拥有高丽女童和黑人奴隶为荣。高丽史书记载,元宫廷索要和高丽进献女子的次数,多达五十余次。江南平定前后,为笼络归附的南宋军士,元朝甚至派媒聘使赴高丽求娶妇女。这种进献和索要,涉及数十人到数百人不等。高丽官方不得不将其视为紧急政治任务来执行,甚至一度下旨:"良家处女先告官,然后嫁之,违者罪之。"这些女子进入元朝宫廷成为妃嫔者有之,成为宫女侍从者有之,嫁给权臣显贵者有之。官场上甚至形成了"京师达官贵人必得高丽女然后为名家"的风潮。上有所好,下必甚之,一些不法使臣往来两国间,征集高丽女童,而驻扎高丽的达鲁花赤也有倚仗权势将当地女子贩入元朝者。在大都和上都,马市、羊市、牛市之外,还有专门的人市,以及被称为"人肆楼子"的建筑。奴隶被如同货物一般分层分等陈列,以方便买主挑选。郝经曾感叹那些被贩卖到大都的高丽女子"肌肤玉雪发云雾,罗列人肆真可怜"。

然而,罗列人肆的岂止高丽女子。元朝时期四海驱口泛滥,任何一个良家子弟,在某些"意外"之下,都有可能被拐卖或被迫陷入为奴为婢的悲惨境地。

一、佟锁住归乡——奸人贩卖儿童风潮的缩影

1. 少年遭劫,流落他乡

峰峦如聚,波涛如怒,山河表里潼关路。望西都,意踌躇。伤心秦汉经行处,宫阙万间都做了土。兴,百姓苦;亡,百姓苦。

这首传世不朽的《山坡羊·潼关怀古》,是由元代名臣张养浩在天历二年(1329)作于赴陕西行台御史中丞任上途中。此时的元朝刚刚经历了两都之战,随后明宗、文宗兄弟相残,争夺皇位,政局并不稳定。屋漏偏逢连夜雨,这一年暴发了特大自然灾害。受灾最严重的陕西奉元(今陕西省西安市),"五载失稔,人皆相食,流移疫死者十七八"。在此背景之下,张养浩临危受命,前往陕西赈灾,一路见民生之凋敝,山河之疮痍,

遂写下这首名曲,而他自己也因劳累过度,同年卒于任上。

对民生流离和民间疾苦的关注,始终是张养浩政治主张的重点。早在1317年,他前往兴和办差时,便通过驿卒佟锁住的故事,揭示了元朝面临的不禁奴隶而使贩鬻横行、天下生怨,以至国本动摇的危机。

佟锁住原本是江西太和州(今属江西吉安)普通农户的儿子。七岁时的一天,他与孩童在街巷中玩耍,突然被一个骑马路过的人劫掠而去。他被劫持后一路向北,先后渡过长江、淮河、黄河,又翻越无数崇山峻岭,最后抵达兴和。在兴和,骑者在一个刘姓老板的酒店落脚,随后把他卖给了这个一目失明的老板。因为不想继续北行,佟锁住情知自己被卖,也没有辩解,而是安心留在这个酒店做杂役。几个月后,老板让他随一支驼队去讨债,走了两天仍一无所获。那些人只说住的地方还很远,等到了就让他拿钱回去。佟锁住心知肚明,他其实是被酒店老板偷偷转卖了。但是他听说,根据当地的习俗,奴隶逃亡被抓获后,要用烙铁烙上印记,一方面是做财产标记,另一方面也是防止奴隶再次出逃。年幼的佟锁住不敢逃跑,只能假装欢喜去服侍新主人。这次他经过的地方没有城镇,只有高山秃岭,常有风雪交加。人们以牲畜的多寡来判断贫富,穿皮毛衣服,食用马奶和肉食,没有菽粟这样的粮食作物,大家都住在毛毡围成的屋子里。很显然,这已经是蒙古草原的腹地了。

佟锁住获得了一个新名字"察罕"(蒙古语"白"的意思)。新主人给他一件皮衣,分配了两千多头羊让他放牧。一旦羊群掉膘变瘦,或者生病、丢失、无缘无故死亡,他就要受到责打。牧地距离住地有二十里路,佟锁住每天出门放牧都要带上干粮,和别的牧人一起出行,不然会迷路无法返家。大家的羊群合在一起超过万头,其他的牲畜也差不多这么多。登高望去,漫川遍野,如同云霞弥漫一般,各自的羊群都混在一起无法分别。佟锁住忧心忡忡,别的牧人告诉他:"别怕,回去的时候就各自分开了。"到了晚上,果然如此,他这才放下心来。与他结伴牧羊的这十几名奴隶,也都是被奸人贩卖来的中原良家子弟。大家都是远离父母亲戚、被迫流落异乡为奴之人,同病相怜。想到有这种悲惨境遇的不止他一个人,佟锁住也逐渐安下心来。

这样过了近十年。有一天,佟锁住在山脚下牧羊,突然有百余头牛从山顶奔到溪边喝水,羊群躲避不及,被踩死了十几只。他惧怕责罚,于是决定逃跑。逃跑之前脱下放牧的皮衣,用来误导追兵。这时候的佟锁住已经十六岁,每天放羊也磨炼了意志、增强了体力。他很擅长健走。最开始一天走百里路,走了几天,一天甚至可以走两到三百里了。他一路南行,饿则野葱果腹,渴则饮用泉水,夜里就找有灯火的庐帐借宿。凭借着通晓的蒙古语,在逃亡中倒也未被识破。如此行走不知多少路程,佟锁住遇到了一名朝廷使臣。他跪陈了自己的遭遇,使臣大发恻隐之心,给了他一匹马。佟锁住终于得以返回兴和。他向官府告发了酒店老板,老板因贩卖人口被治罪。而当年劫持他的骑马人贩早已无迹可寻,难以归乡的佟锁住被安置在兴和驿站充当驿卒。

1317年春天,佟锁住做驿卒已一年有余。此时,有"牧民则为贤令尹,入馆阁则曰名流"美誉的张养浩经过兴和路。在驿站中,张养浩得知佟锁住的坎坷身世,大为同情和感慨,于是给有关部门下达了一道公文,命令沿途供给衣粮,护送佟锁住回乡与父母兄弟团聚。

2. 帝国缩影,拐卖成风

佟锁住的遭遇,看似是个体的人生波折,其实折射出元朝严重的社会问题。

蒙古贵族蓄奴成风。随着帝国的强大,蒙古权贵的财富日益增多,牛羊马群繁衍生息,需要更多的奴隶来放牧管理。在对外扩张时期,战争所得的俘虏是奴隶的主要来源。随着帝国的成形和对外扩张步伐的放缓,奴隶需求的缺口自然而然产生。

于是,不法之徒以此为商机,从事将中原的孩童拐卖到北方草原为奴的勾当。至于为何选择孩童为拐卖对象,一是孩童容易得手,在信息不发达的古代，儿童丢失难以追查，且元朝灾害频发、赋役负担沉重，贫苦人家为了生存，卖妻鬻子也是常态。二是蒙古习俗，以孩童奴隶为贵，价格远远高于成年奴隶。据学者统计，一个十五岁上等童女的价格，相当于五匹马或者同等数量的牛，折合白银约八十两，而一名成年女奴的价格则不过二十两。一个上等男性奴隶的价格折合白银约五十两，价格低于同等女性奴隶。巨大的利益诱惑，导致中原各地诱拐孩童成风。哪怕是在大都城，未成年的儿童在外嬉戏，一不小心，也会被奸民所攘匿，女的为婢，男的为奴，或是拐骗到辽海朔漠遥远之地，换成羊马牛驼。张养浩虽然拯救了佟锁住，但无法禁止元朝愈演愈烈的儿童拐卖恶行。

二、良法恶法相交织——元朝的奴隶问题

1. 贱习恶法，同为祸根

元朝儿童拐卖现象猖獗，究其原因，大抵有如下几个方面。

其一，奸人掳掠贩卖儿童的恶行和家长主动出卖子女的恶俗，往往纠缠裹挟在一起，难以区分。江浙一带，贫民典妻雇子的陋俗自唐宋便已存在，到了元朝，竟有积重难返之势。所谓雇子，就是父母将亲生儿子典雇出去做仆人。双方约定期限，雇主提前将工钱付给父母。到期后，由父母出钱赎回。然而，父母无力赎回的事情时有发生，孩童往往被再次转卖成奴。这种由典雇转化为贩卖的现象，官府难以查证。奸人往往以此为名，大行掳掠贩卖之实。

其二，元朝不抑兼并，且赋税徭役沉重，导致下层百姓受到严重的剥削压迫。加之法纪松弛，特权阶层往往作威作福、巧取豪夺，使民生维艰。许多贫困家庭为生计所迫，不得已"典卖亲子以给衣食"。沉重的赋役迫使众多百姓去借高利贷周转应急。元朝的高利贷利息骇人听闻，有

羊羔息之称。所谓"羊羔息",就是利滚利,"势家出子钱要利,如羊生羔,岁辄倍之"。寻常之家难以偿还债务,卖田宅、鬻妻子遂成常态。元杂剧《窦娥冤》里,窦娥的父亲窦天章借了蔡婆婆二十两银子,一年后滚到了四十两。窦天章无力偿还,于是把七岁的女儿卖给蔡婆婆做童养媳。这种问题不单单发生在平民百姓中间,一些低层官吏之家也难以幸免,如一位济宁库的仓库官之女,因父亲管库期间无力偿还官银,被卖入娼家;再如,徽州的一个征税官,由于无法完成规定的税额,不得不将两个幼女出卖以补足差额。出卖子女救穷不独在中原盛行,在蒙古草原也是大行其道,以至于元仁宗不得不下诏命官府帮蒙古部民赎身。

其三,元朝政府对于如何处理奴隶问题心态复杂。从草原征服者的立场出发,蓄奴是游牧民族的固有风俗,是战胜者天经地义的特权。在成吉思汗统一蒙古以前,草原各部就有严格的等级制度,部落首领与属民之间是简单明确的主从关系。经过长期的兼并征伐,成吉思汗在草原上确立了个人的绝对权威,波斯史家拉施特在《史集》中揭示过,所有"血亲与非血亲的蒙古氏族和部落,都成了他(成吉思汗)的奴隶和仆役"。这种主从关系一直延续下来,贵由汗时期从法国来访的教皇使节柏朗嘉宾也证实了这一点:"这里的一切完全都是皇帝的财产,任何人都不敢妄言称道'这是属于我的',或者'那是属于他的'。而一切都是属于皇帝的,无论是人还是畜类都一概如此。"这种观念,连入元以后的汉族士大夫也不得不认可。元成宗时期郑介夫上言道:"普天率土,尽是皇帝之怯怜口。""怯怜口"即私属人口。从蒙古大汗的角度而言,普天下的人口,都需无条件满足大汗的一切要求;大汗以下的宗王、贵族也需要驱口服侍,以维护财产,彰显权位。这与中原正统政治理念中民为邦本,天子代天理民,民为水,君为舟,水能载舟,亦能覆舟的君民制衡理念相冲突。因此,元朝入主中原后有关奴隶问题的政策,始终摇摆甚至互相矛盾。

2. 律法矛盾，禁而不绝

就如何解决奴隶问题引发的社会矛盾，元廷也采取过一些积极措施。如元朝初期，出于国家集权及削弱军功贵族、汉地世侯势力的需要，在一些有远见卓识的汉臣的推动下，统治者对劫掠良民为奴的做法有过限制。元世祖至元三年（1266），规定以"乙未岁"（1235）作为年限，凡是在这次搜检人口中取得户籍的，一律为寻常百姓，无户籍的驱口，仍旧归先前的主人；至元六年（1269）对探马赤驱口又做了进一步限制。凡在壬子年（1252）取得户籍的探马赤驱口，一律解除奴隶身份，恢复为国家编户。

元朝政府还从律法上加大了对非法拐卖良民的惩戒力度。至元三十年（1293），忽必烈下旨，禁止南北往来的非法"贩人客"的活动，各地官府、关隘渡口要严加盘问，一旦发现非法人贩，杖责八十七下。如果是有强掳和诱骗行为的人贩，则以强盗罪论处，杖责一百零七下。大德八年（1304），关于非法贩卖人口的罪行和责罚得到进一步细化：掠诱良人为奴婢，超过两人者，判处死刑。同时，就掠诱的对象、贩卖的方式、贩卖的目的、自首者的免处、告发者的奖励，以及地方官府应当承担的追究职责，元朝都做了详细规定。

这些刑罚都旨在打击非法的人口掳掠和奴隶交易，并非禁绝人口买卖。即便如此，律法的执行也往往不到位。一则各级官府多秉持民不举官不究的原则，不会主动追查人口掳掠和打击奴隶贩卖；二则合法人口买卖的存在，使很多非法的掳掠贩卖极易被洗白，无从追查；三则奴隶的买主往往是地方富家大族和权贵豪绅，官府不敢或不愿追究。

受政府保护的合法人口买卖，需要走官方程序进行交易。买卖双方在人市牙行中，由牙人书写卖身契。卖身契上写明双方的籍贯住所和去处，签字画押后，再去有司处"呈告来历根因"。有司"勘会是实"后，给交易双方颁发"公据"。这还不算完，卖主还要去税务机构纳税，取得

"契本",契本上写明价钱和买卖原因,加盖地方关防大印。至此,一桩官府承认的合法人口买卖方正式完成。

可以想见,无论是牙行书写卖身契作保,还是有司勘验,乃至纳税获得契本,每道程序都存在人情打点、行贿舞弊的可能。非法的人口掳掠,也很容易被转换为合法的人口交易。元代吏治腐败尤其严重,这又为不法之徒大开方便之门,让本来为限制人口买卖而设的制度,反而成为不法买卖的保护伞。无怪乎时人感叹:虽然有禁止良人买卖的条例,但转卖者可托言"过房"收养,实系卖为驱口;或者,向对方索要的"聘礼",实为成交的价钱。

三、潘生千里送弱女——大灾荒下庶民的挣扎求生

1. 自卖求生,远行北疆

如果说,贯穿元代的"驱口"问题,始终影响着王朝统治的根基,那么在大灾荒时期,寻常百姓由于难以得到有效的救济,不得已自卖为雇身奴婢的行为,则又加剧了这一问题的严重性。所谓雇身奴婢,是百姓贫穷不能自给时,转而向地主或商人借贷,以自己的人身自由为抵押,同时约定赎身的期限和价格,也称"典身"。

在这种由雇佣而结成的主奴关系中,奴婢的处境并不比驱口好多少。在契约上,主家会严格规定雇身奴应尽的义务,不仅要"小心服侍,听候使令",更不能够"违慢""抗对无礼"。同时,为了加强主家对奴婢的控制权和处置权,契约上一般会写明诸如生死无怨、各安天命的条款,意即主家可以随意处置奴婢,倘若奴婢有所损伤乃至死亡,家属也不可追究。由此可见,一旦成为雇身奴,事实上就已脱离了人情和律法的保护。陶宗仪总结过:"所以视奴婢与马牛无异。"

双方约定的赎身一般很少能完成。一则此类奴婢本身家境贫寒,没有钱财赎回自由。元人吴师道记载过这样一个故事:他遇到的一个老翁"自云八口家",为了渡过凶年,不得已卖儿卖女,"妇人二斗粟""儿子一饷钱"。所谓一饷钱,便是管饭即可。如此贫寒家庭,妻离子散已久,毫无团聚之可能。二则主家往往百般刁难,让雇身奴欲赎身而不得。除非政府强力干预,雇身奴难有重获平民身份的机会。元成宗大德年间杭州人潘生的遭遇,正可说明饥荒年月百姓自卖为奴的艰险。

　　潘生是杭州富阳人,祖辈以务农为生。他自幼丧父,和两个弟弟供养着母亲过活。由于务农所得甚少,潘生同时做泥瓦匠和篾匠补贴家用。大德年间,江南发生了特大灾荒,饿殍遍地。潘生自忖无所食,与其和母亲、兄弟等死,不如外出寻找生路。于是决定到钱塘自卖为奴,将所得钱财和粮食交给弟弟和母亲生活。

　　在钱塘,一个回鹘人成为他的主家。由于无钱赎身,潘生被回鹘主人转卖到了千里之外的辽东军户手中。在元朝,一些有权势的军户,往往让自己的驱口或雇身奴隶代替自己服兵役。新的主家就让潘生去虎北口服役。幸运的是,潘生在虎北口收到了好消息。元朝政府鉴于江南灾荒,江淮一带流民众多,被转卖为驱口、自雇为奴的情况严重,于是下达诏令,禁止转掠饥民,并且要求地方官府帮助流民还乡。

2.千里护送,义行扬名

　　由此,潘生获得了返乡的机会。在路上,他遇见一名年轻女子,一直尾随南行。潘生询问原因,女子回答自己是淮人,在饥荒中被父母卖身成奴,又转卖了几次主人,现在得以南归,但自己一介女流,独行恐有不测,因此希望能与潘生结伴回乡。潘生遂和女子结伴而行,白天沿途乞讨,夜晚在茅草中安身。潘生对女子关照敬重有加,如是渡过黄河、淮河后,女子说自家在通州,邀请潘生送她到庄上。

　　见女儿归来,女子的父母欣喜异常,设酒宴招待潘生,并希望潘生能够留下来，娶自己的女儿为妻，经营田园家业。潘生拒绝了对方的好意，认为自己照顾弱女子安然返乡，是义之所在，不能有所贪图，且他还挂念尚在家中的母亲和弟弟。潘生回到故乡富阳时，才知道母亲早在三年前就贫病而死，两个弟弟也没有逃过灾荒，唯有他一人活了下来。

大饥荒的年代，许多百姓饥寒交迫，沦为流民，生产秩序无法维持。在求生欲的驱使下，法令道德秩序受到冲击，百姓不免沦为盗贼，靠抢劫掳掠为生。据统计，此次灾荒造就的江浙行省内的流民，竟然多达130万户。江浙境内一时间盗匪横行，杀伤掳掠的军民不在少数，元朝政府不得不在江浙地区高压剿匪。潘生作为一介寻常百姓，能够做到千里护送弱女而不贪财色，前途未卜仍牵挂母亲、兄弟，毅然归乡，确实是达到了仁于弱、孝于亲、友于弟的境界，也无怪能够被时人记载下来，传为楷模而享誉江淮。

四、缺失的官方救济——民间自救与官府失职

1. 唯论赋税，不计民生

在以上的故事中，潘生无疑是幸运的。他能够在饥荒中存活下来，自卖为奴后还得以返乡，但他的母亲和弟弟都死于灾荒，从此世间再无亲人，这对他而言无疑又是不幸的。潘生只是千千万万普通百姓的一个缩影，在他的背后，隐藏着元政权在地方治理方面的政策偏失。

元朝政府一直将江南视为大都乃至整个北方草原的粮食供给源头。元朝每年从江南北运的漕粮，在忽必烈统治末期已经增长至150多万石，到元中后期甚至高达300万石。一旦江南有变，大都马上受到影响。因此，元朝对江南地区极为重视。然而，这种重视是有偏颇的。中央政府最为在意江南地区的钱粮赋税能否按时、足额缴纳，至于江南地区的其他

问题，除了叛乱，政府往往不能采取行之有效的措施。

以灾荒为例，元政府的官方救灾方式，主要分蠲免和赈济两种。蠲免是指免除受灾地区应当承担的赋税钱粮，赈济是由官府出面，依据受灾报告给受灾人口发放实物或钱钞。在世祖朝，因灾伤减免田租便已制度化，这也是忽必烈积极推行的汉法的重要内容之一。灾伤发生之后，地方官府要在一定的时限内上报中书省，上报的时间南北有别。北方发生旱涝灾伤，"河南至洺、卫等路，夏田四月，秋田八月；其余路分，夏田五月、秋田、水田并以八月为限"；江南稻田作物的生长时间更长，秋粮至九月甚至十月才收成，显然不能以八月为限，故在成宗朝调整为九月截止。若是临时出现的灾伤，则可在受灾之日起的一个月内告灾。地方官府告灾，有监察部门约束。具体做法是，灾伤发生后，先由基层的州、县官进行初检，再由路一级的官员覆查，然后经廉访司官员复核。地方政府必须在收到廉访司的复核文书后，才能和灾情文书一起上报户部，最后由户部转呈中书省。最初批准蠲免的权力在中书省，行省成立后才逐渐下放，但赈济必须由中书省批准。赈济和蠲免往往是一体的，救灾的措施和力度都以地方官府上报的文书为依据。

然而，问题在于，元朝对地方官的政绩考核尤其看重刑名钱粮。一些地方官员出于自身前途的考虑，想要追求政绩，保证税收，往往大灾报小灾，小灾隐而不报。路总管府下令州县衙门不许接受灾伤诉状者有之，官府借故拖延错过告灾期限者有之。甚至还有接到了申报，下乡检踏灾情时趁机敲诈勒索的，百姓不堪其扰，自行放弃了告灾。饥荒年月，地方官员催办钱粮的手段之狠辣，较之于平时有过之而无不及。例如，大德年间灾荒时，绍兴路的官员为了完成赋税盐课的指标，责令里胥先代为缴纳，里胥又将这压力转嫁到富民商贾头上，百姓苦不堪言。

灾荒的严重程度，也是由民间申报、官府评定的。这个过程中充满了博弈和较量。元代江南乡里的土地田产有很大一部分是官田，或为权豪势要所有，一旦灾害申报成功，则可享受蠲免优待。因此在申报中，权贵富豪往往各使手段，夸大甚至伪造受灾情形，逃脱本应承担的赋役。最后的结果是往往成功申报受灾的都是官田或是有权势背景的田地，普通民田即使受灾严重，也很难被报上去享受蠲免和赈济。

因为粮食减产，再加上外地救济粮不能及时运达，物价上涨、米价腾贵就成为必然出现的现象。受灾百姓不得不贱价出卖田产，甚至卖儿鬻女，自雇为奴，最后导致社会更加动荡，土地兼并越发严重，由灾荒引发更为深重的人祸。

元朝中后期的松江检田吏袁介曾遇到一个东乡老农李福五诉苦：

> 我家无本为经商，只种官田三十亩。延祐七年三月初，卖衣买得犁与锄。朝耕暮耘受辛苦，要还私债输官租。谁知六月至七月，雨水绝无湖又竭。欲求一点半点水，却比农夫眼中血。滔滔黄浦如沟渠，农家争水如争珠。数车相接接不到，稻田一旦成沙涂。官司八月受灾状，我恐征粮吃官棒。相随邻里去告灾，十石官粮望全放。当年隔岸分吉凶，高田尽荒低田丰。县官不见高田旱，将谓亦与低田同。文字下乡如火速，逼我将田都首伏。只因嗔我不肯首，却把我田批作熟。太平九月开旱仓，主首贫乏无可偿。男名阿孙女阿惜，逼我嫁卖陪官粮。阿孙卖与运粮户，即目不知在何处。可怜阿惜犹未笄，嫁向湖州山里去。我今年已七十奇，饥无口食寒无衣。东求西乞度残喘，无因早向黄泉归。

李福五的田地在延祐七年（1320）遭受旱灾，前往县衙申报蠲赈，然而官府却以河对岸的田地丰产为由驳回。在官府的催逼下，为缴纳田租赋税，李福五不得不将自己的儿子卖给他人，将还未成年的女儿嫁人，所得钱财聘礼尽数充缴。从此李福五家破人散，沦为乞丐，苟延残喘。

2. 民间自救，离心离德

其实对于民间遭遇的灾荒，县官恐怕不是看不见，而是不愿意看见，唯以催缴赋税钱粮为核心的地方官员，极少能为民生考虑，积极展开灾害的调查和救助。地方官员甚至元朝中央政府，都将灾荒救助的希望寄托在民间自救上。

以潘生所遭遇的大德年间的灾荒为例，此次灾荒既有水灾、旱灾、蝗灾，又暴发了大规模的疫病，"死者相枕藉"，仅在杭州一城，就收聚了"遗骸枯骴数十万"，镇江甚至"农民死亡过半"。浙东六路的饥民多达46万户，流民数字高达数百万。元政府派出救灾使者，先后在江浙、湖广、江西等地开仓放粮，同时废除山场湖泊的禁令，听任贫民采取谋生；将盐茶课钞折成粟米，发给灾民，又让十道廉访司将平素追缴的赃物钱款用以救灾。据史书记载，这次灾害期间，元廷共9次发粟赈济，仅保守统计，赈粮数也接近190万石，赈钞数高达65万锭。再加上富户入粟补官之数，则赈粮数额超过300万石，远远多于此前的任何一次灾害赈济。但是面对规模如此庞大的灾民和受灾区域，元朝政府的举措时常滞后，从死难者和流民的庞大数字来看，救灾显然是失败了，最终酿成了特大饥荒。这时候民间富户的自救，在某些阶段，影响力甚至超过了官方救济。

例如，杭州何敬德等联合当地的商贾绅士以寺庙道观为粥厂施救城内的流民和饥民，救活了不少百姓，且组织百姓掩埋道边的尸体，防止疫病传播。浦江郑文泰兄弟也"煮糜分啖"，救济灾民。诸如此类的义举不胜枚举。这些自发而成的救灾团体，往往以宗族为核心，进而影响到村落、城镇。相比官府的救济，这些自救措施往往快速且细致，如搭建茅庐，让流民临时居住，使他们的生活趋于稳定，无疑对恢复秩序有帮助；在道路显要处开设粥厂，有效分散了饥民和流民对城市的压力；义务埋葬死者和施舍草药，则有助于控制传染疾病的蔓延。

元朝官方的救济，所涵盖的范围不能说不广；政策诏令中反映出的力度,也不可谓不用心。官方蠲免和赈济措施,会短时期内改变受灾区域内的粮食供给状况,但个体灾民能否度过饥荒,还取决于救灾物资是否得到合理分配,而这些工作都有赖于地方有司贯彻执行。然而,元朝官吏贪赃的乱象在世祖朝就已十分严重,之后恶性发展,肆虐始终。官吏往往明火执仗地勒索,不加掩饰,鲜有廉耻之心。从中央到地方,乃至原本制约贪赃的监察机构,在贪腐问题上都难保清白。在救济活动的具体实施过程中,由于监察力量的缺位,检踏不实可谓普遍存在之现象。救灾的贯彻和执行力度堪忧,甚至有不法官吏乘机牟利,在其中起了反向作用。如潘生遭遇的大德灾荒中,浙东道宣慰副使趁着流民四起、海盗肆虐,意图诬陷地方某大姓通匪,进而打算请兵剿灭,谋夺其财产。虽然宣慰副使的阴谋最终没有得逞,但其影响至坏,民意哗然。哪怕是皇帝诏令,由于监察缺失和蠹虫腐败,也要大打折扣。以促成潘生归乡的诏令为例,诏书中要求地方官府为还乡百姓安排解决住宿,还要提供衣粮,使他们不至于在路途中冻饿而死。但从潘生和同归女子的经历看,他们沿路乞讨求食,风餐露宿,显然并没有获得诏书中规定的帮助。

3. 兴亡皆苦,祸患深埋

历代王朝的行政效率和政府信用最为直接的展示渠道,一是应对战争,二是灾荒救助,三是阶层矛盾的调和。在战争中,可以看出一个国家的武备力量、财政储备及国家机器运转的有效程度;灾荒的救助也足以展现出一个王朝收束民心、恢复生产、重建因灾荒而涣散的制度和秩序的能力;而对阶层矛盾的调和力度和策略,则直接关系着一个政权的稳定。

元朝政府以江南为财赋中心,对其大肆掠夺,强加给江南地区沉重的经济压力,但在灾荒来临时,却又将救灾的责任转嫁到民间。此举进一步消耗了民间的财富,加深了贫困,也加剧了江南地方士绅对中央政权的离心。

同时，因各种饥荒问题而加剧的"驱口""雇身"等奴隶问题，由于元帝国的特殊性，不仅不能解决，反而陷入有法不能行，或是良法恶法互相冲突而不知所行的境地。阶层之间的矛盾对立日渐尖锐，人祸逐渐深重，民心也随之背离。

元朝的奴隶问题体现着整个社会的显著矛盾。由于从草原帝国转变为中原政权时的不彻底，贵族蓄奴合法化、潮流化，且超然于律法之上，始终与国家争可用之民，侵蚀国家的可用之财。奴隶本身的悲惨遭遇，也激化了阶层冲突。大量百姓从平民沦为奴隶，逐渐瓦解着社会底端的家庭乃至宗族结构。当绵延近百年的人祸积累下来，与水旱、饥荒等天灾相遇，民间再也无力自救之时，大动荡便会开始。

天灾可畏，人祸更甚。佟锁住和潘生的遭遇发生在元朝国力尚且强盛之时，然而帝国武力、财力的雄厚，对普通黎庶而言，终究如梦幻泡影。这些寻常百姓遭遇的悲欢离合，印证了"兴，百姓苦；亡，百姓苦"的感慨。

由于元帝国对这些问题解决不力，早在元成宗统治时期，就发生了驱口反抗的斗争。当时分成江南的蒙古军、汉军都有驱口，许多驱口是从南方被掳至北方的。他们在一个僧人的倡导下，带着妻子儿女逃走。主人（使长）追来，他们就藏在州城里、村坊道边的店里及寺院道观里，也有躲到手工业作坊做雇工的，还有人用船筏偷渡过了黄河、长江。有人被抓到，众人则合力抢夺。到了元末，农民战争风起云涌，徽州（今属安徽）地区的奴隶"谋尽铲其主家以自便"，江西永新"奴杀其主"的血案更是时有发生，所谓"丧乱十五六年之间，冠履颠倒，以小人而害君子，以奴隶而害主翁者，滔滔皆是"。可见，由驱口泛滥而导致的社会矛盾愈演愈烈，大有星火燎原之势。

木必自腐而后朽之，危害邦本的矛盾久不去除，终会成为动摇根基的祸患。毕竟，后来取代元政权的明朝开国皇帝朱元璋，便是由于家乡濠州发生灾荒，父母双亡，贫而不能自救，出家为僧也难以果腹，不得已托钵行乞，流浪四方，最终加入农民起义军的。他麾下的淮西将领、士卒，很多也是无路可走后，在或为驱口求生，或以暴乱求生的两端摇摆，最终选择了铤而走险。元帝国覆灭的造衅开端，实在这关系民生的细微之处。

参考书目

洪用斌：《元代的奴隶买卖》，《内蒙古社会科学》1982年第5期。
陈柳晶、陈广恩：《元代儿童买卖刍议》，《暨南史学》2016年第1期。
陈高华：《元朝赈恤制度研究》，《中国史研究》2009年第4期。
李治安：《论元代的官吏贪赃》，《南开学报》2004年第5期。

从铁木迭儿到伯颜

权臣握柄倾安危

铁木迭儿履历表

姓名	铁木迭儿
族属	蒙古人
家庭出身	父木儿火赤
生卒年及所处时代	？—1322；元朝中期
子女	子班丹，知枢密院事；子锁南，治书侍御史
生平履历	大德年间（1297—1307），同知宣徽院事，兼通政院使
	大德十一年（1307）元武宗即位后，拜宣徽使。至大元年（1308）四月，加右丞相，后改江西行省平章政事、云南行省左丞相
	至大四年（1311），拜中书右丞相
	皇庆元年（1312），因病去职
	延祐元年（1314）四月，拜开府仪同三司、监修国史、录军国重事。九月，拜中书右丞相
	延祐四年（1317），罢相
	延祐七年（1320），复为中书右丞相。三月，元英宗即位后，进开府仪同三司、上柱国、太师。八月，摄太尉
	至治二年（1322）八月，卒于家

燕铁木儿履历表

姓名	燕铁木儿
族属	钦察伯牙吾氏
家庭出身	祖土土哈，父床兀儿，军功世家。弟撒敦，知枢密院事。弟答邻答里，句容郡王，知行枢密院事
生卒年及所处时代	？—1333；元朝中后期
子女	子唐其势，曾任宣徽使、御史大夫、中书左丞相；子塔剌海，文宗养子；女答纳失里，元顺帝第一任皇后。养子燕帖古思，元文宗次子
生平履历	少年时为元武宗海山宿卫

续表

生平履历	大德十一年（1307），武宗即位后，授同知宣徽院事
	皇庆元年（1312），袭父职左卫亲军都指挥使
	泰定三年（1326），同佥枢密院事
	致和元年（1328），佥枢密院事。两都之战爆发后拥立文宗图帖睦尔，任知枢密院事。文宗即位后封太平王，赐号"答剌罕"，加授开府仪同三司、上柱国、录军国重事、中书右丞相、知枢密院事
	天历二年（1329），立大都督府统左、右钦察及龙翊三卫，哈剌鲁东路蒙古二万户府，东路蒙古元帅府，由其兼领。授御史大夫。八月，毒杀明宗和世㻋。文宗再次即位后，诏追封燕铁木儿父祖三世王号，命艺文监刊行其《世家》，令礼部尚书马祖常撰碑文纪其功，为其建生祠于红桥南，收其子塔剌海为养子，赏赐田地财物无算
	至顺三年（1332），在文宗死后立明宗次子懿璘质班为帝。五十三天后，懿璘质班死，遣使召还妥懽帖睦尔
	至顺四年（1333），纵欲身亡

伯颜履历表

姓名	伯颜
族属	蒙古蔑儿乞氏
家庭出身	曾祖父探马哈儿，给事宿卫。祖称海，为领军百户，从蒙哥攻宋，于合州钓鱼山死。父谨只儿，仁宗时总领太后兴圣宫宿卫。长兄也速迭儿，平章政事留守。次兄雪你台。三兄燕帖木儿，中政使。四兄教化的，尚服使。弟伯要台，早卒。次弟马札儿台
生卒年及所处时代	约1278—1340；元朝中后期
配偶	正妻怯烈真氏，世袭必阇赤长也先不花女
子女	长子把剌释理，次子沙加释理，咸备宿卫
生平履历	大德三年至大德十一年（1299—1307），约22—30岁，从海山出镇北边，屡立战功
	大德十一年（1307），约30岁，成宗死，随海山南还争位。海山即位后，授吏部尚书，改尚医院使，又任御史中丞
	至大二年（1309），约32岁，任尚书省平章政事，领右阿速亲军都指挥使司达鲁花赤

续表

生平履历	延祐三年（1316），约39岁，为周王府常侍。历任江南行台御史中丞、御史大夫，江浙行省平章政事，陕西行台御史大夫等职
	至治二年（1322），约45岁，复为南台御史大夫
	泰定二年（1325），约48岁，任江西行省平章政事
	泰定三年（1326），约49岁，任河南行省平章政事，佩虎符，节制江淮诸军
	致和元年（1328），约51岁，泰定帝死后，在河南行省发动军事政变，响应燕铁木儿拥立图帖睦尔。文宗即位后，以功特加银青荣禄大夫，仍领宿卫，寻加太尉，进开府仪同三司、录军国重事、御史大夫、中政院使
	天历二年（1329），约52岁，拜太保，加忠翊侍卫亲军都指挥使。明宗即位后任中书左丞相。明宗暴卒，文宗再次即位后，加储政院使
	天历三年（1330），约53岁，正月，知枢密院事
	至顺二年（1331），约54岁，进封浚宁王，追封三世为王
	至顺三年（1332），约55岁，文宗诏建伯颜生祠于涿州、汴梁，立碑记其拥立之功。文宗死，宁宗即位，拜太傅，加徽政使
	至顺四年（1333），约56岁，六月，顺帝即位后，拜中书右丞相、上柱国、监修国史。十月改元元统。十一月，封秦王
	元统三年（1335），约58岁，六七月间，诛杀燕铁木儿余党唐其势等人。受赐"答刺罕"封号。十一月，罢科举
	后至元三年（1337），约60岁，以广东朱光卿、河南棒胡反元，奏禁汉人、南人执兵器，并拘刷其马匹，禁汉人、南人习学蒙古、色目文字，省院台部、宣慰司、廉访司及郡府幕长并用蒙古、色目人。奏请杀张、王、刘、李、赵五姓汉人，顺帝不允
	后至元四年（1338），约61岁，诬杀旧主郯王彻彻秃
	后至元五年（1339），约62岁，诏为大丞相，加号"元德上辅"，官衔长达246字
	后至元六年（1340），约63岁，二月，出猎柳林。元顺帝与脱脱等人合谋，贬伯颜为河南行省左丞相。三月，徙南恩州阳春县（今广东省阳春市）安置。四月，病死于龙兴路驿舍

脱脱履历表

姓名	脱脱
族属	蒙古蔑儿乞氏
家庭出身	父马札儿台,中书右丞相;伯父伯颜;弟也先帖木儿,御史大夫
生卒年及所处时代	1314—1356;元朝中后期
子女	长子哈剌章,次子三宝奴。至正二十二年(1362)脱脱平反昭雪后,二子还朝封官。养子爱猷识理达腊,元顺帝皇太子
生平履历	延祐元年(1314),出生。自幼养于伯父伯颜家。少从浙东名儒吴直方学
	致和元年(1328),15岁,为泰定帝皇太子阿速吉八怯怜口怯薛官。文宗即位后袭授成制提举司达鲁花赤,迁内宰司丞、府正司丞
	至顺二年(1331),18岁,授虎符、忠翊侍卫亲军都指挥使
	元统二年(1334),21岁,同知宣政院事,兼前职,迁中政使,升同知枢密院事
	后至元元年(1335),22岁,参与诛灭唐其势及其党羽。历太禧宗禋院使,拜御史中丞、虎符亲军都指挥使,提调左阿速卫
	后至元四年(1338),25岁,进御史大夫,仍提调前职
	后至元六年(1340),27岁,与元顺帝联手黜逐伯颜。知枢密院事
	至正元年(1341),28岁,为中书右丞相、录军国重事,更化伯颜旧政,复科举,复行太庙四时祭,雪郯王彻彻秃之冤,以阿鲁图正亲王之位,开马禁,减盐额,蠲负逋,开经筵,遴选儒臣以劝讲
	至正三年(1343),30岁,元顺帝诏修辽、金、宋三史,任都总裁官
	至正四年(1344),31岁,领宣政院事,封郑王。五月,辞相
	至正七年(1347),34岁,随父马札儿台赴甘州(今甘肃省张掖市)。十一月,父卒,受召还京师
	至正八年(1348),35岁,为太傅,提调宫傅,综理东宫之事
	至正九年(1349),36岁,闰七月,复为中书右丞相
	至正十一年(1351),38岁,变钞失败,开河成功。韩山童、刘福通在颍上起事,元末农民起义爆发
	至正十二年(1352),39岁,亲率大军出征徐州,大胜还朝。加太师,元顺帝为其建生祠于徐州,立徐州平寇碑

续表

生平履历	至正十四年（1354），41岁，九月，率领百万大军出征高邮，克张士诚军。顺帝听信哈麻等人谗言，夺其兵权，元军不战自溃。初被安置淮安，后有旨移置亦集乃路（今属内蒙古自治区额济纳旗）
	至正十五年（1355），42岁，三月，流放云南大理宣慰司镇西路（今云南腾冲）。十二月，哈麻矫诏遣使鸩杀之

多元体制下的元帝国,在汗位继承的制度上,仍旧秉承着铁木真时代创立的继承制度——由忽里台大会推举,继承人在黄金家族内部产生。因而元帝国的君主,第一身份是各系贵族拥戴的蒙古大汗,其次才是天下尊崇的帝王。推举制度使得黄金家族内部因为汗位的争夺始终内讧不休,功勋贵族则在这些争夺中做政治的投机,以扩大自身的权势。有铁腕手段的雄主在位时,尚能震慑威服这些功勋贵胄,而在缺乏强势君主的时代,权臣则竞相登台,上下失衡,导致庙堂内乱不止。

到忽必烈击败阿里不哥登上帝位之时,他虽然效法中原汉制建立储君制度,立真金为太子,但碍于蒙古祖宗法度,并未取消忽里台大会。真金英年早逝,真金之子、皇孙铁穆耳继承皇位,是为成宗。然而,元成宗未留子嗣。他去世之后,后宫与诸王彼此勾连,朝臣与镇外宗亲互为倚仗,对帝王之位竞相角逐。此后的君主,除元英宗是以太子身份和平即位之外,每一位新君都经历了刀光剑影的帝位争夺。这种争夺,甚至发展成席卷全国的大规模战争。

帝国的实力在内耗中不断削弱,依靠权臣上位的君主,往往对权臣赏赐无度。这些权臣,如仁宗时期的铁木迭儿,文宗时期的燕铁木儿,顺帝统治前期的伯颜,大多奢腐成风,肆意毁坏法纪,在朝堂大兴党同伐异的政治清算。元朝的汉化之路屡遭破坏,各种矛盾此起彼伏,帝国灭亡的丧钟终于敲响。

一、李孟新政与延祐经理——汉法与权臣的冲撞

1. 后宫权臣,勾结弄权

大德十一年(1307)正月,元成宗病死。由于太子早亡,帝位空悬,朝中掀起了拥立纷争。成宗皇后卜鲁罕图谋立忽必烈之孙安西王阿难答

为新君。右丞相哈剌哈孙等人则认为真金的孙子、成宗铁穆耳之侄——海山、爱育黎拔力八达兄弟更适宜继承帝位。

双方一番明争暗斗，在哈剌哈孙的运筹之下，谪居怀州（今河南省沁阳市）的爱育黎拔力八达秘密回到京师，抢先发动政变，囚禁了卜鲁罕、阿难答等人，并遵奉生母答己为太后。爱育黎拔力八达暂时监国。一个月后，海山统领大军南下，双方会于上都。鉴于海山实力雄厚，一番讨价还价后，由哥哥海山继承帝位，是为元武宗。双方约定兄终弟及，叔侄相继。爱育黎拔力八达被立为储君，即后来的元仁宗。

武宗久镇漠北，军旅生涯多而政治经验少。他登上帝位后，极尽奢侈之能事，滥行赏赐，导致府库空虚。而爱育黎拔力八达久居汉地，信赖李孟这样以历代中原帝王政治得失为鉴的汉人谋士。兄弟二人在国家用人和理财方针上出现纠纷与隔阂。这种情势下，善于投机钻营的铁木迭儿，依托答己太后的宠信逐步上位，成为一手遮天的权臣。

铁木迭儿生年不详，卒于1322年，是侍奉过元世祖的宫廷怯薛。他在成宗朝任同知宣徽院使，掌管宫廷御用膳食，是名副其实的内廷官僚，深得答己太后的信任。政变后，铁木迭儿被擢升为宣徽使。自此，铁木迭儿开始倚仗太后的权势，利用武宗、仁宗和太后三人之间的嫌隙、矛盾，攫取权力，呼风唤雨。

至大元年（1308），铁木迭儿加官右丞相，后改任江西行省平章政事，很快又改迁云南行省左丞相。虽然当时的云南已经在赛典赤·赡思丁家族的治理下政治安定，商旅发达，日益富庶，但对蒙古贵族而言，这仍旧是湿热难耐的贬谪放逐之地。至大三年（1310）十月，不甘心久居边陲的铁木迭儿竟然私自逃回大都。虽然尚书省想将其严办，但是在答己太后的干涉下，铁木迭儿不仅未被追究罪责，还得以"贷罪还职"。

至大四年（1311）正月，即位不过四年的武宗海山病逝，爱育黎拔力八达继承帝位。此时的答己太后，为了掌控朝政，急召铁木迭儿回朝，意欲使他成为自己在朝堂上的外援，制衡亲汉法的仁宗。

2. 李孟新政，无果而终

仁宗即位后，想任用完泽、李孟等人掌管政务，践行以儒治国的方针，对此答己太后强烈反对。最终，仁宗不得不屈服，让铁木迭儿出任中书右丞相，掌管百官政事。铁木迭儿当政后，一手操持了著名的"延祐经理"。李孟新政与延祐经理的对立，十分典型地凸显了汉法和蒙古传统之间的激烈矛盾。

由于武宗时期贵族肆意索要赏赐，帝王挥霍无度，加之官吏贪污成风，朝廷屡屡用兵，元廷的财政在仁宗登位初就已陷入严重的亏空状态。至大四年十一月，根据李孟的核查，财政收支的报告如下：

> 今每岁支钞六百余万锭，又土木营缮百余处，计用数百万锭，内降旨赏赐复用三百余万锭，北边军需又六七百万锭；今币藏见贮止十一万余锭，若此安能周给。自今不急浮费，宜悉停罢。

承担着不下千万的费用，却只有十余万的积蓄，这样经济周转自然不灵。担任平章政事的李孟因而下定了推行"节用爱人"的政治改革的决心。李孟向元仁宗上疏四条：其一，节赏赐，对于臣下的赏赐按照定例给予，不得额外滥赐；其二，重名爵，官爵、名号乃国家重器，禁止随便授予，尤其是授予僧人、道士；其三，核太官之滥费，主要是对宫廷用度造册登记，限制宫廷贪腐；其四，汰宿卫之冗员，核实累朝增加的怯薛资格，剔除冒名、不合格者，以节省费用。

李孟的四条方针以节用为主，希望元仁宗做仁爱之君，这些举措完全符合中原传统政治道德对贤德君主的要求。然而，出身黄金家族的爱育黎拔力八达虽然欣赏汉法，但不可能放弃蒙古旧制。更何况，李孟的这些条呈，直指当时的既得利益者——答己太后、铁木迭儿等蒙古贵族，以及对武宗有拥立之功的诸多勋臣。仁宗虽登大宝，毕竟实力有限，李孟的新政很快陷入雷声大而雨点小的尴尬境地。

3. 延祐经理，冲突加剧

随着李孟新政的终止，1314年，铁木迭儿开始了他为元帝国解决财赋用度困境的"延祐经理"。在铁木迭儿的认知中，解决国家用度的匮乏，可用的无非两种手段：一是想办法对富民商贩往来贸易的利润进一步盘剥，如提前出售河间地区来年的盐引和铁货贩卖资格，满足今年的用度；二是继续增加江南地区的赋税，以清查田亩的方式，达到括田增税的目的。相对于李孟的"节流"，铁木迭儿的举措无疑是"开源"，虽能在短期内增加财政收入，但不免进一步激化元帝国内部本就存在的尖锐的阶层矛盾。加之铁木迭儿派往民间的使者甚为残暴，拆毁民房、挖掘坟墓以扩充田亩者比比皆是，无所不用其极，终于激起了民变。随着蔡五九等人在江西宁都举兵起事，铁木迭儿的"延祐经理"也宣告失败。

为应对舆论攻击和朝臣指责，铁木迭儿与答己太后紧密勾结。他们利用元仁宗想要废除皇位叔侄相授约定而改立自己的子嗣为储君的心思，巩固自身权势，打击报复反对者。史称，铁木迭儿与子侄党羽，在朝堂上"巧饰危间，阴中以法"，大肆陷害、诛杀不服从自己的大臣。尽管御史台臣屡次联名弹劾铁木迭儿乱政专权，甚至将其比为阿合马和桑哥，但在答己太后的庇佑下，铁木迭儿依旧安然无恙。

延祐七年（1320），年仅三十五岁的仁宗病死。此时的英宗硕德八剌才十七岁，尚未即位。在答己太皇太后的授意下，铁木迭儿提前入主中书省，鹰犬爪牙，布列中外，而后又对弹劾过自己的官员大肆清洗报复。四川行省平章政事赵世延被诬下狱，御史杨朵儿只、萧拜住和上都留守贺胜被冤杀，甚至连仁宗的心腹李孟，也被夺印仆碑。一时间人心惶惶，百官噤声。然而，铁木迭儿仍不满足，又胁迫英宗颁布了"中外毋沮议铁木迭儿"的诏令。

此时的铁木迭儿充当着答己太皇太后的代言人，全然不将年轻的英宗放在眼里。英宗自小对儒术接触较多，在施政纲领、人事任免等决策上与答己、铁木迭儿的冲突日渐加剧。至治二年（1322）五月，在木华黎后裔、世袭怯薛长拜住的支持下，不甘受制于人的英宗展开反击，以图谋废立的罪名诛杀了铁木迭儿的部分党羽。铁木迭儿闻之而心惊，顿时失去了气焰，加上老病体弱，居然在惊惧中死去。死后，御史言其上负国恩，下失民望，生逃显戮，死有余辜，于是英宗下令毁其所立碑，追夺其官爵及封赠制书，籍没其家。

然而，铁木迭儿的死并未终结元朝的权臣政治，反而成为权臣政治登峰造极的诱因。英宗虽然对铁木迭儿进行了清算，却没有彻底铲除他的党羽，加上年纪尚轻，也未能创立新的储君制度，以杜绝宗亲对汗位的觊觎。1323年，铁木迭儿之子锁南、党羽铁失和晋王也孙铁木儿联手策划了"南坡之变"，英宗被弑，拜住被杀。此后泰定帝即位，在位仅五年就病逝，随即爆发两都之战。

铁木迭儿的权柄是窃而得之，君王还能有所制裁，而自两都之战后，权臣声望开始高于帝王权威。铁木迭儿之后的权臣，已完全将权柄收入囊中，视帝王为掌中玩物。此后，元帝国的皇帝，想要制衡旧的权臣，只能依靠新的权臣。

二、两都之战贻患天下——燕铁木儿弄权

1. 拥立文宗，武人秉政

南坡之变，英宗身死，即位的晋王也孙铁木儿是真金长孙、成宗铁穆耳之侄，是为泰定帝①。泰定帝迫于群臣压力，也为避免给自己留下弑君的口实，下令处死了铁失、锁南等人，正式终结了以铁木迭儿为首的权

---

① 两都之战后，也孙铁木儿父子不被尊谥，没有庙号，史家以年号称其为泰定帝和天顺帝。

臣集团在元朝庙堂上的影响。

　　元朝中期的皇帝都享位不久。泰定帝仅仅做了五年皇帝，便在致和元年（1328）病死于上都，年仅36岁。虽然泰定帝册立了储君，但当年借武宗称帝掌握权力的部分军功贵族，早已对也孙铁木儿登位颇有怨言。泰定帝的死正好为他们发动新一轮的政变创造了契机。其中的骨干人物便是燕铁木儿。

　　燕铁木儿是钦察人，出生于典型的军功贵族世家。其祖土土哈、其父床兀儿，都因长期驻守漠北、能征惯战而被世祖、成宗倚重。燕铁木儿本人在少年时就担任了海山的宿卫，是武宗的心腹之臣。海山即位后，燕铁木儿官运亨通，到泰定帝时，他进金枢密院事，处理军国大事。

　　泰定帝死后，为了日后能擅权揽政，留守大都的燕铁木儿以报答海山的宠拔之恩为由，率领心腹挟持百官，称"祖宗正统属在武皇帝之子，敢有不顺者斩"，公然宣布了自己的废立之心。而在上都，扈从泰定帝巡幸的中书左丞相倒剌沙与部分诸王则拥立泰定帝的太子阿速吉八为帝。

　　武宗有两个儿子，长子和世㻋，次子图帖睦尔。按照原本武宗、仁宗兄弟的约定，和世㻋当在仁宗死后继承帝位，但仁宗毁约改立己子，将和世㻋降为周王，放逐云南。和世㻋逃往察合台后王封地，常年流亡西北。图帖睦尔则在英宗时贬居海南，泰定帝即位后被召还京师，受封怀王，很快出居建康，后又徙居江陵（今湖北省荆州市）。燕铁木儿属意居汉地、好掌控的图帖睦尔，对知之甚少的和世㻋，其实并不打算拥立。在河南行省平章政事伯颜的配合下，燕铁木儿采取明修栈道暗度陈仓之计，表面宣称迎奉和世㻋为帝，暗中则将图帖睦尔迎回京师。

　　致和元年九月，图帖睦尔在大都即位，改元天历，是为文宗。同月，阿速吉八在上都即位，改元天顺。故而这一年有致和、天顺、天历三个年号。至此，大都和上都两大政治集团的对立格局正式形成，双方互相讨伐，两都之战爆发。上都方面的优势在于武力雄壮，但财力短绌，故追求速战，对大都展开了四路进攻。大都方面兵力虽稍逊一筹，但可调配的财赋极多，能持久打消耗战。

燕铁木儿亲率大军逼退了进犯居庸关的梁王王禅军，两次会战于榆河，均大获全胜。在后来的怀柔牛头山之战、通州会战、檀州之战中，燕铁木儿几乎所向披靡，加之齐王月鲁帖木儿和东路蒙古元帅不花帖木儿等趁势合兵围攻了上都，毫无准备的倒剌沙被迫出降。这场声势浩大的皇位争夺战暂时告一段落。两都之战几乎算得上燕铁木儿一个人的表演，为他在军队和军功贵族中赢得了极高的声望和威势。

两都之战以上都的失败而告终。依靠燕铁木儿赢得胜利的文宗，对其恩宠优渥达到无以复加的地步。文宗甚至下诏，今后朝廷政务及籍没田宅赐人等事，"非与燕铁木儿议，诸人不许奏陈"，几乎欲与之共天下。1329年，文宗专门设立大都督府，令燕铁木儿兼统左、右钦察卫，龙翊卫和哈剌鲁东路蒙古二万户府，以及东路蒙古元帅府等精兵强将。此时燕铁木儿还"乞解相印还宿卫"，文宗几乎是讨好地说，"卿已为省院，惟未入台，其听后命"，并很快授予他御史大夫的官职。自此，燕铁木儿掌控了政权、军权和监察权，彻底打破了忽必烈制定的军、政、监察三权分立以制衡百官，从而保证皇帝权威的制度。

此时，和世㻋从西北抵达蒙古腹地，为岭北诸王所拥戴，并于和林北即帝位，是为明宗。一人之下、万人之上的燕铁木儿自然不愿意将到手的权力拱手让人，新的矛盾急剧凸显。

文宗即位时宣称等兄长到达后立即让位，故在打败上都集团后就派人北迎和世㻋。明宗登位后，文宗派燕铁木儿奉送玉玺。明宗仿武仁故事，立文宗为太子储君。八月，兄弟二人相会于中都（今河北省张家口市张北县），宴饮之后，明宗居然暴毙而亡。这无疑是一场精心设计的政治谋杀，其核心人物正是燕铁木儿和文宗。明宗死后，燕铁木儿旋即取回玉玺，并扶持文宗昼夜兼程赶回上都，重新宣布即皇帝位，此时距离明宗暴卒仅十日。

2. 总揽国事，荒淫无度

有了两次拥戴之功，燕铁木儿的确是有"大勋劳"于文宗。为彰显燕铁木儿的地位，文宗任命他为中书右丞相后，特意取消了左丞相，以示独尊，更昭告天下，凡是帝国的号令、选法、刑名、钱粮、造作等百务，都要听从燕铁木儿总裁，百官不得越过奏事。

燕铁木儿的军事才干值得肯定，但在政务方面可谓昏庸至极。他唯以享乐敛财为务，比如娶泰定帝皇后为夫人，又先后娶40余名宗室女子为妻妾。传说燕铁木儿在府中建水晶亭，墙壁皆为水晶，镂空注水，养五色鱼。墙壁内放置琥珀增色，就连栏杆上都镶满了八宝奇石。如此穷奢极欲，自然要消耗大量的钱财。燕铁木儿的耗费几乎全从元朝的国库中支出，本已捉襟见肘的财政状况继续恶化。他的家族也依仗滔天的气焰，在民间抢占财富。燕铁木儿主政期间，对国家的弊端和危机几乎全然无察，只是索取无度以求宴乐。民间的疾苦、江南的困顿再度加剧，元帝国的危机进一步加重。

伴随着燕铁木儿昏聩行为的，是文宗对他信赖的加深，以致对他有荒唐的神化迹象。文宗和燕铁木儿易子而养。文宗以燕铁木儿之子塔剌海为养子，文宗次子古纳答剌送养于燕铁木儿，后改名燕帖古思（燕铁木儿亦译"燕帖木儿"）。燕铁木儿的弟弟撒敦被任命为知枢密院事，儿子唐其势出任"掌供玉食"的宣徽使。从内宫到外廷，从人事任免、官员铨选，到钱粮赋税、刑名勾决，再到兵马调动，帝国的一应事务，几乎全在燕铁木儿家族的控制之下，也就无怪乎唐其势敢说出"天下本我家天下"的悖逆之语。

燕铁木儿挟震主之威，肆意无忌。文宗不仅追封燕铁木儿的父祖为王，而且命艺文监刊行记载燕铁木儿家族忠勇事迹的《世家》，颁行天下，进行鼓吹。除了为燕铁木儿的功劳树碑立传，铭之金石，文宗还为其建生祠，并亲自前往祭祀。被称为定策元勋太师太平王的燕铁木儿，俨然当时活着的圣人。

君臣间荒谬的表演，随着至顺三年（1332）文宗病死，暂时告一段落。文宗诸子中，三子太平讷和曾被立为皇太子的长子阿剌忒纳答剌均早夭，次子燕帖古思亦体弱多病。图帖睦尔时常想起毒杀兄长之事，追悔莫及。加上当时天灾频仍，时局动荡，笃信喇嘛教的文宗夫妇陷入因果报应的迷信之中，以致年仅29岁的文宗，仅仅在位四年，就一命呜呼了。文宗遗诏命册立明宗和世㻋的子嗣为帝，为了方便自己继续把持朝政，燕铁木儿无视和世㻋的长子妥懽帖睦尔，转而立其7岁的次子懿璘质班为皇帝，是为宁宗。

宁宗即位不满两个月就不明不白地死去，文宗皇后开始短暂地临朝称制。野心勃勃的燕铁木儿打算拥立由自己抚养的燕帖古思，然而文宗皇后决意践行遗诏，力主立妥懽帖睦尔。是年，13岁的妥懽帖睦尔被迎入大都。燕铁木儿是当年谋杀明宗的主谋之一，对年纪渐长的妥懽帖睦尔充满了防范，迟迟不肯举行登基大典。所有的军国大事，仍旧由他全权处理。

荒淫无度早已掏空了这位太平王的身体。半年之后，燕铁木儿"体羸溺血而薨"。至顺四年（1333）六月初八，元顺帝妥懽帖睦尔在上都即位。燕铁木儿虽然身死，但其家族党羽威势尚在，弟撒敦是中书省左丞相，子唐其势官居御史大夫，女儿伯牙吾氏被立为皇后。直到元统三年（1335），顺帝依靠另一名权臣伯颜的力量，才将这些羽翼诛杀殆尽。

三、权臣政治的落幕——伯颜之死

1. 投机隐忍，伯颜崛起

伯颜是蒙古蔑儿乞人，也是武宗海山的侍从怯薛，在武宗即位中有拥戴之功。武宗一朝,伯颜先后官居吏部尚书、御史中丞、尚书省平章政事,任职中枢。仁宗即位后,鉴于伯颜和武宗的特殊关系,在大多时候都将他外放到地方为官。

1316年到1325年,伯颜曾经在江南行台、江浙行省、陕西行台、江西行省任职。1326年调往河南行省担任平章政事,兼佩虎符,节制江淮诸军。泰定帝死后,燕铁木儿密谋废立,迎文宗为帝时,伯颜所在的河南行省的立场极大地左右了政局的走向。

首先,当时文宗图帖睦尔谪居江陵,属河南行省管辖。若河南倒向上都,则图帖睦尔的行动和安全都将面临极大的威胁。其次,河南行省位于天下之中,驻扎了不少用于制衡四方的军队,如若他们遵从上都旗号,向北出击,则燕铁木儿将腹背受敌,军事压力大增;向南出击,则江南供给大都的粮草资源将被截断,燕铁木儿倚仗汉地财赋的优势也将荡然无存。

伯颜敏锐地发觉了执天下之中向上攀升的机会。燕铁木儿的使者到来后,伯颜自称"夙荷武皇厚恩",从报答武宗旧恩的角度出发,立即表示支持。当时河南行省内部分歧严重,伯颜不惜发动军事政变,刺杀了不肯合作的河南行省右丞、参政等官。在控制了河南局势后,伯颜积极备战,筹措粮饷,同时披坚执锐,亲率五千精兵,护送图帖睦尔入都。

文宗即位,伯颜的拥戴定鼎之功仅次于燕铁木儿。文宗对伯颜的赏赐也很可观,封伯颜为浚宁王,追封三世,知枢密院事,亦为其建生祠,树碑立传彰其拥立之功。伯颜并非没有野心,只是在燕铁木儿主政时期,他深感燕铁木儿家族势大,难与争锋,因此选择附和跟从,伺机以待。

燕铁木儿身死,元顺帝即位后,伯颜等待的机会来临。在朝中毫无根基的妥懽帖睦尔也有意选择用伯颜来压制燕铁木儿遗留的党羽。1333年,顺帝初即位,就任命伯颜为中书右丞相,削弱了燕铁木儿家族独霸政务的特权。随后的两年中,伯颜的官职一加再加,进一步蚕食了燕铁木儿家族在朝中的地位。

在元顺帝的支持下,伯颜和燕铁木儿之子唐其势的斗争日趋白热化。耻居伯颜之下的唐其势等人蓄意发动政变,试图再行废立。阴谋暴露后,元顺帝和伯颜乘势诛灭了燕铁木儿一党在朝堂上的所有力量。

2. 为政暴虐,众叛亲离

腥风血雨之后是历史的重演。顺帝为彰显伯颜的功劳,专命其为中书右丞相,废左丞相,后又设大丞相,以示独尊,朝堂政令也由伯颜独裁。伯颜被加封的各类官衔名号长达246字,以至于天下只知有伯颜而不知有顺帝,妥懽帖睦尔再度沦为傀儡天子。

相较于燕铁木儿,伯颜在政治方面贪婪程度相仿,而暴虐远甚。他主政时期,曾出台和拟行了很多加深民族矛盾、阻滞文化发展的政令,如罢停科举;因为广州、河南等地百姓起兵反元,就奏请汉人、南人不能持有兵器马匹,甚至包括铁制农具;禁止汉人、南人学习蒙古、色目文字;中央、地方衙门幕长不得用汉人、南人;最后甚至提出要杀尽张、王、刘、李、赵五姓汉人的荒唐主张。

不难看出,伯颜的施政方针唯务镇压,完全没有解决时弊的可能,反而进一步扰乱了时局。他的刚愎自用也让顺帝心存忌惮,甚至引起了他侄子御史大夫脱脱的反对。伯颜还矫诏冤杀了自己的旧主郯王彻彻秃,擅自贬走宣让王帖木儿不花和威顺王宽彻普化。甚至一度有传言说,伯颜曾与文宗皇后谋废妥懽帖睦尔,改立燕帖古思。这些事件让妥懽帖睦尔的危机感日渐加深。最终在反复测试后,他彻底放下对脱脱的防备,与之结盟。

后至元六年(1340)二月,趁伯颜出猎柳林之际,顺帝和脱脱联手,发动政变,剥夺了伯颜的一切职务,先贬其为河南行省左丞相,后流放于南恩州阳春县。同年四月,伯颜在贬谪途中病死于龙兴路(今江西南昌)驿舍。

伯颜死后,元顺帝又给予脱脱极大的权力。脱脱本人知枢密院事,其父马札儿台为中书右丞相,弟弟也先帖木儿为御史大夫,家族势力遍布省、院、台。客观来说,脱脱无疑有成长为又一个燕铁木儿、伯颜的契机,但是从个人的政治理念和道德标准出发,深受汉法熏陶和儒家文化影响的脱脱,决意利用手中的权柄更化旧政,重建朝纲秩序,解决帝国危机,做贤臣和忠臣。

四、"权臣"的变体——脱脱的惨淡经营与元帝国的灭亡

1. 旧政更化,变钞失败

脱脱,字大用,生于1314年,卒于1356年,蒙古蔑儿乞人,自幼显贵。脱脱的授业恩师是当时有名的浙东儒士吴直方。吴直方游走大都求宦,被授予上都路学正(未上任)。脱脱之父马札儿台惊异于吴直方的才能谋略,聘其为家庭教师。自此,脱脱兄弟遂跟从吴直方学习儒术。

从后来脱脱推行的政治改革来看,他称得上元朝历史上践行汉法儒术最彻底的蒙古大臣。譬如,他任用官吏,坚决反对任人唯亲,主张举贤荐能。伯颜倒台后,出任中书右丞相的马札儿台唯以贩卖敛财为务,于是脱脱使人弹劾自己的父亲,让顺帝罢免了他的职位。又如,吴直方无根脚,也未曾中举,而脱脱欣赏这位老师的谋略,遂引以为心腹,在除旧立新的"旧政更化"中多次听取吴直方的建议。

脱脱推行的旧政更化,其实质是为了解决长达三十余年的权臣秉政后,朝廷人心涣散、大失人望的问题。

其一,恢复被伯颜停罢的科举取士,同时大兴国子监,以收天下读书人之心。

其二,设置宣文阁,选拔儒臣为帝王讲授经典,培养皇帝雅重儒学的风尚;下令翻译《贞观政要》为蒙文,教授蒙古贵族子弟,为推行儒学

汉法做准备。

其三，恢复太庙的四时祭祀，以礼节制度的有序化，重整尊卑秩序。

其四，缓和蒙古贵族内部因权臣斗争而生成的矛盾，对一些受到权臣打击而被剥夺领地的宗王勋贵，归还领地和名位，好为后续的改制争取盟友，减少阻力。

其五，开马禁、减盐额、蠲负逋，以缓解民怨，休养民力，争取休养生息的空间。

其六，整顿吏治，以六条标准对地方官吏进行考核，具备者升迁，不具备者降级，意图培养大批的能臣循吏，为更大的改革做铺垫。

脱脱的改革措施带有浓烈的汉法色彩，如休养民力，调和贵族内部矛盾，对时事有所挽救。元顺帝在经历了少年颠沛流亡、血海深仇得报之后，也呈现出励精图治的模样，朝政为之一新。脱脱治国有方，中外翕然称其为贤相。然而，即使是大权总揽如脱脱，更化过程也并非一帆风顺。在朝中政敌的弹劾之下，至正四年（1344）五月，脱脱称病辞相，后来又远赴甘州照料贬官谪居的父亲。五年之后，待脱脱再次入相之时，内外局势进一步恶化。至正九年（1349）闰七月，脱脱复为中书右丞相。面对满目疮痍的天下，脱脱继续推行改革。令其后续改制失败的，是从阿合马当政一直持续到元顺帝时期的财政亏空问题。具体而言，便是钞法败坏。

权臣当政的三十余年间，皇帝也好，权臣也罢，都为了满足日益增长的用度需求大肆印钞，加上伪钞横行，钞法败坏严重，民生困苦不堪。变更钞法无疑是解决此问题最直接的措施。至正十年（1350），在顺帝的支持下，脱脱颁行了至正钞法：印造至正交钞，同等额度下，价值是之前至元宝钞的二倍，两钞并行通用；同时发行名为"至正通宝"的铜钱，与纸钞并用，以辅助推行新的钞法。

由于对之前流通的中统钞如何处理并无规定，其似乎并未被废止，新钞的发行无疑会导致流通中货币量的增加，加剧通货膨胀。而铜钱本身有价值,钱钞兼行,百姓必然"积钱而不积钞",造成劣币驱逐良币的后果。加上新钞发行不久,全国规模的农民战争爆发,元朝政府的财政收入锐减,军费开支剧增,元朝把滥发纸币当成了救急手段。果不其然,全国出现了"物价腾跃"的恶性通货膨胀。无论京师还是地方,新旧钞几乎完全失去了信誉和购买力,财政改革宣告失败。

2. 遍地烽火,无力回天

人祸未解,天灾频发,造成了更大的动荡。早在至正四年夏,黄河就有两处决口,至正八年(1348)再度决口。三次决口使河南行省大部分被淹,运河航行被迫滞塞,运入大都的赋税粮食减少。水灾同时侵袭了山东沿海的盐场,作为帝国财政支柱之一的盐税收入也大受影响。

水患不除而流民遍地,由于吏治腐败,加上财政收入减少,元朝政府也难以有效地赈济灾民,加之钞法改革失败,物价飞涨,民生更加艰难。由流民而生的叛乱不断,整个元帝国如同一个引线即将燃尽的火药桶。至正十一年(1351),脱脱决意治河,试图让流民归乡。运河通行,财赋调配通畅,也有助于缓解尖锐的矛盾。治河开始于四月,十一月竣工。不过七个月,治河工程即宣告成功。然而,其间爆发的红巾军起义彻底中断了脱脱的改革梦想,元王朝也自此走向覆灭。

红巾军起义爆发后,各地豪杰并起,脱脱率军四出征讨。至正十四年(1354),脱脱率百万之众,攻伐张士诚,想重新打通关乎元朝存亡的江南孔道。张士诚大败,困守高邮。不料在最后关头,元顺帝却听信谗言,罢免了脱脱的一应职务。虽有部下劝其不听诏,但恪守君命的脱脱还是拒绝了。脱脱被免职后,元军军心涣散,在高邮战役中竟然不战而溃。元朝从此再无攻伐起义军的能力,只能转为守势。失去了江南,缺乏财赋支撑的元王朝败亡只是时间问题。至正二十七年(1367),朱元璋军在整合了江南的割据群雄之后北伐中原,次年八月进逼大都。元顺帝仓皇出逃,元朝就此灭亡。

元朝的权臣政治,其本质是多元体制下蒙汉二元结构中矛盾无法调和的集中表现。其成因有如下几点。

其一,帝位传承无序。铁木真时期确立的忽里台大会推举制度,使汗位在黄金家族内部流转成为定制。只要军功、威望足够,能够带领蒙古部众开疆拓土、聚敛财富,就能服众和登上汗位。此举鼓励了黄金家族的子嗣锐意征伐开拓,自有其时代合理性,但到忽必烈建立元朝、平定南宋后,对外扩张的可能性已微乎其微。如何守成,规范制度典章、稳定社会秩序、士农工商并举,成为元朝统治的第一要务。由于缺乏明确的皇位传承次序,黄金家族内部的宗亲不时觊觎汗位,元朝的庙堂和政治始终充斥着不稳定性。每一次无序的皇权变更,都会带来血腥的杀戮和权力清洗,打断王朝的正常运作。

其二,忽必烈时代为应对西北紧张的边疆局势,采取的宗王出镇制度种下了恶果。世祖朝北方诸王屡有叛乱。为对抗海都,解决西北叛王对蒙古草原腹地的威胁,元朝在北方长期驻守数量庞大的军队,并以皇子出镇,控制边疆局势。由此,虽则留在大都的皇子在名义上拥有政治上的优势,但出镇草原的皇子手握重兵,且易于得到草原诸王的拥戴,在帝位交接之时,这极易引发争夺。边疆的军功贵族们,为了进一步提高自己的政治影响力,也乐于参与甚至怂恿出镇宗王进行帝位争夺。边疆强大的军事力量,往往成为元朝中后期的帝王能否坐稳皇位的关键倚仗。通过政变上台的帝王对有拥戴之功的将领的封赏和权力许诺一再提升,带有明显武人政治色彩的权臣体系迅速膨胀起来。这些统兵悍将久在边疆,对汉法、汉制本就陌生,一旦踏入庙堂,执掌权柄,与汉法派在行政理念上的冲突自然愈演愈烈,以至不可收拾。

其三,重根脚出身。这是怯薛贵族制度延续的结果。蒙古贵族家族始终把持着权柄,并通过姻亲结盟、利益互换等方式扩大自己的权力范围。贵族政治的弊端在于,长久运行之后,阶层流转会趋于停滞,渐失天下人望。更为直观的问题,在于在无序的皇权变更中,意图染指帝位的诸王们多依靠拥有强大实力的贵族勋臣互相争斗。当皇位更迭取决于一二家族之时,权臣便应运而生,权力自此失衡,而权臣们也热衷于主动改变社稷归属,一个王朝的运作秩序因此自然变得极为脆弱。

脱脱毕竟是少数,元朝的大多数权臣,极少有传统意义上的"天下"观念,他们往往重视个人欲望与家族利益远过其他。一旦主政,他们推行的多是狭隘血腥的聚敛之政,激化本就存在的各类矛盾。朝堂不稳,内耗极大,聚敛、刻剥严重,权臣们因其私欲,在破坏政治结构稳定的同时,也冲击着经济结构的稳定,从而导致混乱失序的恶性循环,直至帝国的大厦崩塌。从这个角度而言,说元朝亡于权臣政治并不为过。

参考书目

白寿彝总主编,陈得芝主编:《中国通史》第八卷,上海:上海人民出版社,1997年。

邱树森:《妥懽贴睦尔评传》,澳门:澳亚周刊出版有限公司,2004年。

附录

历史迷雾中的元朝争议

通过从本书的梳理可以看出，元朝并非文化衰敝的落后时代。那么，元朝的历史形象如此晦暗，甚至存在"崖山之后无中国"的虚妄之言，这究竟是为什么呢？

事实上，这亦是一段"层累地造成的"故事。

元末明初，不唯士人怀念元朝、肯定元代的学术成就，明太祖朱元璋出于统治的需要，也完全承认元朝之正统性，认同明承元绪，对元顺帝以前的元朝历史给予正面评价。朱元璋对元世祖忽必烈推崇备至。洪武六年（1373），朱元璋于南京建历代帝王庙，内祀伏羲以来十七帝，元世祖赫然在列。而于大一统有功的秦、晋、隋三朝之君主，却"黜而不与"。可见，在明太祖眼中，蒙古族出身的元世祖，与汉唐圣明之君并无分别。一直到明英宗即位之初（1435），明廷还以由宋入元的江西大儒吴澄从祀孔庙，以表彰其在理学传承方面的突出贡献。而书画成就为元人之冠的赵孟頫，其作品在明初尚广受好评，如解缙评价其"天资英迈，积学功深，尽掩古人，超入晋魏"。

然而，到明英宗正统年间，随着北方瓦剌势盛，明朝的排元情绪渐有抬头之势。正统十四年（1449）土木堡之变，明英宗被俘，这可谓明朝的奇耻大辱。此时，朝野士林都充斥着严守夷夏之大防、斥元朝为"胡元"的声音。随后，随着明朝内政日朽、外患日剧，此种倾向进一步加强。嘉靖九年（1530），吴澄被黜祀；嘉靖二十四年（1545），元世祖忽必烈的神主亦被从历代帝王庙撤出。赵孟頫因以宋宗室身份出仕元朝，其书法竟被斥为"奴书""贱态"。至此，视元朝为"夷狄"、否定其正统性的观念正式成为明朝的官方意识形态，并一直持续到明朝灭亡。虽然后来威胁明朝的并非蒙古，而是建州女真，但对汉人来说均属"夷狄"，严申夷夏之防有助于凝聚汉民之心。在此背景下，与此时情境颇为类似的南宋灭亡的历史记忆被迅速唤醒。崖山海战一直被汉人视为南宋灭亡的标志，在元代就曾广泛受到同情，此时更是被阐发出深刻的意义，由此凝结为"崖山之后无中国"这一表达。钱谦益诗"海角崖山一线斜，从今也不属中华"指的即此。

此外，加入过南明桂王政权，后逃入瑶人地界以避清军追捕的船山先生王夫之也表达过类似的观点。他在1656年写成的《黄书》中分析，宋朝"一折而入于女直（即女真），再折而入于鞑靼，以三、五、汉、唐之区宇，尽辫发负笠，澌丧残剿，以溃无穷之防，生民以来未有之祸"，后又在《宋论》中强调，"汉、唐之亡，皆自亡也；宋亡，则举黄帝、尧、舜以来道法相传之天下而亡之也"，认为南宋灭亡并非一朝一姓之亡，而是"裂天维、倾地纪、乱人群、贻无穷之祸者"，与同时期顾炎武"亡国""亡天下"的论述异曲同工。这无疑是"崖山之后无中国"说的思想源头。

之后，比王夫之年轻十岁的吕留良在一封信中称"德祐（南宋恭帝年号）以后天地一变，亘古所未经"，亦是借悲叹宋朝灭亡表达对明亡清兴的遗憾。清初的统治者们无疑察觉了民间士人对满人统治的不满情绪，雍正帝以雷霆手段处置了吕留良及其子孙门人，酿成清代规模最大的文字狱，又耐心与服膺吕留良之说的湖南秀才曾静辩论，详细论证清朝入主中原的合法性。乾隆即位后，曾静亦被处死；同时清朝收紧文网，借修《四库全书》之机严控言论、思想。在此种高压下，以宋喻明表达反清情绪的行为被迫转入地下，并随着清朝统治日益稳固趋于淡化。然而，到晚清同治、光绪年间，曾国藩兄弟为弘扬湖南乡贤王夫之的学说，在南京重刊《船山遗书》，带有强烈民族主义情绪的《黄书》等作品得以广泛流传，并在清朝统治日渐腐朽之时成为反清革命的核心启蒙读物。

此外，在轰轰烈烈的复明抗清活动中，明遗民还在海外留下了另外一条类似的思想线索，其中代表人物是追随过南明鲁王和郑成功，后奔赴日本乞师救援的朱舜水。朱舜水在抗清无望后寓居日本，受到水户藩藩主的礼遇。他在日本广收门徒，教授朱熹之学。由其门人编纂而成的《大日本史》，被誉为日本近世史学的精神坐标。朱舜水倡导的"尊王一统"，直接影响了日本的明治维新。他对塑造日本文化最大的贡献，则是其在写给安东省庵的信中所说的：

> 贵国山川降神，才贤秀出，恂恂儒雅，蔼蔼吉士，如此器识而于学焉，岂孔、颜之独在于中华，而尧、舜之不生于绝域？

此言至少包含两层内涵：一是明清易代，故国文化落寞；二是此前在中华文化圈中居于边缘地位的日本，却因热心向学成为尧、舜可能降生的域外圣地。日本的民族和文化自觉运动由此开启。差不多同一时期，德川幕府编成了《华夷变态》一书。以朱子学的标准来衡量，明清鼎革，是"夷狄"取代"中华"，这种颠覆华夷秩序的现象不啻为一种"变态"。这显然也是"明亡之后无华夏"说法的变种。既然华夷秩序已经颠倒，则日本也有争取"中华"中心地位的资格。到中日甲午战争前后，日本早以"神州""中华"自居，后来在史学界影响巨大的内藤湖南唐宋变革说，亦属于以"文明中心转移论"为日本帝国主义的侵略行径张目。

从以上梳理可以看出，"崖山之后无中国，明亡之后无华夏"，实为明遗民抗清的情绪化表达。这种观念在国内和日本分别埋下伏笔，到了晚清，随着文化专制渐渐变松和民族危机加剧，两条线索终于合流，日本在其中也扮演了重要角色。

例如，章太炎提及自己幼时受到王夫之的影响：

> 余十一岁时，外祖朱左卿授余读经，偶读蒋氏《东华录》曾静案，外祖谓："夷夏之防，同于君臣之义。"余问："前人有谈此语否？"外祖曰："王船山、顾亭林已言之，尤以王氏之言为甚。谓'历代亡国，无足轻重，惟南宋之亡，则衣冠文物，亦与之俱亡'。"余曰："明亡于清，反不如亡于李闯。"外祖曰："今不必作此论，若果李闯得明天下，闯虽不善，其子孙未必皆不善，惟今不必作此论耳。"余之革命思想伏根于此。

此后，他还在不同场合多次提及王船山"那些保卫汉种的话"，促使他"民族思想渐渐发达"。

1900年八国联军侵华后,革命风潮遍及全国。彼时东渡求学的清朝留学生颇多,不少人与孙中山过从甚密。孙中山、章太炎与留日学生创立"二百四十二年亡国纪念会",认为南明永历十五年(1661)中国业已亡国,现在到了"驱除鞑虏,恢复中华"的时候。这行动受到日人宫崎寅藏等的帮助。

此外,革命党为联合占人口大多数的汉人反清,在宣传方面不遗余力。如冯自由说,"兴中会初期,文人墨士极感缺乏,所用宣传工具,仅有《扬州十日记》、《嘉定屠城记》及选录《明夷待访录》内《原君》、《原臣》,单行本数种"。这背后亦有日本的参与。

鲁迅在回忆自己的留日岁月时提及,日本留学生中"别有一部分人,则专意搜集明末遗民的著作,满人残暴的记录,钻在东京或其他的图书馆里,抄写出来,印了,输入中国,希望使忘却的旧恨复活,助革命成功。于是《扬州十日记》,《嘉定屠城记略》,《朱舜水集》,《张苍水集》都翻印了,还有《黄萧养回头》及其他单篇的汇集"。

甚至于《华夷变态》这本书,也受到了留日学生的特别重视。日本学者浦廉一指出:

> 据传闻,辛亥革命前在东京留学的中国学生里,与标榜灭清兴汉革命思想的孙文一派相共鸣的人极多,彼等一旦接触《华夷变态》,即知明清革命之际,日本朝野对于明朝寄予深厚之同情,又与现状对比,便生发深切之感触,以此(通过刊行此书)回顾历史,以资汉族之奋起。

因此,一直以手抄本形式流传的《华夷变态》,竟然于1906年在东京出版了铅印汉译本。这无疑是反清革命背景下才会出现的现象。

不可否认,当时确有一些日本友人同情中国革命。出于与"白种人"

竞争的需要，他们希望"提携"中国，一起担负起"兴亚"的重任。但从后来历史发展的轨迹来看，随着世界局势的转变，更多的日本人是妄图通过支持中国反满革命，离间汉、满民族感情，侵夺中国边疆利益。

甲午战争期间，日本的中国通宗方小太郎发布过一篇《开诚忠告十八省之豪杰》的文告，称"满清氏元塞外之一蛮族，既非受命之德，又无功于中国，乘朱明之衰运，暴力劫夺，伪定一时，机变百出，巧操天下"，而彼时清廷日渐衰落，日本愿大兵长驱，替革命军问罪于北京，"以逐满清氏于境外，起真豪杰于草莽而以托大业，然后革秽政，除民害，去虚文而从孔孟政教之旨，务核实而复三代帝王之治"。宗方还说，中国与日本民族"同种、同文、同伦理，有偕荣之谊，不有与仇之情也"。在否定清朝正统的同时，强调中日同文、同种，这在当时很具迷惑性。据当时的西方外交官观察，在通商口岸，汉人对日本人的反感情绪远低于满人。孙中山也曾提及，甲午战争时，有海陬父老，闻旅顺已失、奉天不保，则雀跃欢呼，"我汉人遭虏朝涂毒二百余年，无由一雪，今得日本为我大张挞伐，犁其庭扫其穴，老夫死得瞑目矣"。宗方小太郎此文，将"中国"的族群等同于汉人，将"中国"的范围限定于内地十八省。辛亥革命前的革命党也基本上持此种看法，他们最初只想推翻清朝专制政府，"光复"内地十八省，并未考虑继承清朝的疆土。

不过，维新派的康有为、梁启超，以及后来立宪派的杨度等人，很早就意识到激进的排满革命会因内乱而致外患。梁启超还创造性地提出了"中华民族"这一概念。"中华民族"最初也仅指"汉族"，后来梁启超又通过区分民族与种族的区别，认为满、蒙、藏、回等民族亦可融入"中华民族"。这实际上还是传统《春秋》公羊学的观念，即"中国降于夷则夷之，夷狄进于中国则中国之"，"夷狄"与"中国"之间可以相互转化，区分夷、夏的从来都不是血统，而是文化。到辛亥革命前，社会上关于"中华民族"的讨论层出不穷，革命党亦受其影响。到1910年孙中山在旧金山建立同盟会分会时，已将"驱除鞑虏，恢复中华"修改为"废灭鞑虏清朝",明确将三民主义中的民族主义由种族革命转变为推翻清政府的反封建革命。次年,清帝逊位,更是将"五族共和"写入退位诏书。进入民国,历经"一战"冲击、五四洗礼,以及九一八事变和七七事变的刺激,民国政府在意识形态上不断强化"中华民族"是由汉、满、蒙古、回、藏等多个民族构成的统一体这一观点。抗战爆发后,为对抗日本和亲日蒙古王公的分裂企图,国共两党达成一致,决定将成陵西迁。既然中华民族包含蒙古族,那么成吉思汗自然不仅是蒙古民族的英雄,也是中华民族的英雄。"崖山之后无中国,明亡之后无华夏"的说法,在抗战的背景下当然显得不合时宜。

我们不能忽视的是,在民族危急存亡之秋,在大多数国人奋勇抗敌之时,也有不少人(其中一些甚至是知识分子)投敌卖国。许多学人认为这亦能体现中国传统华夷观的缺陷——种族的界限不明,若认为"夷狄"行中国之道则为中国之主,则投降妥协也有了理由。在"夷狄"由少数民族变成日本、英国、俄国等列强之后,此种民族主义理论显然有害于同仇敌忾。1918年,当时还在北京大学念书的傅斯年发表过一篇文章,论及中国历史的分期:

> 自隋至宋亡为"第二中国",汉族为胡人所挟,变其精神,别成统系,不蒙前代者也。……此"第二中国"者,至于靖康而丧其中原,犹晋之永嘉,至于祥兴而丧其江表,犹陈之祯明。祥兴之亡,第二中国随之俱亡,自此以后全为胡虏之运,虽其间明代光复故物,而为运终不长矣。祥兴于中国历史之位置,尤重于祯明。诚汉族升降为一大关键也。

这无疑还是"崖山之后无中国"的老调,但是到1935年,傅斯年亦公开宣称,"中华民族是整个的""我们中华民族,说一种话,写一种字,据同一的文化,行同一伦理,俨然是一个家族。也有凭附在这个民族上的少数民族,但我们中华民族自古有一种美德,便是无歧视小民族的偏见,而有四海一家之风度",此言虽然仍带有一种大汉族主义的情绪,但无疑已放弃了此前狭隘的民族观。

因此,"崖山之后无中国"系晚清革命党发掘的明遗民以宋喻明的情绪化表达,并非历史实情,他们的出发点是为了争取占人口大多数的汉族的支持。进入民国以后,伴随着纷繁复杂的情势,"五族共和"和"崖山之后无中国"观念互动博弈,文化民族观影响种族民族观,引发剧烈碰撞,并一直影响至今。这段"层累地造成的"历史故事,充分证明了历史学家克罗齐的经典论断——一切历史都是当代史。这当然不是历史虚无主义,只表明特定的历史记忆在合适的时机会被唤醒、复活,成为解决当前现实问题的文化资源。当下我们仍面临许多挑战,但与明末、清末时已大不相同,如果仍旧抱着"崖山之后无中国"的观念,而不是以史料为根本,切实考察元朝的历史,那无疑是抱残守缺了。

参考书目

刘浦江:《元明革命的民族主义想象》,载《正统与华夷:中国传统政治文化研究》,北京:中华书局,2017年。

冯天瑜、任放:《日本对外侵略的文化渊源》,北京:高等教育出版社,2017年。

后记

2017年春天,同单位的毛海明老师找到我,说华文出版社的编辑辗转联系上他,想请高校或科研院所的专业人士写一本面向大众的元史科普读物。当时,我参加工作未久,在教学和科研方面都怀抱极大的热情,且深感社会公众乃至部分历史学界其他断代史的研究者,对大蒙古国、元朝这段历史误解颇深,故而几乎不假思索地就接下了这项工作。当时毛老师说,我是出于对"元史专业的责任感"而做了一个勇敢的决定。

和华文出版社的刘超平编辑洽谈后,我就开始构思,很快搭好了框架。那时,恰逢我第一次在岳麓书院开设元史专题研究生课程,选课的只有一位吴姓诸暨籍学生(杨维桢的同乡)。吴同学是跨专业考生,对元朝历史了解得很少。为提高学生的学习兴趣,我尝试以元代人物故事为线索,将元朝的政治、经济、文化、教育、科技等各方面的知识串起来讲授。从学生提交的作业来看,课程效果尚可。这也给了我信心,使我相信没有相关知识背景的读者,应该也有兴趣在故事中了解历史。

在写作过程中，我查阅了此前读过的大量资料，相当于对元朝历史做了一次全面的复习。在南开求学时，李治安师多次教导我们，元朝的历史太短，虽然写论文需要选取具体的题目，但学习切不可"碎片化"，将自己局限在政治史、经济史、文化史等方向上。这次"复习"，对我的专业研究亦有所促进：一是我对原本就很关注的元代江南问题认识得更为深刻了；二是我在撰写元朝中后期相关人物的事迹时，发现有些问题无法在已有研究成果中找到答案，只能靠自己解决，由此积累了几篇论文的写作素材，研究方向也逐渐转向元朝中后期政治史。这应该算是这项工作给我带来的最大影响。

开始创作后，我才发觉，刚结束学生生涯的自己远远低估了业余写作的难度。工作后的状态与上学时截然不同，很难空出大段时间全力做一件事。出于种种原因，我不得不一次又一次地将本书的写作暂时从优先项里除名。书稿拖延至今日，终于得以面世。

从2009年9月入南开大学跟随李治安先生读研究生时起，我才开始接触元朝史料，到现在为止才学习了十二年，对元朝历史的理解谈不上深刻。撰写本书的主要目的，是将元史学界已有的成果，用讲故事的方式介绍给一般读者。

在人类文明史上，故事的魅力经久不衰，我国诺贝尔文学奖得主莫言先生也自称是一个"讲故事的人"。元朝的历史中有不计其数的故事，想在短短十章之内讲清整个朝代的历史发展脉络，难免有所缺漏。本书虽然多个章节采用了合传的形式，书写了不止一个人物的事迹与相关历史问题，但仍旧很难将元朝历史中所有值得思考的问题涵盖在内，如元人引以为傲的水利科学，文人书画艺术，元曲、元杂剧成果，乃至可以算作元朝史标签的宗教和边疆治理问题等，就由于种种原因无法与读者见面。今后，我将继续致力于在精进学术之余提高自己讲故事的能力。若有读者因为阅读了这些故事，而对学界已有之成果产生兴趣，从而摒除固有之偏见，重新认识元朝与它在中华文明史上打下的深深烙印，那么本书也就完成了它的使命。